영혼의 찬양 전도자 패니 크로스비

Fanny J. Crosby's Life & Hymns

영혼의 찬양 전도자
패니 크로스비

초판 1쇄 발행 | 2006년 3월 1일
15쇄 발행 | 2007년 8월 1일
개정판 1쇄 발행 | 2008년 4월 1일
4쇄 발행 | 2011년 4월 1일
개정2판 1쇄 발행 | 2012년 1월 20일

지은이 | 가진수

펴낸이 | 장주희
펴낸곳 | 아이러브처치
전화 | 0505) 267-0691
팩스 | 032) 505-6004
등록일 | 2006년 2월 16일
등록번호 | 제 2005-6호
홈페이지 | www.churchbook.net
이메일 | churchbook@hanmail.net

값 18,000원

ISBN 978-89-92367-78-3 03230

"아이러브처치(ilovechurch)는 예수 그리스도가 주인인 교회를 사랑하며, 마지막 '때' (마 24:14)의 사명을 감당하고자, 믿음의 식구들과 함께 기도하며 준비하는 선교단체입니다. 아이러브처치는 찬양을 통한 영적회복, 도서를 통한 영적 강건함, 문화를 통한 복음화, 그리고 세계선교의 비전을 추구합니다."

영혼의 찬양전도자
패니 크로스비

Fanny J. Crosby's Life & Hymns

가 진 수 지음

추천사 I

우리는 찬양의 날개를 타고 하늘에 올라 하나님을 뵙습니다.

우리는 찬양의 바람으로 모든 더러운 것들을 날려 보냅니다.

우리는 찬양의 양약으로 인생의 치유와 성숙을 경험합니다.

찬양이 없는 신앙을 우리는 상상할 수 없습니다.

하나님은 이 아름다운 선물을 당신의 사람들을 통하여 주십니다.

패니 크로스비는 이 놀라운 선물로 준비된 전도자였습니다.

이 책의 저자처럼 저도 찬송가를 부를 때마다

이상하게 내가 좋아하는 대부분의 찬양 가사에

패니 크로스비라는 이름이 붙어 있는 것을 주목하고 놀란 일이 있습니다.

그러나 이 아름다운 찬양의 주인공이 어떤 인생을 살았는가와 이 복된 찬양들이 어떻게 세상에 나왔는지를 아는 사람은 많지 않습니다.

그런데 이 모든 물음에 대한 해답의 책을 우리가 갖게 되었습니다.

저널리스트요 전도자인 저자의 손으로 이 영혼의 찬양 전도자가 한국 교회에 소개됨은 정말 경사요 기쁨입니다.

이 책으로 찌든 일상을 탈피하고 하늘의 기쁨을 누리십시오.

지구촌교회

이 동 원 목사 드림

추천사 2

어릴 적부터 큰 은혜를 받고 어려울 때마다 평안과 기쁨과 힘이 되었던 패니 크로스비의 찬양시를 다시 한번 묵상하면서 영혼의 깊은 전율을 느꼈습니다. 그녀의 찬양시 한 구절 한 구절에는 그녀가 전 생애를 통해 경험한 변치 않는 신실한 주님의 약속과 사랑에 대한 감사와 기쁨이 녹아있기에 이 책을 한 장 한 장 넘기는 것은 그녀가 살았던 95년이라는 시간만큼이나 큰 무게와 감격이 느껴지는 일이 될 것입니다.

그녀의 신앙과 삶의 기록을 좇아가다 보면 어느새 호흡은 감사로 떨리고 입술엔 찬양이 가득하며 마음은 사명으로 불타오르는 자신을 발견할 것입니다. 주님을 향한 신뢰와 감사와 사랑 때문에 그녀는 삶을 얽어매는 낙심의 올가미를 감사의 불로 살라버리고 고난의 가시에 찔릴 때에도 주님을 찬양할 수 있었습니다. 그 능력이 이 책을 읽는 우리에게도 부은 바 되어 우리의 심령에 감사와 찬양과 기쁨과 소망이 가득 차고 넘치는 충일함을 느낄 수 있을 것입니다.

지금 고통스러운 절망 가운데 계십니까? 어두운 동굴을 벗어나 소망의 빛에 눈을 뜨고 주님 안에서의 참 평안과 기쁨을 누리며 인생의 의미와 사명을 새롭게 깨닫기 원하는 모든 분들께 이 아름다운 삶의 기록을 기쁘게 추천합니다. 그녀의 삶과 찬양을 통해 세상이 알지 못하고 세상이 줄 수 없는 참 평안과 기쁨을 누리는 비결을 발견하고 체험하는 은혜가 있기를 소망합니다.

사랑의교회

담임목사 오 정 현

들어가며

내가 크로스비를 만난 건 아주 오래전이다. 어렸을 때 교회에서 찬송가를 부르면서 한 번, 두 번 눈에 익기 시작한 후 어느 덧 그녀는 나에게 친근한 이름이 되었다. 세월이 흘러 많은 은혜의 찬양으로 마치 친한 친구와 같은 그녀가 궁금해졌다. 그리고 그 호기심은 드디어 그녀의 모든 것을 알고픈 욕망으로 발전했다.

패니 제인 크로스비. 그녀는 맹인이었다. 태어난 지 6주 만에 실명한 맹인. 그런데 어떻게 그렇게 수많은 은혜의 찬양들을 쓸 수 있었을까. '나의 갈길 다가도록' '예수로 나의 구주삼고' '주의 음성을 내가 들으니' '인애하신 구세주여' '나의 영원하신 기업' '예수 나를 위하여' '오 놀라운 구세주'. 내가 가장 좋아하는 찬송가들이다. 내가 힘들 때 이 찬양들은 힘이 되어주었고, 외로울 때 친구가 되어주었다. 그리고 슬플 때마다 끊임없는 위로와 소망을 주었다. 크로스비를 안후 그 모든 찬송가들이 나에게 새롭게 다가왔다. 얼마나 감사한지 모른다.

찬양을 곡조 붙은 기도라고 한다. 그 말은 찬송가 한곡 한곡마다 하나님을 향한 간구와 기도가 있다는 말이다. 그동안 혹 피상적으로 찬송가를 부른 것은 아닌지 내 자신을 돌아보았다. 사실 한곡 한곡의 찬양에 얼마나 깊은 은혜가 숨어있는데 말이다. 크로스비의 찬양에는 그녀가 한 세기를 살면서 하나님과 동행한 마음속 깊은 눈물어린 고백이 담겨있다. 한 구절 한 구절 하나님을 향한 그녀의 사랑과 은혜의 간증이 녹아있다. 이 책을 다 마친 후 크로스비의 찬송가들을 다시 불러보았다. 가슴이 미어지는 감동이 어느새 내 마음에 가득 찼다.

앞이 보이지 않는 낙망의 세월 속에서도 기쁨으로 하나님과 동행하며 더욱 그분을 사랑했던 패니 크로스비, 그녀는 그 넘치는 은혜를 찬양으로 우리에게 직접 보여주었다. 오늘 이 시간에도 그 찬양들은 우리들을 은혜의 감동으로 하나님께 더욱 감사하며 영광 돌리게 한다. 그것이 바로 그녀가 이 세상에 왔던 목적이자 사명이었다. 그녀가 하늘나라에 간지 100여년이 되었지만 지금도 바로 옆에서 속삭이는 듯하다. '나의 갈길 다가도록 예수 인도하시니' '메마른 땅을 종일 걸어가도 나 피곤치 아니하며' '내가 매일 십자가 앞에 더 가까이 가오니, 구세주의 흘린 보배 피로써 나를 정케 하소서'.

'이것이 나의 간증이요 이것이 나의 찬송일세, 나사는 동안 끊임없이 구주를 찬송하리로다.' 그렇다. 우리도 이런 간증이 넘쳐나야 한다. 우리가 비록 시인이 아닐지라도, 작곡가가 아닐지라도 우리는 하나님께 고백할 간증들을 끊임없이 쏟아내야 한다. 그것이 하나님께서 우리를 사랑하사 독생자 예수 그리스도를 이 땅에 보내신 목적이다. 내 안에, 내 삶에 그런 고백이 없다면 그것은 죽은 믿음이다. 패니 크로스비는 그녀의 수많은 찬송가들을 통해서 우리에게 그 고백을 하라고 부르짖고 있다. 하나님이 우리를 이 땅에 태어나게 하셨다면 분명한 목적이 있으며 사명이 있는 것이다. 그 어느 누구든 말이다. 우리는 모두 하나님 앞에서 고귀한 인생이다. 이 땅위에서 주어진 시간들을 하나님께 접붙여 살수 있다면 그리고 하나님 앞에 서는 날 우리의 인생을 주님 앞에 기쁘게 고백할 수 있다면, 그것이 패니 크로스비가 우리에게 주고 있는 메시지이다.

나는 크로스비와 동행하며 인도하셨던 그 하나님이 바로 우리가 지금 사랑하는 하나님임을 확신한다. 그녀의 갈 길을 밝히 인도하셨던 그 분이 우리가 지금 찬양하는 주님임을 분명히 믿는다. 다시 오신다고 약속해주셨던 주님을 기다리며 우리에게 부탁하신 사명을 이 책을 통해 조금이나마 되 뇌일 수 있다면 그것으로 이 책은 큰 도구이다.

이 책은 있는 그대로의 사실적인 이야기이다. 그리고 크로스비의 자서전과 지금껏 출판되었던 수많은 자료들을 참고하여 정리한 책이다. 많은 시간동안 그녀의 찬송가를 어디서나 흥얼거렸다. 짧은 시간이었지만 지난 1년여 속에 크로스비와 만나 함께하며 늘 성령의 감동으로 살았다. 아니 그 이전부터 그녀의 많은 찬양들이 나를 지탱해주었음은 물론이다. 그녀의 주님을 향한 사랑과 믿음 앞에 나는 더욱 부족해지며 머리가 숙여진다.

부족한 필력에도 사랑으로 아낌없는 추천을 해주신 이 시대 최고의 설교자이자 나의 영적 아버지인 지구촌교회 이동원 목사님과 열정을 다해 하나님을 사랑하며 교회의 회복을 부르짖는 나의 영적 멘토 사랑의교회 오정현 목사님께 무한한 감사를 드린다.

많은 동역자들과 가족, 믿음의 식구들 덕분에 이 일을 능히 감당할 수 있었다. 부모님의 매일기도가 있었고, 동역자들의 흔들리지 않는 후원과 기도가 있었다. 그분들이 없었다면 이 책은 불가능했다. 그리고 늘 뛰어난 디자인으로 도움을 준 민컴의 민승기 대표와 교정으로 수고한 민지희 자매에게도 감사드린다.

나는 매일 십자가 앞에 더 가까이 나아가 주님께 기도하며 지혜를 구했다. 하지만 그때마다 더욱 부족함을 느낀다. 모든 독자들의 깊은 용서를 구하며, 패니 크로스비의 삶과 찬양을 통해 다시 한번 로뎀 나무의 엘리야처럼 영으로 회복되는 역사가 있기를 간절히 소망한다. 모든 영광을 우리 하나님께.

마지막 때

가 진 수

차 례

"예수로 나의
구주삼고"

1부

오, 나는 얼마나 행복한 사람인가!

예수로 나의 구주 삼고

(Blesses Assurance, Jesus Is Mine)

1 이 세상에서 가장 불행한 아이

맹인이 된 패니 크로스비

패니 제인 크로스비. 그녀는 1820년 3월 24일 미국 뉴욕의 작은 마을 푸트남에서 태어났다. 그녀의 아버지는 존 크로스비이며 머시 크로스비는 그녀의 엄마였다. 그녀의 아버지는 패니가 태어날 때 크로스비 가문에 멋진 아이가 탄생했음을 무척 자랑스러워했다.

패니 크로스비의 가문은 청교도였다. 영국에서는 전통 있는 가문이었으며 패니는 후에 아버지와 마찬가지로 가문을 자랑스러워했다. 그녀는 기회가 있을 때마다 하버드대학의 설립자 가운데 한 사람이 크로스비 가문이었고, 믿음의 선조들이 많은 것에 대해 긍지를 가지며 이야기하곤 했다.

봄 햇살이 따스하게 불어오고 들판이 봄 기운으로 건조해지기 시작할 무렵 씨뿌리기를 시작했다. 저녁이면 가족들이 화롯가에 앉아

막 태어난 아기를 안고 기뻐하며 즐거워했다. 아기는 눈앞에서 춤추는 아빠를 따라 활짝 웃기도 했다.

"우리 아기는 참으로 똑똑한 것 같아요." 존 크로스비가 말했다. "주님께서 우리에게 축복을 주셨어요. 너무나 소중한 아기예요. 잘 키웠으면 좋겠어요." 머시 크로스비도 대답했다.

그러나 4월의 어느 아침, 머시 크로스비는 막 태어난 아기의 눈에 이물질이 끼어 있다는 것을 알았다. 고름이 끼인 것 같기도 하고 충혈된 것 같기도 했다. 머시 크로스비는 엄마를 황급히 불렀다. 그리고 혹시 감기에 걸린 건 아닌지 물었다.

"글쎄다. 눈에 무언가가 낀 것 같구나. 빨갛게 눈이 충혈되어 있고 … 좋지 않은 증상이야. 그래도 우리 아기는 주님이 지켜주실 거란다. 조금만 참아라, 우리 예쁜 손녀야."

그 후 며칠이 지났으나 아기의 눈은 나아지지 않았다. 아기는 밤에 잠을 자지 않고 자주 깨어 보챘다. 머시 크로스비와 엄마는 무언가 잘못되어가고 있음을 직감했다. 머시 크로스비는 엄마에게 울먹거리면서 말했다.

"의사는 너무 멀리 떨어져 있고 어떡해야 좋을지 모르겠어요." 이 말을 들은 존 크로스비는 말을 타고 마을로 출발했지만 몇 시간 지나지 않아 의사가 없다는 소식만을 안고 돌아왔다. 그의 말을 들은 머시 크로스비는 패니의 눈을 닦아주면서 다른 방법을 찾아보자고 말했다. 머시 크로스비의 오빠 조셉이 이 소식을 듣자마자 달

패니 크로스비가 태어난 뉴욕 푸트남 사우스이스트의 집.

려왔다.

"오늘 마을에 홉킨스 가족과 함께 머물고 있는 사람이 있는데 그가 의사라는 말을 들은 것 같아요. 그가 도울 수 있지 않을까요?"

그 말을 들은 머시 크로스비가 다급하게 울먹거렸다. 존 크로스비가 머시 크로스비를 위로해주자 조셉이 자신이 빨리 다녀오겠다고 말했다. 그때 옆에 있던 조셉의 아버지는 너무 늦은 밤에 떠나는 것은 위험한 일이라고 말렸고 결국 다음날 떠나기로 결정했다.

다음날 이른 아침 조셉이 마을을 향해 출발했다. 그리고 말 뒤에 낯선 사람을 태우고 돌아왔다. 머시 크로스비는 낯선 사람이 의사임을 확신했다. 그는 그동안 많은 사람들을 진료했으며, 지금도 그린 지방에서 의사 업무를 잘 수행하고 있다고 덧붙였다. 또한 모든 종류의 감염을 치료할 수 있으며, 특별히 겨자습포제를 사용한다고 자랑했다. 그는 여유롭게 말하며 검은 가방에서 이상한 병과 도구들을 꺼냈다. 머시 크로스비가 겨자습포제란 말에 놀라면서 물었지만, 그는 곧 나아질 것이라는 말만 되풀이했다. 그리고 조금 뒤로 물러서라는 말과 함께 이상한 병에 든 내용물을 섞었고 갈색 빛을 띤 지독한 냄새의 점액제를 만들었다.

"자, 그 아기를 보여주세요."

그가 패니에게 다가갔다. 패니의 눈은 빨갛게 충혈되었고 딱딱하게 굳어 있었다. 그는 패니의 눈 위에 자신이 만든 점액제를 서서히 떨어뜨렸다. 그 점액제가 떨어지자마자 아기 패니의 작은 팔과 다리는 심하게 요동쳤으며, 큰 소리를 내며 고통스럽게 울기 시작했다. 머시 크로스비의 얼굴이 하얗게 질렸는데도 그의 대답은 간단했다.

"곧 괜찮아질 겁니다. 처음엔 다 이렇게 울지요. 하루 이틀 지나면 좋아집니다."

대답이 끝나자마자 그는 서둘러 이상한 병과 도구 들을 담고 집을 빠져나갔다. 밤늦게까지 일하고 난 후 머시 크로스비의 엄마가 집으로 돌아왔다. 그녀는 집 밖 멀리서도 아기의 울음소리를 들었다고 말했다. 머시 크로스비는 진정하고 자는 듯한 아기 패니의 얼굴을 한번 바라본 후 방으로 들어가 기도했다. 그리고 얼마 후 돌아와 패니의 눈을 부드럽게 닦아주었다. 패니는 거의 알아들을 수 없는 소리로 웅얼거리고 있었다.

시간이 지나자 모든 것이 선명해졌다. 아기는 오랫동안 칭얼대던 울음을 멈추었고 전보다 활기가 넘쳤다. 그리고 아기들 대부분이 하는 행동을 시작했다. 웃기도 하고 손발을 흔들어대기도 했다. 그러나 머시 크로스비가 가까이 다가가 아기를 안았을 때 무언가 잘못되었다는 것을 알아챌 수 있었다. 여전히 아기의 눈은 잘못된 채였다. 눈동자의 검은 부분이 거의 사라져 하얀색만 남았다. 이제는 앞에서 움직이는 아버지의 손을 더 이상 따라가지 않았고 엄마도 보지 않았다.

머시 크로스비가 주일 예배에 어린 아기를 데려갔을 때 아기를 안고 있던 사람이 이상하다고 말했다. 밝은 세상이 갑자기 어두워졌다. 집으로 돌아온 머시 크로스비는 패니를 앞에 내려놓고 울음을 터뜨렸다.

"아기가 맹인이 되었어요. 완전히 앞을 볼 수 없어요."

계속 소리내어 우는 머시 크로스비를 존 크로스비가 안고서 말했다.

"휴우, 눈 먼 아이가 앞으로 세상을 어떻게 살아갈 것인가?" 그 어린 아기, 패니 크로스비는 이제 앞을 전혀 보지 못하게 되었다. 태어난 지 6주가 되던 무렵이었다.

"옳소이다 이렇게 된 것이 아버지의 뜻이니이다 내 아버지께서 모든 것을 내게 주셨으니 아버지 외에는 아들을 아는 자가 없고 아들과 또 아들의 소원대로 계시를 받는 자 외에는 아버지를 아는 자가 없느니라"(마태복음 11:26-27)

불행한 가정

패니 크로스비가 맹인이 되자 교회의 많은 사람들은 그 의사를 찾아야 한다고 말했다. 그러나 그 의사는 자신이 한 일에 대해 크게 놀라 아무도 모르게 그 지역을 떠나버렸다. 그런데 존 크로스비는 이 사실에 대해 크게 분개하지 않았다. 다만 어린 패니 크로스비의 앞날이 걱정될 뿐이었다.

"만일 이것이 하나님의 뜻이라면 우리가 최선을 다해 길러야 하지 않겠소?"

머시 크로스비가 말했다.

"하나님은 왜 우리에게 이런 시련을 주시는 것일까요? 신앙에 최선을 다하는데도 왜 이런 고통을 주시는 것인가요?"

존 크로스비의 위로에도 머시 크로스비는 쉽게 인정할 수 없었다. 다른 의사를 찾아 고칠 수 있는 지를 고민했다. 하지만 그들은 자신들의 가난이 지금 아기의 눈을 고칠 수 없다는 것을 깨달았다. 존 크로스비는 조금만 기다려보자는 말로 머시 크로스비를 위로했고, 그들의 형편은 금방이라도 나아질 듯 보였다.

그러나 시간이 흐를수록 집안은 어려워졌다. 그리고 그 해 가을

〈크로스비 가문〉

패니 크로스비의 조상은 영국 잉글랜드의 청교도들이다. 크로스비라는 말은 '십자가의 마을' 이라는 뜻으로 영국 마그나 카르타의 존 왕이 재임하던 6년에 1204년의 문헌에서 그 이름이 가족의 성으로 처음 쓰여 졌다.

1634년 4월에 크로스비 가문의 한 사람인 사이먼과 그의 아내 앤 크로스비는 1635년 봄에 어린 토머스를 데리고, 런던에서 메사추세츠 보스턴 항에 도착했다. 당시 영국 청교도인들은 1630년경 보스턴을 건설했고, 1635년경 수천의 영국 이주자들이 이 항구를 통해 들어왔다. 크로스비 가문은 넓은 부지의 표본이었고 견고한 종교적 확신과 자산을 가지고 왔다. 그들은 찰스 강을 건너 캠브리지에 뿌리를 내렸다.

패니 크로스비는 하버드대가 사이먼이 가지고 있던 땅 위에 지어졌음을 자랑스러워했다. 사이먼의 이름은 하버드대의 설립자 중 하나가 되었다. 그러나 1639년 9월 사이먼이 31세의 나이로 죽은 후 크로스비 가문은 희미해져갔다. 그가 죽은 후 나머지 식구들은 캠브리지를 떠나 롤리로 갔다. 롤리에는 앤 크로스비의 여동생 콘스탄스가 또 다른 크로스비 가문을 이끌고 있었다. 콘스탄스와 그녀의 세 딸은 1638년 가을에 로저와 함께 합류했다. 롤리의 크로스비 가문은 부유하고, 헌신적인 청교도들이었다.

사이먼과 앤의 둘째 아들, 사이먼은 벨레리카의 캠브리지 북서쪽에 정착했다. 이곳은 그와 아내, 레이첼 부라켓이 최초의 여관을 했던 곳이다. 가장 어린 크로스비인 조셉은 회기에 대표자로 참여하여, 1673년 지역 땅, 6,000에이커를 계획하는 것을 도왔다. 최초의 크로스비 가문은 세 가문을 형성했고 그들은 공동체, 시민, 종교, 사회를 소중히 여겼다. 18세기에 크로스비의 한 가문인 토머스 크로스비의 손자가 이끈 토머스, 데이비드, 조슈아, 엘리자는 뉴욕 북부 지방, 지금의 푸트남인 더치스에 도착했다.

케이프 코드에서 남동쪽으로 이주 한 조슈아의 아들인 패니 크로스비의 할아버지 아이작 크로스비는 독립전쟁 당시 전투에 참여하기도 했다. 그와 그의 아내, 엘리자베스는 19명의 자녀를 두었다. 그들의 아들 실바누스는 가족이 웨스트 체스터, 노스 살렘에서 6마일을 농사짓는, 패니 크로스비의 할머니 유니스 패독과 결혼했다. 부부는 5명의 아들과 딸인, 머시, 테다, 조셉, 패독, 폴리(메리)를 두었다. 1799년에 태어난 머시 크로스비가 바로 패니 크로스비의 엄마이다. 이 당시 근친결혼은 인구가 희박한 지역에서 뻗어져 나온 대가족에서는 흔한 일이다. 머시 크로스비는 홀아비이고, 먼 친척뻘인 존 크로스비와 결혼해 푸트남에 자리를 잡았다.

엎친 데 덮친 격으로 존 크로스비가 중병에 걸렸다. 곧 며칠도 안돼 그는 세상을 떴다. 머시 크로스비는 과부가 되었는데, 그때 그녀의 나이 21세였다. 그녀는 자신에게 닥친 연이은 불행들이 믿어지지 않았다. 슬픔에 잠겨 있는 머시 크로스비를 엄마가 위로했다.

"얘야, 나도 마음이 아프구나. 하지만 우리에게 일어난 일들로 인해 혹여라도 하나님을 원망하는 일이 없었으면 좋겠다. 하나님은 참 좋으신 분이란다. 그분은 우리가 알지 못하는 더 큰 계획을 가지고 계신 것이 분명해. 그러니 그분께 더 가까이 가며 신뢰하자."

남편을 차가운 땅에 묻고 나서 머시 크로스비는 드레스를 꺼내 입었다. 집안이 매우 가난했기 때문에 그녀는 큰 도시로 가 부잣집에서 일해야 했다. 이제 그녀는 갓 돌을 지난 패니 크로스비를 집에 놔둔 채 떠나야만 했다. 마음이 아팠지만 가족의 생계를 위한 어쩔 수 없는 선택이었다. 머시 크로스비는 엄마에게 패니를 부탁했다.

"잘 다녀 오거라, 여기는 걱정하지 말고. 그래도 주일이면 한 번씩은 오지 않니. 네 동생 테다와 잘 지키고 있으마. 패니가 어린 폴리와 재미있게 잘 지낼 것 같구나."

폴리는 머시 크로스비의 가장 어린 동생이었다. 그녀는 세 살 된 폴리가 어린 조카 패니를 잘 돌볼 것으로 믿었다.

부잣집에서 일하는 동안 머시 크로스비의 생각은 온통 어린 딸 패니에게 쏠려 있었다. 그녀는 일하면서도 엄마와 어린 동생이 패니를 잘 돌봐주고 있고, 집안을 깨끗하게 청소할 것이라고 생각했다.

또한 초를 만들고, 동물에게 먹이를 주고, 옷을 빨고 널 것이라는 상상도 했다.

머시 크로스비는 1주일에 한번 집에 왔다. 그녀가 돌아올 무렵이면 아버지와 형제들은 일을 끝낸 후 집으로 돌아와 머시 크로스비가 만들어준 빵과 옥수수, 감자튀김을 먹곤 했다. 그리고 화로에 불을 지피고 둘러 앉아 이야기꽃을 피웠다. 머시 크로스비의 아버지는 가족에게 책 읽어주는 것을 좋아했다. 검은 양장으로 된 커다란 책을 책꽂이에서 뽑아온 후 긴 수염을 쓰다듬으며 무릎에 올려놓고 책을 펼친 그는 존 번연의 〈천로역정〉을 읽어주었다.

"그래서 크리스천은 계속 앞으로 나갔다. 그러나 난관에 봉착하였고 아폴론을 만났다. 그 괴물은 보기에도 무시무시했다."

크로스비의 여인들은 그의 이야기를 들으면서 셔츠를 손질하고 양말을 꿰매었다. 조셉은 나무를 깎아 무언가를 만들었고, 폴리와 패니 크로스비는 조용히 인형을 가지고 놀았다. 그리고 어린 패니 크로스비는 할아버지의 이야기를 마음에 담으며 그림을 그리고 있었다.

"이르되 내가 모태에서 알몸으로 나왔사온즉 또한 알몸이 그리로 돌아가올지라 주신 이도 여호와시요 거두신 이도 여호와시오니 여호와의 이름이 찬송을 받으실지니이다 하고 이 모든 일에 욥이 범죄하지 아니하고 하나님을 향하여 원망하지 아니하니라"(욥기 1:21, 개역개정)

“예수 나를 위하여”

예수 나를 위하여

(Jesus Shed His Blood For Me)

F. J. Crosby
W. H. Doane
F B♭ F C7 Dm B♭ F C
1. 예 수 나 를 위 하 여 십 자 가 를 질 때
2. 십 자 가 를 지 심 은 무 슨 죄 가 있 나
3. 피 와 같 이 붉 은 죄 없 는 이 가 없 네
4. 아 름 답 다 예 수 여 나 의 좋 은 친 구
F B♭ F C7 Dm B♭ F C C7 F
세 상 죄 를 지 시 고 고 초 당 하 셨 네
저 무 지 한 사 람 들 메 시 야 죽 였 네
십 자 가 의 공 로 로 눈 과 같 이 되 네
예 수 공 로 아 니 면 영 원 형 벌 받 네
F B♭ F C
예 수 여 예 수 여 나 의 죄 위 하 여
F A B♭ F C7 F B♭ F
보 배 피 를 흘 리 니 죄 인 받 으 소 서 아 멘

2 자연은 최고의 배움터

할머니 선생님

패니 크로스비는 3세 때부터 육체적인 감각으로 실명을 극복하기 시작했다. 어린 시절 패니는 손재주가 좋았고, 자라면서 청각, 미각, 후각 그리고 촉각은 더욱 예민해졌다. 예민한 감각은 앞을 보지 못하는 그녀에게 많은 도움을 주었고 배움의 통로가 되었다.

식구들은 앞을 보지 못하는 패니가 성장하는 데 큰 버팀목이 되었다. 특히 그녀에게 영향을 준 사람은 엄마와 할머니였다. 엄마는 바쁜 와중에도 어린 패니를 안고서 소망을 불어넣어주었다. 어느 날 엄마는 이렇게 말했다.

"패니야, 이제 너는 아름다운 세상의 만물들을 볼 수 없단다. 그러나 위대한 두 시인, 호머와 밀턴도 맹인이었어. 때때로 주님은 섭리 가운데 영적인 통찰력을 일깨워주시기 위해 우리들의 신체에서 무언가를 빼앗아 가신단다." 그러고 나서 엄마는 어린 패니에게 눈을 잃은 아픔 가운데서도 희망을 노래한 밀턴의 14행시를 감명 깊게 읽어주었다. 밀턴의 시는 여름 장미의 달콤한 향기처럼 패니를 감동시켰다.

또한 할머니는 패니의 좋은 친구이자 선생님이었다. 엄마가 없는 날이면 늘 함께 있으면서 패니의 눈과 손발이 되어주었다. 할머니는 패니가 스스로 살아갈 수 있는 방법을 찾아주려고 노력했다. 그리고 패니가 펜이나 말로 표현할 수 있는 것보다 더 세심하게 표현해주었다. 할머니는 패니와 흔들의자에 앉아 모든 것을 자라게 하고, 영양을 공급해주며, 해가 질 때 붉은 색으로 하늘을 물들이는, 하나님의 위대한 태양의 기적을 말해주었다. 그리고 무수히 반짝이는 별과 빛나는 달에 대해서도 이야기해주었다. 할머니가 들려준 반짝이는 별들의 생생함은 패니가 천문학을 사랑하는 계기가 되었다.

패니는 할머니에게서 자연의 아름다움과 힘, 부드러움을 배웠다. 한 번은 천둥이 치고 비가 내린 후 할머니가 패니를 데리고 집에서 가까운 크로턴 강가 언덕 꼭대기로 갔다. 그곳에서 할머니는 패니에게 무지개의 아름다움에 대해 말했다.

"오, 패니야, 매우 아름답구나! 하늘에 활모양의 무지개가 떠 있단다. 그것은 일곱 가지 색으로 이루어져 있는데, 만일 네가 볼 수 있다면 그 아름다움을 더 잘 이해할 수 있을 거야. 그것은 하나님께서 이 세상을 사랑하는 약속의 표시란다."

패니는 얼굴을 무지개 쪽으로 돌려 할머니의 입술에서 쏟아지는 이야기를 들으며 상상의 나래를 폈다. 할머니는 그 색들이 그녀에게 실감 있게 느껴지도록 인내를 가지고 표현해주었다.

할머니는 패니에게 자연의 생생한 모습을 하나 둘 가르쳤다. 처음에 할머니는 새를 알려주기 위하여 패니와 자주 숲을 산책했다. 할머니는 새의 습관에 대해 일러주었다. 붉은 머리 딱따구리의 쾅쾅대는 소리, 비둘기의 구구 소리, 빨간 날개를 가진 찌르레기와 하얀 털을 가진 지빠귀 그리고 파란색으로 치장한 새 들을 가르쳐주었다. 어느 날 패니가 수풀에서 쏙독새 소리를 들었을 때, 할머니는 그녀에게 새의 얼룩무늬 날개와 불그스름한 갈색 가슴 그리고 빳빳한 하얀 꼬리로 이루어진, 센 털이 많은 입을 자세히 설명했다. 이 때문에 나중에 쏙독새 소리를 들을 때마다 다른 새와 정확히 구별할 수 있었고, 심지어 얼마나 큰 지 그리고 깃털의 색이 무엇인지까지도 구분할 수 있었다. 곧 패니는 많은 새의 울음소리를 통해 새의 이름을 훌륭하게 기억해냈다. 패니는 새에 관한 시를 쓰기도 했다.

아, 나의 새, 이제 넌 다시 행복하구나,
너의 목소리 너무도 선명히 울리네,
개똥지빠귀, 굴뚝새 그리고 파랑새도,
그 울음소리를 듣기 위해 오고 있네.

어느 날 할머니는 패니와 산책하면서 들은 새소리를 이렇게 묘사했다.

"패니야, 사랑하는 우리 주 예수님이 서로 다른 새들을 아주 많이 만드셨단다. 그 새들은 각각 다른 종류의 소리를 내고. 우리가 가까이 그 소리를 들으면 어떤 새인 줄 곧 알게 될 거야. 오! 그것 중 하나가 '까악! 까악!' 이라고 하는구나. 그 새는 검은 까마귀이고 너만큼 크단다. 까마귀는 엘리야 선지자에게 음식을 날라다주었다고 하는구나. 성경에 있는 그 이야기를 기억하지? 그 땅에 음식이 전혀 없었을 때 하나님의 섭리로 엘리야에게 가져다준 거란다."

할머니는 새를 설명하면서 성경을 이야기했다. 이것은 패니로 하여금 자연스럽게 성경의 이야기를 알 수 있게 했고, 성경과 친밀해지는 계기가 되었다. 패니는 하나님의 창조물에 대해 알아가는 일이 얼마나 행복한지 결코 잊을 수 없었다.

어느 아름다운 여름 아침에 패니는 할머니와 손을 잡고 걷고 있었다. 패니가 비둘기의 울음소리를 듣고 물었다.

"할머니, 아침에 밖에 나가면 그 새가 울기 때문에 내 생각엔 아침 비둘기인 것 같아요. 그런데 슬프게 울고 있다는 느낌이 들어요. 왜 그렇게 슬프게 울지요?" 할머니가 대답했다.

"주님은 그것들을 각각의 방법대로 만드셨단다. 그렇게 들리는 이유는 우리의 죄 때문에 그리고 구원하기 위해 오신 그분에게 미안한 생각이 들게끔 하기 위해서일 거야. 다윗은 안식처를 찾아 비둘기같이 날아가기 원한다고 말했지. 그러나 우리는 예수 안에서 이미 안식을 얻었다는 사실을 잊지 말아라."

할머니의 이야기를 듣고 있던 패니가 소리쳤다.

"노아가 방주에서 비둘기를 날려 보냈어요! 전에 할머니가 말씀해 주셨잖아요? 잘 기억하고 있어요."

> **"내가 오늘 당신들에게 명하는 이 말씀을 마음에 새기고, 자녀에게 부지런히 가르치며, 집에 앉아 있을 때나 길을 갈 때나, 누워 있을 때나 일어나 있을 때나, 언제든지 가르치십시오."**(신명기 6:6-7, 표준새번역)

자연은 훌륭한 교과서

할머니는 패니에게 새뿐만 아니라 들과 산에 있는 그리고 강가에 있는 모든 것을 가르쳐주었다. 자연은 패니에게 풍부한 교과서였고, 할머니는 이 훌륭한 교과서를 한 장 한 장 흥미롭게 펼쳐 갔다. 할머니는 아름다운 꽃과 나무 들을 가르쳤고, 패니는 꽃을 손으로 가볍게 만지면서 그것을 코에 대고 향긋한 향을 맡았다. 할머니는 그 꽃의 색과 향기와 생김새 등을 일러주었고, 패니가 그 이름을 잘 익힐 수 있도록 자세히 묘사했다. 그녀의 후각은 매우 예민해서 어지럽게 흩어진 들을 걸으면서도 할머니가 가르쳐준 풀과 꽃 들의 이름을 정확하게 말할 수 있었다.

할머니는 사과와 체리 복숭아꽃 들에 대해서도 가르쳐주었다. 그리고 팬지, 작약, 향기로운 완두, 자줏빛 양귀비, 앵초 그리고 분홍색, 붉은색, 흰색, 노란색 등 꽃의 색깔도 알려주었다. 또한 자주 개울가로 내려가 제비꽃을 함께 모으기도 했다. 그 향기와 함께 모양새가 수수한 제비꽃은 패니가 가장 좋아하는 꽃이 되었다.

그 날 저녁 패니는 할머니와 현관 베란다에 앉아 있었다. 그들은 일하고 돌아오는 패니의 엄마를 기다리고 있는 중이었다. 할머니는 베란다 흔들의자에 패니를 앉혀 놓았고, 태양은 뉘엿뉘엿 언덕 너머로 떨어지고 있었다. 그녀는 떨어지는 태양을 바라보면서 그 빛이 밝지 않다고 말했다. 패니는 앞을 볼 순 없었지만 약간의 빛의 명암은 구별할 수 있었다. 할머니는 태양이 일곱 가지 색으로 이루어져 있다고 설명했다. 그리고 그 중 한 가지가 자주색이며 패니가 좋아하는 제비꽃과 같은 색이라고 말해주었다. 할머니는 몸을 구부려 베란다 가까이에서 자라고 있는 제비꽃 하나를 꺾어 패니에게 주었다. 패니가 그 꽃의 향기를 들이마시며 말했다.

"부드러운 냄새를 느낄 수 있어요. 색깔도 조금 볼 수 있고요. 그런데 할머니, 이 꽃은 어디에서 자라고 있어요?" 패니가 할머니의 무릎으로 내려가 손을 잡았다. 그리고 조심스럽게 제비꽃이 자라는 곳을 보기 위해 베란다로 내려갔다. 그리고 이렇게 말했다.

"패니야, 주 하나님께서 우리들을 위해 서로 다른 꽃들을 수없이 만드셨는데, 너는 손을 통해 충분히 많은 꽃들을 느낄 수 있단다."

봄과 여름 내내 할머니는 패니에게 꽃들을 비교해서 알려주었다. 패니는 계절에 따라 피는 꽃들을 알아갔으며, 볼 순 없었지만 꽃의

〈존 밀턴 John Milton(1608-1674)〉

존 밀턴은 런던의 부유한 청교도 가정에서 출생했다. 처음에는 성직자가 되기 위하여 캠브리지 대학에 입학했으나 점차 자신의 천직이 시를 쓰는 것이라고 믿게 되었다. 밀턴의 생애는 3기로 나눌 수 있다.

밀턴의 제1기는 1625년부터 1639년까지 서정시의 시대이다. 캠브리지 대학재학 중 '그리스도의 탄생의 아침' (1629)이라는 장문의 서정시를 써서 시적인 재능을 보여주었다. 대학을 졸업한 뒤 5년 동안 두메산골에서 고전 수학과 음악을 공부하면서 많은 시를 썼다.

밀턴의 제2기는 1640년부터 1946년까지의 산문 시대이다. 그는 청교도 진영의 투사로서 정치 논쟁에 뛰어들게 되었다. 밀턴은 언론통제가 심한 시대에 정치 신앙 언론의 자유를 옹호하는 글을 썼는데, 바로 이 때 허가 받지 않는 출판부의 자유를 역설한 유명한 '아레오파기티가' (1644)를 썼다. 1649년 크롬웰이 혁명에 성공하여 공화정부가 수립되자 밀턴은 외국어 비서에 임명되었고 1643년 35세 때 유명한 왕당파 정치 지도자였던 리처드 파월의 장녀인 17세의 메리파웰과 결혼을 했다. 그들은 세 명의 딸과 한명의 아들을 낳았는데, 아들은 분만 시 죽고 말았고 아내는 밀턴을 떠나버렸다. 그 후 밀턴은 1652년 실명했다. 바로 이 때 밀턴에게는 가장 힘들고 고통스러운 시기였다.

이러한 극도의 비참함 속에서 밀턴은 제3기를 맞이하게 된다. 밀턴은 실명한 상태에서 서사시에 집중하게 되었고, 딸로 하여금 한 구절 한 구절 받아쓰게 하여 완성을 보게 되었는데, 바로 이 작품이 위대한 서사시 '실낙원' (1667년)이다. 이어 1671년 '복락원' 과 '투기사 삼손' 을 합본으로 완성하였다. 실낙원은 전제 12권, 11,000여 행으로 된 서사시로 웅장하고 장엄한 특징을 가지고 있다. 실낙원은 창세기 3장 아담의 범죄와 더불어 에덴으로부터 추방당하는 내용이 배경이며, '하나님의 영광을 위하여' 란 주제로 철저한 칼빈주의적 신앙에 기초하여 써 내려간 작품이다. 실낙원과 복락원은 밀턴이 실명하기 전에 늘 쓰고 싶었던 작품이었다. 그러나 그가 실명한 뒤에, 비로소 밀턴은 이 작품을 완성하게 되었다.

향기와 아름다움에 매료되었다. 그리고 할머니는 모든 자연을 성경 말씀과 연관지어 설명해주곤 했는데 꽃들도 마찬가지였다. 할머니는 어느 6월 오후에 백합화에 관해 설명해주었다.

"패니야, 이것은 백합이라고 불리는 꽃으로 단지 하루만 꽃을 피운단다. 예수님께서 '하루를 위한 백합화' 라고 말씀하셨던 꽃이기도 하지. 그러나 솔로몬 왕조차도 이 꽃에 비해 영광스럽지 못하다고 말했었다."

"솔로몬이 그렇게 부자였어요?" 패니가 물었다.

"그럼, 엄청난 부자였지. 그러나 예수님은 하나님의 일을 얼마나 놀랍게 보여주셨는데."

초가을이 되자 모든 꽃이 졌다. 할머니는 가을에도 자주 그녀를 데리고 언덕을 넘고 좁은 길을 지나 산책했다. 할머니는 하나님께서 많은 새와 꽃을 만드신 것처럼 나무도 수없이 만드셨다고 패니에게 말했다. 그녀는 향기와 촉감을 통해 나무들을 알아갔으며, 손으로 만지고 기억을 되살려냄으로써 그 나무의 잎사귀를 알았다.

어느 날 패니가 나무를 만졌을 때 무언가 얇게 떨어지는 느낌을 받았다. 할머니는 종이와 같이 얇게 느껴지는 것이 자작나무이며 유용하게 쓰인다고 말했다. 그리고 각각의 나무들은 서로 다른 껍질과 잎사귀 들을 가지고 있다고 말해주었다. 첫눈이 오기 전에 패니는 집 주위에 자라고 있는 나무들을 거의 알게 되었다. 패니는 하나님께서 서로 다른 나무들을 만든 이유가 궁금했고, 할머니는 자세히 설명해주었다.

"얘야, 그분은 많은 이유들을 가지고 계시단다. 서로 다른 나무들은 여러 과일들을 제공해주지. 하지만 나는 위대하고 전능하신 하나님이 무엇을 보여주시려는지 그것만 생각한단다. 그분이 '땅이 풀과 각기 종류대로 씨 맺는 채소와 각기 종류대로 씨 가진 열매 맺는 나무를 내니' (창세기 1:12)라고 말씀하실 때 모든 것이 그대로 되었단다. 그 의미는 네가 알고 있듯이 어미 나무에서 똑같은 나무가 나오고 자라나고 작은 씨를 낸다는 것이야."

패니는 할머니의 말을 들으면서 하나님이 우리를 위해 많은 것들을 만드셨다는 사실을 깨달았다. 그리고 하나님은 모든 것을 하실 수 있는 분으로 패니의 마음속에 자리잡기 시작했다.

> **"주의 손으로 만드신 것을 다스리게 하시고 만물을 그 발 아래 두셨으니 곧 모든 우양과 들짐승이며 공중의 새와 바다의 어족과 해로에 다니는 것이니이다 여호와 우리 주여 주의 이름이 온 땅에 어찌 그리 아름다운지요"**(시편 8:6-9)

어린 양 '마리아'

패니 크로스비는 할머니를 통해 하나님이 창조하신 자연을 배웠다. 새의 울음소리를 배웠고, 꽃의 아름다운 향기와 나무를 알았다. 하지만 살아 있는 동물에 대해서는 잘 알 수 없었다. 패니는 깊은 애정을 가진 소녀였다. 엄마는 이런 패니의 마음을 이해하고 어느 날 저녁 아주 귀엽고 조그만 양을 선물로 주었다. 패니는 따뜻하고 털 많은 양을 부드럽게 쓰다듬었다.

"엄마, 어린 양이에요! 난 양의 엄마가 될 거구요. 그 양을 '패니의 어린 양' 이라고 부를 거예요." 패니는 양을 안고서 기쁨에 넘친 목소리로 말했다.

"네게 읽어주고 싶은 것이 있단다." 엄마는 패니에게 '마리아' 의 어린 양에 대해 이야기했다. 그 이야기에 빠져 듣고 있는 동안 패니는 어린 양과 함께 학교에 가고 들판에서 노는 것을 상상했다. 패니는 자신의 어린 양 '마리아' 를 볼 수는 없었지만 영혼의 눈으로 바라볼 수 있었다. 그리고 언제까지나 그 양을 사랑하겠다고 마음먹었다.

여러 달 동안 패니는 양과 놀았다. 패니가 가는 곳이면 어디든 안고 다녔다. 그들은 시냇가를 돌아다니고 들판을 뛰어다녔다. 그리고 언덕을 넘어 다녔으며 크고 오래된 떡갈나무 아래에서 함께 잠들기도 했다. 그들은 함께 성장했으며 좋은 친구가 되었지만, 어린 양 마리아는 점점 패니보다 빠르고 힘이 세졌다. 그 양은 패니의 옷을 갉아먹었고, 마침내 엄마는 양이 딸을 해칠까 두려웠다. 어느 날 갑자기 그 양은 사라졌고 엄마가 양을 정육점에 팔았다는 것을 패니가 알았을 때, 그녀는 며칠 동안 슬피 울었다. 한동안 잠을 자기 전 그녀는 무릎을 꿇고 열심히 기도했다.

"하나님 아버지, 제 어린 양 '마리아' 에게 축복을 내려주시고 언젠간 꼭 돌아오게 해주세요."

하지만 양은 끝내 돌아오지 않았고, 어린 양 마리아를 잃은 상실감은 패니의 유년 시절 가운데 또다른 아픔이었다.

엄마 할머니와 함께 했던 패니의 어린 시절은 즐거웠고 평생 잊지 못할 기쁨을 가져다주었다. 새와 꽃, 나무 그리고 모든 만물을 배워가면서 패니는 자신의 존재를 소중하게 만들어갔다. 친구들이 앞을 전혀 볼 수 없는 아이라고 놀렸지만, 패니는 개의치 않았다. 단지 자신이 가지지 못한 부분을 다른 아이들이 하나 더 가지고 있다고 생각했다. 그리고 그녀는 그냥 '만족' 이라고 부르는, 마음의 작은 보석 하나를 잃어버렸을 뿐이라고 너그럽게 마음먹었다. 이것은 패니의 인생에 늘 위로가 되었다. 그녀는 결코 뒤돌아보지 않고 단지 앞만을 바라보기로 결심했다. 이후로 그녀는 자신이 앞을 볼 수 없다는 것에 대해 한번도 실망하거나 슬퍼하지 않았다.

"내 사랑하는 자가 자기 동산으로 내려가 향기로운 꽃밭에 이르러서 동산 가운데에서 양 떼를 먹이며 백합화를 꺾는구나 나는 내 사랑하는 자에게 속하였고 내 사랑하는 자는 내게 속하였으며 그가 백합화 가운데에서 그 양 떼를 먹이는도다"(아가 6:2-3, 개역개정)

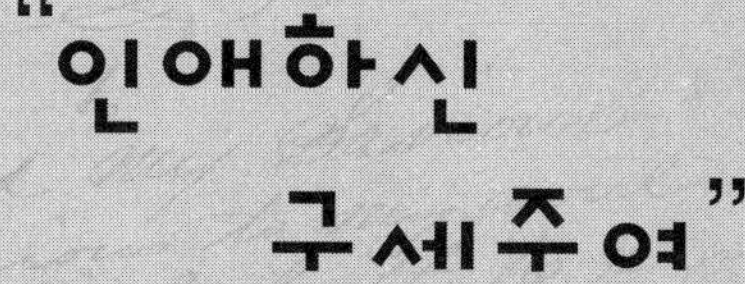

“인애하신 구세주여”

인애하신 구세주여

(Pass Me Not, O Gentle Saviour)

할머니의 신앙교육

3

성경은 나의 힘

패니 크로스비의 할머니는 자연을 가르쳐준 선생님이기도 했지만, 성경 교사이기도 했다. 할머니는 자연 만물을 패니에게 깨우치면서 성경 이야기도 가르쳤다. 할머니가 읽어주는 성경 이야기들은 패니의 마음속에 깊이 뿌리를 내렸다. 그녀가 나중에 성경에 관해 보통 사람보다 더 잘 알 수 있었던 것은 할머니의 인내심 깊은 가르침 덕분이었다. 더 나아가 할머니는 패니에게 성경을 외우게 했다. 앞을 보지 못해 읽을 수 없는 패니에게는 외우는 것이 가장 좋은 방법이었기 때문이다. 무엇보다도 할머니는 패니가 낙심하지 않고 성경에 흥미를 붙일 수 있도록 참고 지켜봐주었다.

봄, 여름 그리고 가을이 자연을 배울 좋은 시기였다면 겨울은 성경을 읽어줄 좋은 시기였다. 어느 겨울 오후, 할머니는 흔들의자에 앉아 패니를 무릎에 앉히고 크고 오래된 성경을 펼쳤다. 할머니는 귀를 쫑긋 세우고 호기심 많은 얼굴로 앉아 있는 패니를 바라보며 다정한 목소리로 이야기를 시작했다.

"오늘 이야기는 요한복음 9장이다. 예수님께서 소경에게 빛을 주신 이야기란다. 예수님께서 말씀하시기를 '예수님이 지나가실 때, 태어나면서 소경인 사람이 보았습니다.' "

"할머니, 난 태어나면서부터 소경은 아니었잖아요?" 할머니의 이야기가 끝나자마자 패니가 물었다.

"맞다. 너는 나중에 그렇게 된 것이지." 할머니는 잠시 동안 말을 멈추었지만 곧 이어갔다. " '제자들이 그에게 물었습니다. 주인이시여, 그가 태어나면서 소경이 된 것은 이 사람의 죄입니까, 아니면 부모의 죄입니까?' "

"할머니, 내가 맹인이 된 것은 누구의 죄 때문인가요?" 패니가 다시 물었다.

"얘야, 예수님이 말씀하시는 것을 잘 듣고 조금만 기다려라. '예수님이 말씀하시기를 이 사람의 죄도 부모의 죄도 아니다. 그러나 그에게서 하나님의 하시는 일을 나타나게 하심이라.' " 할머니는 패니에게 예수님께서 그곳에서 하신 말씀에 대해 물었다. 패니가 잠시 생각한 후 말했다.

"사람이 눈 먼 데는 이유가 있어요. 그것은 하나님의 영광을 위해서예요."

할머니는 그 대답에 박수를 치며 말했다. "그렇단다. 그가 눈이 멀었던 것은 하나님의 영광을 위해서였어."

바로 그때 패니는 문 입구에서 친숙한 발자국 소리를 들었다. 그리고 곧 엄마의 목소리가 들려왔다. 패니는 할머니와 함께 엄마를 반갑게 맞이했다. 할머니는 계속 성경을 읽었다. 그리고 예수님이 소경의 눈에 진흙을 발라주었고 그에게 가서 씻으라고 하신 부분을 읽었다. 또한 그 남자가 어떻게 치료받고 예수를 영접하게 되었는지 읽었고, 바리새인들이 눈 먼 소경을 고친 예수를 믿지 않은 부분에 대해서도 읽었다. 마침내 할머니는 요한복음 9장의 마지막 부분을 읽기 시작했다.

"예수께서 가라사대 내가 심판하러 이 세상에 왔으니 보지 못하는 자들은 보게 하고 보는 자들은 소경되게 하려 함이라 하시니 바리새인 중에 예수와 함께 있던 자들이 이 말씀을 듣고 가로되 우리도 소경인가 예수께서 가라사대 너희가 소경 되었더면 죄가 없으려니와 본다고 하니 너희 죄가 그저 있느니라." (요한복음 9:39~41)

패니는 골똘히 듣고 있었다. 그러나 곧 혼란에 빠졌다. 그녀는 그 말씀이 무엇을 의미하는지 알 수 없었다. 옆에 앉아 있던 엄마가 어린 딸을 안으면서 말했다.

"그것은 눈먼 것보다 더 나쁜 것이 있다는 말이야. 바로 마음의 소경이지. 바리새인들은 예수님을 알아보지 못했을 뿐더러 예수님이 왜 이 세상에 왔는지 알지 못했단다. 그건 그들이 심하게 눈이 멀었다는 의미이기도 하지."

오랜 세월이 지나 패니는 어린 시절 할머니에게서 자주 들었던 성경 이야기를 회상하곤 했다.

"어머니는 매일 성경을 읽어주셨습니다. 그러나 나를 성경으로 깊이 인도해주셨던 분은 할머니셨습니다. 성경 이야기는 할머니의 입술에서 나와 내 마음속으로 들어왔고, 바로 그곳에 큰 뿌리를 내렸습니다."

패니는 할머니가 가르쳐준 성경 말씀을 흥미롭게 배워갔다. 어린 시절 이미 성경의 많은 부분을 읽었고 암송할 수 있었다. 모세의 다섯 경전인 창세기 · 출애굽기 · 레위기 · 민수기 · 신명기와 신약 대부분, 시편과 솔로몬의 잠언, 룻기 그리고 위대한 산문 시인인 솔로몬의 아가를 암송할 수 있었다. 그녀는 성경 중에서도 특히 신명기 32장과 33장을 좋아했다. 그 이유는 아름다움과 생동감 있는 표현이 그녀를 사로잡았기 때문이었다. 패니는 어렸을 때 이 성경 말씀을 외우면서 마음에 큰 힘을 얻게 되었다.

그녀가 쓴 초기 시의 대부분은 할머니가 가르쳐준 성경으로부터 받은 주제로 이루어졌는데, '아브라함의 믿음의 시험' '야곱과 요셉의 만남' '삼손과 블레셋' 등이었다. 그리고 성경은 그녀의 시에서 매우 중요한 주제로 자리잡았다. 패니는 후에 성경에 대해 이렇게 고백하곤 했다.

"다른 사람보다도 더 시험 받고 시련 받은 나는 성경을 사랑합니다. '주의 법은 항상 옳다' 는 것을 몸소 체험하며 증명해왔습니다. 나의 삶 가운데 그것들은 항상 '예' 와 '아멘' 이었습니다. 하나님의 거룩한 말씀은 다른 것보다 귀중하고 기쁘게 볼 수 있는 나의 또다른 훌륭한 감각이었습니다. 그리고 이 땅 위에서의 삶이 어떠하든지 나는 마지막 날에 하나님 나라에서 영원히 쉬게 될 것임을 성경 말씀을 통해 말씀하셨습니다." 성경 말씀에 대한 그녀의 깊은 사랑은 이 짧은 시에도 잘 나타나 있다.

오, 성경책이여, 난 경외함으로 경배하네,
각 구절마다 얼마나 큰 기쁨을 보는지!
루비보다 더 내게 소중한,
내 어린 시절 신앙의 책이여,

패니는 평생 성경에 대한 사랑을 잃은 적이 없었다. 그녀가 한번도 시험에 들지 않고 하나님과 동행할 수 있었던 것은 성경 말씀이 늘 가슴 깊이 있었기 때문이었다. 그녀는 거룩한 책에 대해 흠잡을 시간이 없었다. 그리고 그 말씀에 대한 가치를 폄하하는 어떤 질문도 제기할 시간이 없었다. 그녀는 하나님과 관련된 사람들을 찾기 위해 항상 성경으로 돌아갔다. 그리고 거기에서 인간의 육체로 하나님의 영이신 그리스도를 만났다. 패니에게 이 책은 하나님의 보물집이었다. 성경은 그녀에게 생명의 빵이며, 소망의 닻이며, 밤의 불기둥이며, 낮의 구름기둥이었다. 그리고 그녀가 천국집으로 가는 여정 속에 늘 빛을 비추는 등잔이기도 했다.

> **"또 어려서부터 성경을 알았나니 성경은 능히 너로 하여금 그리스도 예수 안에 있는 믿음으로 말미암아 구원에 이르는 지혜가 있게 하느니라 모든 성경은 하나님의 감동으로 된 것으로 교훈과 책망과 바르게 함과 의로 교육하기에 유익하니 이는 하나님의 사람으로 온전하게 하며 모든 선한 일을 행할 능력을 갖추게 하려 함이라"**(디모데후서 3:15-17)

기도하는 소녀

성경과 함께한 순간들이 다른 어떤 순간보다도 패니 크로스비의 삶을 탄탄하게 만든 기초였다면, 기도는 그 기초를 굳건하게 다지는 중요한 도구였다. 할머니는 어린 패니를 흔들의자에 앉히고 모든 인류를 친구 삼기 위해 이 땅에 독생자 아들 예수 그리스도를 보내신, 하늘에 계신 자비로운 하나님 이야기를 자주 했다. 그러고 나서 패니에게 기도하는 법을 가르쳤다. 패니는 할머니의 가르침대로 무릎을 꿇고 손을 모아 기도했다. 할머니는 식사하기 전에 하나님께 맛있는 음식을 주신 것에 대해 감사하는 기도와 잠이 들기 전에 하루의 삶을 지켜주신 것에 대해 감사하는 기도를 가르쳐주었다. 그리고 기도하면 하나님께서 소원을 반드시 이루어주신다는 믿음을 심어주었다.

어느 날 패니는 –어리긴 했지만– 문득 자신의 삶을 커다란 목적을 위해 바쳐야겠다고 생각했다. 그러나 앞을 볼 수 없는 불쌍한 소녀이고, 친구도 없는 자신이 어떤 목적을 이룰 수 있을까 하는 막막함이 엄습해왔다. 또한 이대로, 앞을 전혀 보지 못한 채로 이 세상에 남겨지는 것은 아닌지 두려워졌다. 미래에 대한 생각은 그녀를 항상 우울하게 했고, 그때마다 작은 오두막집에서 나와 큰 바위로 가서 하나님께 위로를 구했다. 하나님께 자신이 하나님의 진정한 아이인지, 이 세상을 위해 아닌 무엇인가 할 수 있는 지 물었다. 패니는 무릎을 꿇고 기도했다.

“하나님, 이처럼 넓고 넓은 세상에서 저를 위한 공간은 없나요? 지금이라도 무엇이든 할 수 있을 것 같은데, 저처럼 앞을 보지 못하는 사람도 하긴 할 수 있는 건가요? 주님, 도와주세요. 제발 저를 버리지 마세요.”

그럴 때마다 하나님이 그녀에게 말씀하시는 듯 느껴졌다.

“실망하지 마라, 실망하지 마라, 어린 소녀야. 넌 언젠가 행복해질 거고, 앞을 보지 못한다고 해도 아주 소중하게 하나님의 뜻에 따라 쓰임 받게 될 것이다.”

계속되는 기도는 패니의 영혼을 소생시켰고, 시력을 잃은 것에 대해 원망하지 않도록 만들어주었다. 하나님의 약속과 위로는 그녀의 삶을 사로잡아갔다. 주일 교회에 가서도 그녀는 하나님께 도와달라는 기도를 쉬지 않았다. 기도로 시작한 그녀의 신앙은 강건해져갔고, 더불어 찬송가의 아름다운 곡조는 그녀를 매료시켰다. 패니의 훌륭한 청각은 아무리 불분명하게 불러도 그 곡조 속에 있는 찬송가의 가사를 정확하게 구별해낼 정도였다. 그녀는 찬송가의 시구가 성경에서 온 것을 알았지만 누가 그렇게 대단한 찬송가를 만들었는지 궁금했다. 그 찬송들은 기도와 함께 영혼을 기쁨으로 채우면서 그녀를 발전시켜 나갔다. 그리고 그녀는 사람들이 부르는 찬송을 자신도 과연 쓸 수 있을지 알고 싶었다.

패니가 쓴 수많은 찬송가는 기도로 시작하고 기도로 마쳤는데, 이 오랜 습관은 어린 시절 할머니에게서 배운 것이었다. 이렇게 그녀가 영혼의 찬송가를 쓸 수 있었던 것은 기도를 통해 하나님께 지혜를 구하고 영감을 얻었기 때문이었다.

> **"예수께서 나가사 습관을 따라 감람 산에 가시매 제자들도 따라갔더니 그 곳에 이르러 그들에게 이르시되 유혹에 빠지지 않게 기도하라 하시고 그들을 떠나 돌 던질 만큼 가서 무릎을 꿇고 기도하여"**
> (누가복음 22:39-41, 개역개정)

치료될 수 없는 것은 견뎌야만 한다.

할머니는 패니에게 성경뿐 아니라 문학 작품도 많이 읽어주었다. 패니는 그것을 거의 외울 정도로 지대한 관심을 가졌다. 그녀는 밀턴의 시와 세익스피어의 희곡, 존 번연의 〈천로역정〉 그리고 아이작 와트의 찬송가를 좋아했다. 어린 패니는 로빈 후드와 노팅햄 숲을 거닐었고, 돈키호테와는 스페인의 시골길을 건넜다. 성경과 함께 문학 작품 또한 그녀의 상상력에 불을 지폈고, 풍부한 어휘는 창작력에 샘물과 같은 기초가 되었다.

흔들의자에서 할머니와 함께 보낸 추억의 시간들은 패니에게 평생 남아 있었다. 그녀는 기회 있을 때마다 그 추억에 대해 말하곤 했다. 세월이 흘러 그녀는 깊은 사랑의 마음을 담아 할머니와 함께 한 기억들을 시로 옮겼다.

난 지금 조용한 시골 골짜기에 있는,
오두막 한 채를 생각하고 있다네,
그 옆으로 그토록 내가 사랑했던
시냇물이 흘렀고,
나는 오랜 시간 앉아서 들었네,
내 발에 잔물결 이는 동안에,
난 생각했네, 다른 어떤 음악도
세상에서 그 반만큼도 달콤하지 않으리.

패니는 할머니로부터 깊은 사랑을 받고 자랐다. 많은 사람들이 패니에게 앞을 보지 못하니 어떤 일도 할 수 없다고 말할 때마다 할머니는 자신감을 북돋아주었다. 할머니는 그녀에게 용기와 신념을 가르쳤고, 장애를 극복할 수 있는 끝없는 야망을 갖도록 격려했다. 패니는 할머니의 든든한 지원을 바탕으로 많은 상상력을 가진 소녀로 변신해갔다. 때로는 돛대 앞에 서서 폭풍을 바라보는 선원이었고, 때로는 전투에서 군대를 이끄는 대장이기도 했다. 그리고 청중 앞에서 그들을 그리스도께 인도하는 목사였고, 하나님께 찬양하는 거대한 합창단의 지휘자이기도 했다.

어느 해 화창한 봄날, 패니는 자신이 자주 기도하던 큰 바위로 갔다. 그곳에서는 편지를 배달하는 아저씨를 기다릴 수 있었기 때문이었다. 그녀는 바위 높은 곳에 올라가 우뚝 섰다. 그리고 할머니가 빌려준 작은 책을 펴고 가능한 한 크고 깊은 목소리로 외쳤다. 성경을 외우기도 하고 문학 작품 속에 나오는 구절을 암송하기도 했다. 한참을 소리 높여 읊더니 결국엔 지쳤는지 드러누워 버렸다. 바위 위에는 햇빛이 비치고 있었고 패니는 가장 좋아하는 곡 가운데 하나를 부르기 시작했다.

"안녕, 행복한 땅 콜롬비아. 안녕, 영웅들, 하늘에서 태어난 무리들! 자유를 쟁취하기 위해 싸웠고 전쟁의 폭풍이 지나갔네. 승리한 당신의 용맹이여, 이제는 평화를 즐겨라!"

노래를 부른 후에 패니는 일어나 앉았다. 그녀는 자연의 소리를 듣기 좋아했다. 나무들은 봄의 새로운 잎을 살랑살랑 흔들고 있었고 멀리서 새들의 울음소리가 들려왔다. 바로 그때 발자국 소리가 들렸다. 마침내 기다리던 우편배달부가 왔고 패니는 반갑게 인사했다.

"패니야, 네 가족에게 전할 편지 한 통을 가지고 왔단다. 나 때문에 오래 기다리지 않았길 바란다."

패니는 아저씨에게 인사한 후 그 편지를 받아들고서 조심스럽게 바위를 내려가 자기가 왔던 길을 눈을 뜨고 걷는 것처럼 익숙하게 집으로 돌아갔다. 할머니 무릎 위에 앉아 편지 내용을 궁금해하던 패니는 할머니가 편지를 읽기 시작했을 때 문밖에서 엄마의 발자국 소리를 들었다. 할머니 무릎에서 쪼르륵 내려간 패니는 반갑게 문을 열어주고 엄마에게 입맞춤했다. 하지만 할머니와 인사하는 엄마의 표정이 어두웠다. 할머니는 딸을 깊이 안아주었다.

"오, 엄마, 저는 매일 힘들게 일해왔어요." 지난 5년간 늘 있었던 이야기를 또 시작했다. 그러자 옆에 있던 패니를 바라본 할머니는 이야기를 중단시켰다. 그리고 패니를 침대로 데려가 눕혔다. 그러나 패니는 자지 않고 엄마의 이야기에 귀를 기울였다. 조그마한 집에서 주고받는 소리는 대부분 들을 수 있었다.

"저는 패니를 위해 지금까지 일했어요. 그러나 많이 지쳤어요. 그 아이를 꼭 보게 해주고 싶었는데… 지금 모아둔 돈이 별로 없어요. 그 아이는 나 없이 자라고 있고요. 앞으로 그 아이가 어떻게 될까요? 아버지도 없고, 볼 수도 없고… 돈도 없어요. 어떻게 패니가 배울 수 있을까요? 계속 이대로 지내야만 하는 건가요? 너무 힘들어요. 왜 하나님은 우리처럼 어렵고 힘든 사람들을 도와주지 않으시는 건가요? 그분은 뭐든지 하실 수 있는 분이잖아요?" 엄마가 흐느끼는 소리가 다른 때보다 크게 들리는 것 같았다. 할머니는 어깨를 두드리면서 딸을 위로했다.

"그래, 얘야, 주님은 아신단다. 다만 우리는 그분의 소명을 지켜가야 해. 그분은 능히 우리의 소리를 들으시고 도와주실 거란다. 그리고 이 어두운 터널 같은 시절에 언젠가는 갈 길을 밝히 인도하실 거다. 우리는 그분이 말씀하신 '네가 물을 건널 때 내가 너와 함께 하겠고' 라는 말씀을 기억해야 해. 머시야, 너는 내가 무슨 말을 하려는지 잘 알 거야. 치료될 수 없는 것은 견뎌야만 한단다. 만일 그분이 지금 네 기도를 들어주지 않으셨다면 그것은 앞으로 더 좋은 길로 축복해주시려는 것임을 기억해라."

패니는 엄마에게 입맞춤하러 침대에서 나갈까 생각했지만 하루 종일 지쳐 있었다. 그래서 그녀는 할머니의 말을 기억하면서 잠이 들었다. '치료될 수 없는 것은 견뎌야만 한다.' 하지만 어린 그녀는 이 말의 의미를 정확하게 알지 못했다.

"내 형제들아 너희가 여러가지 시험을 만나거든 온전히 기쁘게 여기라 이는 너희 믿음의 시련이 인내를 만들어 내는줄 너희가 앎이라 인내를 온전히 이루라 이는 너희로 온전하고 구비하여 조금도 부족함이 없게 하려 함이라"(야고보서 1:2-4)

"오 놀라운 구세주"

오 놀라운 구세주

(A Wonderful Saviour Is Jesus My Lord)

큰 도시로의 여행

4

엄마와의 여행

패니 크로스비의 어린 시절은 할머니와 엄마에 의해 양육되었다. 푸트남의 조그만 오두막에서 하나님의 창조물에 대해 배웠고 그 아름다움을 만끽했다. 하지만 그때까지 패니는 오두막을 한번도 벗어나 본 적이 없었다. 이제 하나님은 조금씩 더 넓고 깊은 섭리를 느끼게 하시면서 그녀에게 많은 것들을 보여주기 시작했다.

어느 날 엄마는 패니를 불러 무릎에 앉혔다. 그리고 반갑게 웃으며 내일 있을 중요한 여행에 대해 설명했다. 마차를 타고, 배를 타고 가는 먼 곳으로의 여행에 대해 엄마는 차근차근 일러주었다. 그곳엔 많은 사람들이 살고 있으며, 커다란 빌딩과 없는 게 없는 곳이라고 말했다. 엄마의 목소리는 약간 흥분되어 있었다. 할머니처럼 엄마도 모든 것을 그림처럼 묘사하려고 노력했다.

"패니야, 내일 여행은 네가 이제껏 가본 여행 중 가장 오랫동안 가는 여행이란다. 우리는 양 쪽에 큰 산이 있는 아름다운 강둑에 닿을 때까지 먼저 마차를 타고 갈 거야. 그러고 나서 배를 타고 여러 마일을 항해해 허드슨 강을 건널 것이고, 그러면 우리는 네가 상상할 수 있는 것보다 아주 커다란 도시에 도착하게 된단다. 그리고 그곳에서 6~7일 정도 머문 후에 다시 집으로 돌아올 거야."

패니는 궁금한 듯 이것저것을 물었고 엄마는 끊임없는 질문 공세가 싫지 않은 듯 차근차근 설명해주었다. 그녀는 그곳에서 유명한 의사를 만날 것이며, 좋은 여행이 될 것이라고 말해주었다. 그리고 패니를 침대로 데리고 가 여행을 위해 서둘러 재웠다. 몇 번이고 패니는 배 타는 것을 상상했다. 실제로 그녀는 배를 타본 적이 없었다. 그리고 그녀가 가보았던 도시는 바로 옆 마을인 돈스버그가 유일했다. 그곳엔 교회, 우체국, 도서관 그리고 학교가 있었다. 패니는 이 마을보다 더 큰 도시를 상상했다. 그밖에 어떤 것들이 그곳에 있을까? 패니는 침대에 누워서도 이런저런 생각으로 쉽게 잠들 수 없었다.

아침이 되자 여행에 대한 기대와 기쁨이 패니를 가만히 있지 못하게 했다. 그녀는 조그마한 집에서 이리저리 부딪히는데도 개의치 않고 이곳저곳을 돌아다니며 춤을 추었다. 그러나 그녀의 기쁨은 그리 오래가지 못했다. 엄마가 이번 여행의 목적이 눈 수술이라고 알려주었기 때문이다.

"좀 아플 거다, 패니야. 하지만 넌 충분히 견딜 수 있을 거라 믿는다. 그렇지 않니?"

패니는 갑자기 망설여졌다. 그녀는 이미 오랫동안 앞이 안 보이는 고통에 익숙해져 있었던 것이다.

"그러나, 패니야. 이번 여행은 네가 주위의 모든 것을 볼 수 있고, 친구들과 재미있는 책을 읽으며 놀고, 지금은 할 수 없는 많은 일을 즐길 수 있게 해줄 거야."

패니 크로스비의 엄마, 머시 크로스비 (1799~1890).

패니는 이번 여행이 그동안의 기도에 대한 응답이 될 것이라 믿었다. 그리고 시력을 다시 찾게 되면 행복해질 거라고 생각하면서 고개를 끄덕였다.

뉴욕으로 가는 크로스비 모녀의 여행은 시간으로 거리의 개념을 계산해야 하는 커다란 모험이었다. 이른 아침 패니는 엄마와 함께 마차에 올랐다. 그녀는 부드럽게 그리고 작은 목소리로 노래를 불렀다. 얼마 못가 엄마가 아무 말도 하지 않은 채 조용하게 앉아 있다는 것을 눈치챘지만, 패니는 앞으로의 여행 일정에 대해 이야기를 해달라고 조심스럽게 물었다. 그러나 곧 엄마가 기도중이라는 것을 알았다.

패니와 엄마는 거의 7시간 동안 마차를 타고 갔다. 드디어 그들은 허드슨 강가에 있는 커다란 부두에 도착했고, 그곳에서 맨해튼으로 가는 배를 타기 위해 기다리고 있었다. 패니는 조심스럽게 엄마를 따라 걸어갔다. 한 선원이 그들을 도와주었다.

배가 성공적으로 강을 따라 흘러갔다. 허드슨 강의 배는 한두 개의 앞 돛이 있고 세로로 된 큰 돛대가 있는 범선이었다. 최대 90명까지 태울 수 있는 이 배에는 신선한 우유를 제공하는 소들이 같이 타고 있었다. 그리고 승객들은 목적지까지 얼마나 걸릴지 확실하지 않은 여행을 통해 스스로 요리를 해먹고, 노래하고, 갑판에서 미풍을 맞으며 여유 있게 대화를 나누었다. 배는 사람들을 싣고 내리기 위해 멈추었다가 다시 항해하곤 했다. 어느새 허드슨 강은 많은 강물을 뒤로하고 있었다. 이 강을 따라 가는 여행은 새로운 놀라움을 가득 채워주었다. 패니는 물 위를 가로지르는 풍부한 바람과 강 위로 내려쬐어 따사로이 반사되고 있는 태양을 온몸으로 느꼈다. 엄마는 배멀미로 고생했지만 패니는 오히려 부푼 기대로 가슴이 벅찼다.

마침내 오랜 시간이 지난 후 배는 큰 도시의 항구에 도착했다. 그 도시의 이름은 뉴욕이었다. 패니는 항구가 매우 복잡하고 바쁠 것으로 생각했다. 그러나 그 생각을 하기도 전에 압도당했다. 주위의 목소리들은 거대한 소떼의 울음소리처럼 소용돌이치며 들끓었다. 엄마는 많은 사람과 배들이 있어 그런 것이라고 안심시켰다. 많은 지역으로부터 배들이 분주하게 몰려들었고 사람들은 바쁘게 움직이는 듯했다. 패니와 엄마는 배에서 내려왔고, 다른 사람들은 내려오기 위해 기다리고 있었다. 패니는 떨리는 가슴을 진정시킬 수 없었다. 항구를 빠져나갈 때, 어느새 자신도 모르게 엄마의 손을 꼭 잡고 있었다.

> **"하나님이 그들로 하여금 이 비밀의 영광이 이방인 가운데 얼마나 풍성한지를 알게 하려 하심이라 이 비밀은 너희 안에 계신 그리스도시니 곧 영광의 소망이니라"**(골로새서 1:27, 개역개정)

모트 박사와의 만남

패니의 엄마는 어린 딸을 뉴욕으로 데려가 당시 가장 유명한 의사인 발렌타인 모트 박사에게 눈을 상담받기로 했다. 모트 박사는 실력 있는 교수이며, 독실한 감독교회의 신자이기도 했다. 내과의의 아들인 모트는 콜롬비아 의대를 졸업한 후 동맥 수술의 개척자로 이름을 알리고 있었다. 크로스비 모녀가 방문했을 때 모트는 콜롬비아 대학병원의 내외과 과장이었고, 복잡한 수술의 선구자로 많은 사람들이 그의 탁월함을 인정했다.

항구에서 내린 패니와 엄마는 다니던 교회에서 소개받은 스미스 씨를 만났다. 그는 패니가 진료받는 동안 맨해튼 남쪽 루스벨트 10

번 가에 있는 집을 제공해주기로 약속했다. 그들은 스미스씨 집에 도착했다. 패니와 엄마는 재빨리 옷을 갈아입고 머리를 단장했다. 그리고 유명한 의사를 보러 갈 시간이 되자 마차를 타고 병원으로 향했다. 가는 도중에 패니는 믿을 수 없을 정도의 소음과 사람들의 웅장한 목소리를 들었다. 마차 소리와 사람들의 고함 소리는 패니의 마음을 흔들어놓기에 충분했다. 하지만 엄마는 즐거워 보였고, 마차를 타고 가면서 이야기하기에 바빴다. 엄마는 소리에 압도되어 아무 말도 않고 있는 패니에게 이곳저곳을 설명해주었다.

"패니야, 우리가 가는 길에 큰 건물들이 있구나. 그 가운데 어떤 건물은 무척이나 높단다. 또다른 건물은 우리 집을 서너 개나 올려놓은 것 같구나. 많은 도로들이 있고 우리는 그 길 중 한 길을 가는 거란다. 도로마다 마차와 사람들로 꽉 차 있구나."

"엄마 왜 이곳엔 사람들이 많아요? 그들은 여기서 무엇을 하는 건가요? 그들은 집에 가질 않나요?" 패니가 이해할 수 없다는 듯 물었다.

"응, 대부분은 이곳에 집이 있는 사람들이지. 이곳에서 일을 하고 이곳에서 잔단다. 봐라! 지금 엄마가 보고 있는 것이 치과란다. 밖의 그림이 치아구나. 이번엔 이발소가 보이네. 가게 밖에 가위 그림이 그려져 있단다. 옷가게, 철물점, 거대한 마굿간…. 패니야, 네가 상상하는 것보다 훨씬 많은 것들이 보이는구나."

패니는 엄마의 흥분된 목소리를 들으며 가슴이 뛰는 것을 느꼈다. 패니의 얼굴은 미지의 세계에 대한 두려움과 더불어 호기심 가득한 표정으로 변해가고 있었다.

드디어 '안과 최고 전문의 모트 박사' 라는 흰 간판이 눈에 크게 들어왔다. 패니와 엄마는 계단을 올라가 약간 어두운 방으로 들어갔다. 그리고 조용히 앉아 기다리는 동안 패니는 너무 긴장되어 아무 말도 할 수 없었다. 패니는 방망이질하는 엄마의 거친 숨소리를 쉽게 들을 수 있었다. 조금 기다리고 있으니 한 여인이 들어왔다.

"지금 박사님을 만나러 갑니다." 패니는 엄마의 손을 꼭 잡고 옆방으로 들어갔다. 조금 앉아 있자 한 남자가 방으로 들어왔는데, 그가 모트 박사였다.

"오시느라 수고 많았습니다." 그가 말했다. "아저씨가 그 유명한 모트 박사님?" 패니의 말에 모트 박사가 빙그레 웃었다.

"이제 한번 살펴보겠습니다." 모트 박사의 말이 끝나자 패니에게 두려움이 엄습했다. "두려워할 것 없단다. 박사님께서 잘 진료해주실 거야." 엄마가 말했다.

패니가 앞으로 다가가 앉자 모트 박사는 그녀에게 작은 인형을 주었다. 패니가 작은 코와 입술 그리고 눈을 만졌을 때 놀라 숨이 멎을 것만 같았다. 지금까지 가지고 놀던 옥수수로 만든 거친 인형이 아니라 부드럽고 매끄러운 예쁜 도자기 인형이었기 때문이다.

"자, 패니야, 이제 의자에 앉아라. 내가 등잔을 갖다댈 건데 놀라지 말고 눈도 깜빡거리지 말아요. 알았지?"

눈치료를 위해 방문했던 뉴욕의 모트박사.

패니는 박사가 시키는 대로 등잔을 갖다대며 묻는 말에 대답했다. 진료 시간 내내 패니는 모트 박사가 준 인형을 만지작거렸다. 잠시 후 가장 현대적인 유럽식 안과학 교육을 받은 모트 박사의 동료 에드워드 델라필드 박사가 들어왔다. 그는 패니의 눈을 오랫동안 살펴보았다. 눈에 빛을 비추기도 하였고 몇 가지 질문도 하였다. 패니가 꿈틀거리기 시작했다. 그 박사는 등잔을 내려놓고 그의 손을 패니의 머리에 부드럽게 댔다. 그리고 엄마에게 조용히 말했다.

"겨자습포제가 딸의 눈을 몹시 상하게 했군요. 아이의 눈은 그것들로 인해 두꺼운 막이 생겼습니다. 이 아이가 눈을 통해 보는 것은 서리가 낀 유리를 보는 것과 같습니다. 다만 그녀는 빛을 볼 수 있어요. 아주 약간의 밝은 색도. 그러나 다른 것은 전혀 볼 수 없습니다." 그리고 한숨을 쉬듯 말했다.

"의료 과실이 회복될 수 없게 눈을 망쳐버렸습니다. 그리고 시신경이 대부분 파괴되어 앞으로도 보기는 힘들 것 같습니다." 델라필드 박사는 모트 박사에게 고개를 저으며 속삭이듯 이야기하고는 방을 나갔다.

모트 박사는 의자에 기대앉아 패니에게 물었다. "얘야, 아주 작은 것이라도 볼 수 있도록 네 눈에 무언가 집어넣었으면 좋겠는데, 괜찮겠니?"

그 말을 듣는 순간 패니는 뒤로 제치면서 엄마의 손을 잡았다.

"아프잖아요?" 패니가 물었다.

"그래, 나도 그게 두렵단다." 모트 박사가 대답했다.

"박사님, 죄송하지만 저는 괜찮아요." 패니는 작은 목소리로 말했다.

모트 박사는 엄마를 바라보았고 역시 속삭이듯 말했다. "조금이라도 볼 수 있는 방법이 있긴 한데, 좋지 못한 결과를 얻을까 봐 두렵습니다." 그는 잠시 멈추었다가 말했다.

"혹시 저희들이 하는 수술이 전혀 도움이 되지 못하는 것은 아닐지 걱정됩니다. 그리고 또다른 해를 끼치는 건 아닌가 염려도 되고요. 하지만 무엇보다도 수술이 잘못되어 약간은 볼 수 있다는 소망조차 포기하는 것은 아닌지 두렵습니다."

모트 박사의 판정 후에, 패니는 엄마가 흐느끼며 울기 시작한다는 사실을 알았다. 그 순간 간호원이 재빨리 패니를 데리고 나갔다. 그러나 그녀는 안에서 엄마가 하는 이야기를 거의 들을 수 있었다.

"박사님, 지난 5년 동안 하나님께 기도하면서 기다렸습니다. 저는 소망을 가졌고 그래서 돈도 조금씩 모았는데…. 하지만 주님은 저의 기도를 들어주지 않으셨어요."

패니는 자신으로 인해 엄마가 슬퍼하는 것을 원하지 않았다. 그러나 병원의 누군가가 머리 위에 손을 얹고 톡톡 치면서 "쯧쯧, 불쌍한 아이!" 라고 말했을 때 패니는 화가 났다. 앞이 안 보이는 것은 그녀에게 새로운 것이 아니었고, 지금까지 살아낸 것처럼 앞으로도 능히 슬퍼하지 않으며 살 수 있는 믿음이 패니에게 있었기 때문이었다.

뉴욕에서 남은 시간 동안 패니는 엄마와 편안하게 지내려고 노력했다. 그러나 엄마는 그곳에 머무르기를 더 이상 원하지 않았다. 집으로 돌아가는 길에 패니는 배 끝에 조용히 앉아 생각했다. 그녀의 눈은 물을 통해 반사되는 태양의 밝은 빛을 볼 수 있었다. 또한 강을 따라 되돌아가면서 올 때와 마찬가지로 배와 마주치는 파도의 물결 소리도 들었다. 강은 단지 그녀에게만 노래하는 것처럼 유쾌한 리듬과 소리를 들려주었다. 패니는 파도 소리에 따라 아주 작은 목소리로 노래를 불렀다. 배와 바다에 관해 그리고 도시와 의사에 대해. 물론 예수님에 관한 노래도 불렀다. 그때 파도 소리에 분명한 음성이 실렸다.

"담대해라! 패니야. 담대해라! 패니야. 밝은 날은 반드시 올 것이다!" 그녀가 들었다고 생각한 것은 분명 하나님의 목소리였으며, 그 소리는 강의 물결이 아니라 그녀가 의지하는 주님의 목소리였다.

패니와 엄마는 배에서 내렸다. 그곳에는 할아버지가 마중 나와 있었다. 엄마는 할아버지의 품에 안겨 울었다. 패니는 할아버지에게 인사한 후 의사 선생님이 준 예쁜 새 인형을 보여주었다. 그리고 큰 도시를 여행한 이야기를 할아버지에게 들려주었다. 오랜 마차 여행 끝에 집에 돌아온 패니가 침대에 누웠을 때 할머니의 목소리가 들렸다.

"머시야, 선하신 주님은 패니에게 더 좋은 일을 주실 거다." 패니는 할머니가 말하는 소리를 분명하게 들었다.

"그분만을 신뢰해라, 그분을 믿어라. 그는 언제나 우리에게 좋은 분이시다."

패니는 더 이상 슬퍼하지 않았으며 오히려 여행에서 얻은 신선한 영감으로 가득 찬 채 잠이 들었다. 그녀는 주님께서 함께 있는 것을 알았고 앞으로의 모든 삶에서 자신의 길을 밝히 인도해주실 것이라는 사실을 분명히 알고 있었다. 그분은 마음속에 계셨다. 그리고 그분은 눈이 되어주실 것이다. 패니는 하나님께 복종하기로 마음먹었다.

"아무 것도 염려하지 말고 오직 모든 일에 기도와 간구로, 너희 구할 것을 감사함으로 하나님께 아뢰라 그리하면 모든 지각에 뛰어난 하나님의 평강이 그리스도 예수 안에서 너희 마음과 생각을 지키시리라"(빌립보서 4:6-7)

"주의 음성을
내가 들으니"

주의 음성을 내가 들으니

(I'm Thine, O Lord)

5 행복한 영혼

6마일의 의미

거대한 도시로의 여행을 마친 후 오래지 않아, 패니의 엄마는 또 다시 오두막집에서 6마일 떨어진 부유한 집 하녀로 일하게 되었다. 이번에는 패니도 엄마와 함께 갔다. 패니와 헤어지게 된 할머니는 손녀를 보기 위해 자주 방문했다. 매일 패니는 베란다에서 할머니를 기다렸다. 그리고 친숙한 마차 소리에 귀를 기울였다. 마차 소리가 들리면 할머니를 만나기 위해 뛰어나갔다.

"할머니, 저 많이 자랐지요?" 패니가 외쳤다. "너를 안으면 내 손이 거의 닿을 듯했는데 지금은 닿지 않는 것 같구나!" 할머니는 어린 패니에게 반갑게 입맞춤한 후 무릎에 앉혔다.

"할머니, 그런데요, 여기 아이들은 재미있게 얘기해요. 그들은 'you' 대신에 'thee' 와 'thou' 를 사용해요."

"패니야, 그들은 퀘이커 교도란다. 그들은 재미있게 얘기하는 게 아니고, 단지 다르게 말하는 것뿐이야. 너도 그들과 함께 잘 지내고 있니?"

"네, 아주 잘 지내요. 그들은 내가 볼 수 없기 때문에 어떤 것도 할 수 없으며, 맹인이 어떤 것인가에 대해서도 말했어요."

패니는 그 순간 할머니의 몸이 굳어지는 것을 느꼈다. "그것은 네가 알고 있듯이 진실이 아니란다. 지난번 내가 여기 왔을 때 네게 읽어준 시편을 기억하고 있지?"

패니는 지난주에 할머니가 가르쳐준 시편 25편을 암송했다. 할머니는 패니를 칭찬하고 나서 32편을 되풀이해서 읽어주었다. 곧 패니는 모두 확실하게 기억할 수 있었고 할머니에게 다음번에 오늘 외운 것을 암송하겠다고 약속했다.

"나는 네가 잘할 수 있을 것이라 믿는다. 이제껏 우리 패니처럼 기억력 좋은 사람은 결코 본 일이 없구나."

패니는 할머니에게 할아버지가 요즘 저녁식사 후에 무슨 책을 읽고 계신지 물었다. 할머니는 할아버지가 〈천로역정〉을 읽고 있다고 말해주었는데, 그것은 패니가 좋아하는 책 가운데 하나였다.

"저는 〈오디세이〉보다 〈천로역정〉을 더 좋아해요. 크리스천이 갑옷을 입었을 때 그 흥미진진한 부분을 좋아해요. 그런 다음 그가 아폴론과 싸웠잖아요."

"그건 할아버지가 오늘밤 읽는 장면인 것 같은데?" 할머니가 웃으며 대답했다.

할머니가 6마일 떨어진 집을 방문하는 동안, 패니와 할머니는 수많은 이야기꽃을 피웠다. 할머니는 패니가 올바르게 자랄 수 있도록 여전히 성경을 가르쳤으며, 좋은 이야기들을 해주었다. 반면 패니는 이 마을에서 있었던 자신의 모험담을 말해주었다. 어느 날 패니가 할머니에게 말했다.

"저는 에녹을 제외하고 누구보다도 나무에 높이 올라갔어요." 패니의 엄마가 뜨거운 물을 양동이에 담아 부엌으로 가다가 말했다.

"에녹은 너보다 두 살이나 많잖니? 그리고 그는 볼 수도 있고!"

할머니가 웃었다. "잘했구나. 그러나 만일 네가 볼 수 있다면, 감히 더 높이 오를 수 없을 거란다."

"그들은 내가 볼 수 없기 때문에 그렇게 하지 못한다고 했어요. 그러나 나는 볼 수 있을 거라고 말했어요. 그리고 그렇게 될 거예요."

패니는 그동안 아이들과 지냈던 이야기에 흥분하며 할머니에게 말했다.

"할머니, 지난주에 제가 말을 탔어요! 에녹과 다른 아이들이 제가 앞을 볼 수 없기 때문에 말을 탈 수 없을 거라잖아요. 저는 할 수 있다고 했죠. 아이들의 도움을 받아 에녹의 아버지 말에 올랐어요. 그런데 안장이 없는 거예요. 그래서 말의 긴 갈기를 잡았는데 잭이 깜짝 놀라서 막 뛰는 거예요. 그래도 안 떨어졌어요."

"오, 다행이다, 패니야. 네가 다칠 뻔했구나. 떨어졌으면 다리가 부러졌을지도 몰라!" 할머니가 깜짝 놀라며 말했다.

"하지만 할머니, 그 아이들이 잘못했어요! 전 그것을 해냈다고요."

"그래 얘야. 그러나 기억해라. 할머니는 네가 분별 있게 행동하기 원한다."

패니는 할머니의 이야기를 들으면서 흔들의자 옆에 앉아 있었다. 조금 시간이 지난 후 패니가 한숨 쉬며 말했다.

"할머니, 그들은 항상 말했어요. 내가 볼 수 없기 때문에 나무에 오를 수 없는 거라고. 하지만 나는 그들에게 할 수 있다는 것을 보여주고 싶어요. 내가 말을 탈 수 없다고 했는데 해냈어요!" 그리고 다시 말했다.

"그러나 제가 할 수 없는 게 있어요. 저는 읽을 수 없어요. 다른 아이들처럼 학교에 갈 수 없기 때문에 배울 수도 없고요. 하지만 저는 배우고 싶어요!" 패니는 머리를 할머니의 가는 품에 묻고 눈물을 글썽거렸다.

할머니는 패니를 다시 한번 품에 안아주었다. 그리고 자신의 손녀가 크게 성장하고 있다는 것을 새삼 느꼈다. 잠시 할머니는 의자에 앉아 있었다. 그리고 조용히 기도한 후에 말했다.

"사랑하는 패니야, 잘 들어라. 이 말은 중요하단다. 우리가 기도하는 것만큼 더 큰 일은 이 세상에 없단다. 우리가 기도할 때, 우리는 하나님과 대화하고 있는 거란다. 네가 울 때 하나님도 우시며 너의 울음소리 또한 들으신단다. 그분에게 어려운 것이란 아무것도 없다. 하늘에 계신 아버지는 네가 요청하는 것은 무엇이든지 그분의 선하심을 따라 이루어지게 해주실 거야. 만일 지금 기도를 들어주시지 않는다면 그것은 그분께서 더 좋은 길로 인도해주시기 위해서임에 틀림없다. 고민거리가 무엇이든 너는 기쁘게 참고 기다릴 수 있을 것이라 믿는다. 그건 너를 더 좋게 인도하셔서 그분이 알맞은 때에 사용하시기 위해서란다."

그 날 저녁 할머니가 간 후에 패니는 이야기를 나눈 의자에 앉아 곰곰이 생각했다. 그리고 창을 향해 얼굴을 돌렸다. 달빛이 비치고 있었다. 패니는 할머니가 이야기한 것에 대해 깊이 생각하며 조용히 무릎을 꿇었다. 그리고 하나님께 기도했다.

"제가 제일 사랑하는 하나님 아버지, 친구들은 저에게 아무것도 할 수 없을 거라 말하고 있어요. 그러나 하나님은 사실이 아니라는 것을 알고 계시지요? 하나님, 제가 할 수 있다는 것을 보여주고 싶어요. 저 배우고 싶어요. 비록 앞이 보이지 않지만 하나님을 위해 쓰임 받고 싶어요. 꼭 도와주실 거죠?"

다음번 할머니가 방문했을 때, 패니는 새로운 소식을 기다리지 않고 다급하게 말했다.

"할머니가 지난번에 말씀하셨을 때 저는 여기서 무릎 꿇고 기도

했어요. 그리고 할머니가 말씀하신 것들에 대해 생각했어요. 사실 저는 낙담했었어요. 그러나 정말로, 정말로 하늘에 계신 사랑하는 아버지와 대화했어요. 저는 할머니가 말씀하신 대로 그렇게 했어요. 하나님께서 나처럼 앞을 보지 못하는 맹인과 함께 배울 수 있는 장소를 꼭 만들어달라고요. 그분께서 내 마음속에서 말씀하셨어요. '얘야, 낙담하지 마라. 너는 언젠가 행복해질 것이고, 심지어 네가 앞을 볼 수 없다는 사실까지도 유용하게 쓰임 받을 것이란다.' 그리고 다음날 그것에 관해 생각하면서 시를 떠 올렸어요. 한번 들어보시겠어요?"

오, 나는 얼마나 행복한 영혼인지,
내가 비록 볼 수 없어도!
나 이 세상에서
만족하리라 결심하네.

난 얼마나 많은 축복을 받고 있는지,
다른 이들은 그렇지 않네!
내가 눈멀었다 하여 울며 한숨짓는 것,
난 그럴 수 없고, 그러하지 않으리.

1828년 8세 되던 해 쓴 이 시는 패니가 쓴 최초의 시로 얼마나 긍정적인 마음으로 하나님을 신뢰하고 있는지 잘 보여준다. 이는 6마일의 먼 거리에도 불구하고 그녀에게 좋은 가르침을 주고자 거의 매일 방문했던 할머니의 끊임없는 사랑과 열정 덕분이었다. 할머니와 떨어져 있던 6마일의 거리는 그녀가 확고한 믿음으로 성장하면서 어린 시절을 보낼 수 있었던 도약과 발전의 거리였다.

"이는 네 속에 거짓이 없는 믿음이 있음을 생각함이라 이 믿음은 먼저 네 외조모 로이스와 네 어머니 유니게 속에 있더니 네 속에도 있는 줄을 확신하노라"(디모데후서 1:5, 개역개정)

홀리 부인

패니가 9세가 되었을 때, 패니와 엄마는 다시 한번 이사했다. 이번엔 홀리라는 성을 가진 사람들이 많이 살고 있는 코네티컷 주 리지필드라는 곳이었다. 거기는 할머니가 자주 방문할 수 없는 곳이었다. 그러나 패니는 이곳에서 아름답고 유익한 시간을 보냈다.

홀리 부인은 큰 도시 가운데 하나인 리지필드의 넓은 집에서 살고 있었으며 독실한 신자였다. 그녀의 집은 들판 하나를 사이에 두고 교회와 마주보고 있었기 때문에 패니가 교회에 가기 쉬웠다. 홀리 부인은 아이들에게 관심이 많았고 친절했다. 그녀는 늘 성경을 아이들에게 가르쳤고, 그것을 외우게 했다. 물론 성경 구절을 반복해서 읽어주어야 했지만, 홀리 부인은 참을성 있게 가르쳤다. 또한 그녀는 아이들에게 시에 대한 관심과 애착을 갖게 했고, 특히 패니에게 많은 찬송과 성경 그리고 훌륭한 시 들을 암송하게 했다.

"홀리 부인은 내 상상 속의 푸른 초원과 노래하는 시냇가를 사랑해주었습니다." 패니는 이렇게 회상하곤 했다.

홀리 부인과의 만남은 패니가 맹인 학교에 들어가기 전까지 성경을 암송하며 신앙을 훈련받을 수 있었던 좋은 기회였다. 후에 패니는 홀리 부인과의 인연이 하나님께서 미리 예비하셔서 선물로 주신 좋은 시간들이었다고 고백했다. 할머니를 대신해 가르쳐줄 누군가가 필요했기 때문이었다.

패니는 보통 저녁 시간에 동네 아이들과 노는 것을 즐겼다. 이웃에는 친구들이 많이 있었고, 어린 시절 그들과의 우정은 그녀의 인생에 큰 도움이 되었다. 사교적이며 활달한 성격을 갖게 되었고 무엇보다도 앞이 보이지 않는다는 마음의 위축감을 떨쳐버릴 수 있었기 때문이다. 패니는 규칙적으로 교회 주일학교와 1주일에 두 번 씩 가는 저녁 노래학교에 참석했다. 그곳에서 패니는 보통 아이들뿐 아니라 맹인 아이들도 성경을 외울 수 있다는 것을 증명하고 싶었다.

"패니야, 너는 참으로 좋은 기억력을 가지고 있구나." 어느 날 홀리 부인이 말했다.

"저는 최대한 빨리 성경책을 읽을 수 있고요, 그것들을 대부분 암송했어요. 또한 주일학교에서 가장 긴 시를 암송했고요. 앞을 볼 순 없지만 다른 아이들에 뒤쳐지지 않고 더 잘할 수 있다는 것을 꼭 보여줄 거예요. 그리고 그 이상 잘하는 것도… 저는 다른 아이들보다 더 많이 시를 암송하고 싶어요!" 패니의 말이 끝나자 홀리 부인이 웃으면서 말했다.

"그래, 자존심도 세구나. 너처럼 욕심 많고 기억력 좋은 애는 본 적이 없는 것 같다. 성경의 많은 부분을 이미 알고 있잖니?"

홀리 부인은 성경을 읽으면 읽을수록 신앙 생활에 도움이 된다고 말해주면서 패니를 격려했다. 그리고 성경을 읽을 때마다 말씀을 깊이 생각하면서 읽도록 권면했다.

홀리 부인은 시간이 날 때마다 패니에게 이야기하는 것을 좋아했다. 그녀가 자주 해주던 이야기 중 하나가 조지 워싱턴의 어릴 때 이야기였다.

"그의 아버지는 어린 체리나무를 심었단다. 한번은 조지 워싱턴이 생일에 작은 도끼를 선물로 받았는데, 어느 날 아버지가 아끼는 나무를 도끼로 찍어 쓰러뜨렸단다. 그의 아버지는 나무가 넘어진 것을 알고 매우 화를 내며 소리쳤지. '누가 이 체리나무를 쓰러뜨렸냐?' 조지 워싱턴은 진실한 소년이었기 때문에 아버지 앞에 나아가 말했단다. '제가 했어요, 아버지. 제가 도끼로 쓰러뜨렸어요.' "

"하지만 홀리 부인, 어떻게 그렇게 정직할 수 있지요? 그는 벌 받을 것을 알고 있었을 텐데요?" 패니가 물었다.

"그것은 그가 정직한 사람이라는 것을 보여주는 예란다. 그는 진실한 마음으로 가득했거든." 홀리 부인이 대답했다.

"놀라워요. 어떻게 하면 조지 워싱턴 같이 좋은 사람이 될 수 있을까요?" 패니가 깊이 생각하며 물었을 때 홀리 부인이 대답했다.

"그렇게 걱정할 필요 없단다. 올바른 생각을 마음에 품으면 정직한 사람이 될 수 있지. 그는 너도 알다시피 이 나라의 대통령이 되지 않았니."

몇 주 후에 패니는 정원을 산책하고 있었다. 그 무렵 패니는 전에 홀리 부인에게서 들은 조지 워싱턴의 이야기를 잊고 있었다. 그녀는 홀리 부인이 아끼는 장미의 부드러운 꽃잎을 느꼈다. 그녀는 그 꽃을 꺾지 않아야 한다고 생각하고 있었으나 끝내 꺾고야 말았다. 그리고 비밀의 장소에 그 장미를 숨겼다.

"패니야? 이 정원에서 잘 자라고 있던 장미에게 일어난 일을 알고 있니?" 홀리 부인이 패니에게 물었다.

패니는 머리를 숙였다. "아니요, 부인…."

홀리 부인은 잠시 아무 말도 하지 않았다. 그러고 나서 말했다.

"패니야, 이리 와서 내가 너에게 읽어주고자 하는 이야기를 들어보렴."

홀리 부인은 패니의 손을 잡고 집으로 들어갔다. 그곳에서 그녀는 사도행전을 읽었다.

"너는 아나니아와 삽비라의 이야기를 알 거다. 그들은 성령을 속인 사람들이야. 그래서 주님은 그들에게 죽음을 내리셨단다." 홀리 부인은 사도행전 5장 1절에서 11절까지 읽어주었다. 그리고 성경을 덮고 조용히 방을 나갔다.

패니는 의자에 그대로 앉아 있었다. 그녀는 손을 모으고 한숨을 쉬었다. 마침내 그녀는 일어나 거실을 지나 부엌으로 갔다.

"홀리 부인? 저… 거짓말을 했어요. 제가 부인의 장미를 꺾었어요." 그 말이 끝나자 홀리 부인이 반갑게 말했다.

"패니야, 잘했다. 나는 네가 했다는 것을 이미 알고 있었단다."

"제 마음속에서 주님이 그렇게 하라고 하셨어요." 패니가 안도의 한숨을 내쉬었다.

홀리 부인은 패니가 앞을 보지 못하는 어린아이지만 올바르게 자라기를 원했다. 특히 그녀가 잘못된 길로 가지 않도록 주의 깊게 지켜보았다. 패니 크로스비는 홀리 부인의 깊은 관심 속에 유년 시절을 보내고 있었다. 홀리 부인은 패니에게 신앙뿐 아니라 인격까지 교육했고, 바르게 성장할 수 있도록 많은 도움을 주었다.

홀리 부인은 패니의 시에도 관심을 가지고 있었다. 어린 나이에 이미 많은 시를 지었다는 것을 알고 있는 홀리 부인은 패니의 엄마를 통해 그 중 시 몇 편을 가까운 시인들에게 부쳤고, 관심 있는 후원자들이 많이 생겼다.

패니가 쓴 수많은 찬송가는 어린 시절 배운 성경과 시를 통해 완성되었다. 그리고 할머니의 격려와 홀리 부인의 가르침은 패니의 시에 커다란 영향을 미쳤다. 그녀는 할머니가 가족에게 "여호와 이레! 주님이 예비하신다"를 힘차게 부르며 격려하던 것을 기억했다. 이 찬송가는 영국 국교회의 성직자이자 '놀라우신 은혜'(나 같은 죄인

살리신)의 저자인 존 뉴턴이 1779년 쓴 것인데, 홀리 부인 앞에서 이 시를 암송하면서 자랑하기도 했다.

비록 어려움이 몰려오고, 위험이 두렵게 해도
비록 친구들이 모두 실패하고 적들이 모두 힘을 합친다 해도
우리에게 한 가지는 확실하니.
성경은 우리에게 주님이 예비하셨다는 믿음을 준다.

패니 크로스비는 어렸을 때부터 시로 생각을 표현하는 특별한 능력을 가지고 있었다. 또한 그녀는 시가 풍부한 시대에 살고 있었다. 신문과 잡지에 좋은 시들이 많이 실렸고, 아이들은 의무적으로 과거와 현대의 시를 외워야만 했다. 이곳 리지필드에서는 교회 집사나 장로 들이 쓴 시가 매주 노래로 불려졌는데, 이런 시들을 모방하려는 패니의 노력은 가히 놀랄 만한 수준이었다. 패니의 시적 능력은 어려서부터 할머니와 홀리 부인의 관심 그리고 모든 것을 긍정적으로 바라보는 그녀의 밝은 성격을 통해 더욱 풍요로워졌다.

패니는 많은 시들을 암송했으며 운율을 배웠고 음악성을 키워나갔다. 어린아이였지만 시와 관련된 일들은 마냥 즐거웠다. 그녀는 볼 수 없는 것들을 단어로 그릴 수 있음을 알았다. 장미의 향기, 나무에 이는 바람, 참새의 지저귐 그리고 하나님의 사랑을 그림과 시로 만들어냈다. 그녀는 쓸 수 없었고 종이에 옮겨 적는 것은 엄마

의 몫이었다. 홀리 부인은 패니가 시를 지어올 때면 진심으로 칭찬해주었고 적절한 비평으로 격려도 아끼지 않았다. 그리고 패니의 엄마를 통해 시에 관심이 많았던 패니의 할아버지에게 시를 보내기도 했다. 패니는 존경하는 할아버지로부터 시에 대한 소식을 기다렸고, 어느 날 긴 논평이 도착했다. 엄마는 아버지가 흘려 쓴 편지를 조심스럽게 읽어 내려갔다.

"우리는 진실로 크로스비 가문의 위대한 시인을 얻었다. 만약 패니가 이대로 계속 발전한다면 우리 가문의 큰 영광이 될 것이다. 그러나 너는 이 사실을 패니에게 절대로 말해서는 안 된다. 만일 말하게 된다면 그 애는 자만할 것이고 결국 망치게 될 것이다."

엄마는 이 편지에 적힌 대로 패니에게 어떤 말도 하지 않았지만, 할아버지가 얼마 후 집을 방문해 결국 이 이야기를 하고 말았다.

> **"우리가 한 몸에 많은 지체를 가졌으나 모든 지체가 같은 직분을 가진 것이 아니니 이와 같이 우리 많은 사람이 그리스도 안에서 한 몸이 되어 서로 지체가 되었느니라"**(로마서 12:4-5, 개역개정)

할머니의 죽음

패니가 11세 되던 해 어느 날, 엄마는 슬픈 소식을 가지고 왔다.

"사랑하는 패니야, 이 편지에 할머니가 매우 아프시다는구나. 우리가 즉시 가야겠다."

패니는 푸트남으로 돌아가는 길 내내 엄마에게 달라붙었다. 그리고 되풀이해서 물었다.

"엄마, 할머니가 좋아지실까요?"

"모르겠구나, 얘야. 이런 때일수록 우리는 주님을 더욱 의지해야만 한단다." 엄마가 대답했다.

하지만 이같은 문제를 주님께 의지한다는 것이 패니가 생각하기에는 매우 어렵게 보였다. 그들이 도착했을 때 할머니는 평소 가장 좋아하는 흔들의자에 앉아 계셨다. 그러나 보통 때와는 다르게 보였다. 할머니는 더 이상 일어서지 못했다. 또한 할머니의 목소리는 힘이 없었다.

"패니야, 나는 너와 더 이상 함께할 수 없단다. 할머니는 내 고향 하늘의 집으로 갈 것이다. 이제 곧 하늘에 있게 될 거야."

"안돼요, 할머니!" 패니는 주름지고 더욱 가늘어진 할머니의 목을 끌어안고 울기 시작했다.

"패니야, 울지 마라. 모든 것은 하늘에 계신 하나님의 뜻이란다. 그러나 패니야, 내가 하늘나라에 가기 전 너에게 꼭 묻고 싶은 것이 있구나."

"뭔데요, 할머니?" 패니는 울음을 참아가며 가까스로 말했다.

"저 높은 곳 우리 아버지의 집에서 할머니와 다시 꼭 만나겠다고 말해주겠니?"

패니는 아무 말도 할 수 없었다. 그녀는 할머니의 눈이 자신을 바라보고 있다는 것을 느꼈다. 마침내 할머니의 숨소리가 거칠어지고 있었다. "하나님의 은혜로 제가 꼭 그렇게 할게요. 약속해요, 할머니, 꼭."

"오, 주님 감사합니다!" 할머니는 목이 메었고 패니를 꼬옥 껴안았다. 그리고 기도했다.

"오, 사랑하는 하늘의 아버지. 사랑하는 내 어린 손녀와 함께하는 마지막 시간입니다. 사랑하는 주님, 이제 우리들을 내려다봐주소서. 나의 기도에 응답해주소서. 그리고 내 어린 손녀가 언젠가 당신의 왕국에 안전하게 가게 하여주소서."

패니의 할머니, 유니스 크로스비는 1831년 53세에 하늘나라로 떠났다. 그녀가 패니에게 한 마지막 말은 "저 높은 곳 우리 아버지의 집에서 할머니와 다시 만날 수 있겠지?" 였다. 이 말은 패니가 죽을 때까지 결코 잊을 수 없었다. 그녀는 앞을 볼 수 없었던 손녀 패니의 눈이 되어주었고, 풍부한 상상력에 거대한 힘을 불어넣어준 주춧돌이었다. 패니는 할머니와 흔들의자에서 보냈던 행복한 시간과 산과 들, 강을 뛰어다니며 만났던 꽃과 나무, 새에 대한 아름다운 기억들을 평생 간직하며 시로 표현했다.

내 앞에 훨훨 날아다니는 모습들이 있네.
내가 여전히 기억할 수 있는 노래가 있고.
그러나 나는 부드러운 할머니의 목소리를
제일 잘 기억한다네.

그녀가 사랑스런 팔로 나를 안아 줬고,
그녀의 인내심 있는 보호 아래
나는 꿈나라로 갔었지,
그녀가 좋아하는 오래 된 흔들의자에서.

할머니는 패니 크로스비가 만난 최초의 선생님이었다. 그리고 패니의 엄마, 홀리 부인과 함께 세심한 교육으로 실질적인 가르침을 이끈 장본이기도 했다. 특히 앞이 보이진 않지만 다른 아이들보다 더 잘할 수 있다는 믿음을 패니에게 심어주었다. 패니는 할머니의 가르침대로 매우 긍정적인 사람이 되어 있었다. 보통 여자들이 하는 것처럼 집안일도 잘했고 무엇보다 바느질을 좋아했다. 그리고 당시 남자들이 즐기는 책, 신문과 교회의 설교 등을 통해 폭넓게 마음을 함양시켜 나갔다. 그녀는 자신에게 제공되는 모든 것들과 최선을 다해 만났다. 어린 시절에는 아이들과 열심히 뛰어 놀았고, 들과 산과 강을 따라 자연의 아름다움을 두루 만났다. 그 자연에 익숙하도록 만들어준 것은 물론 할머니였다. 할머니의 깊은 관심으로 나중에 시인이 되었을 때, 그녀는 자연을 마치 앞에서 보는 것처럼 생생하게 표현할 수 있었다. 할머니는 그렇게 위대한 찬송가 시인의 어린 시절을 만들었다. 그녀는 패니가 언젠가는 훌륭한 시인이 되어 하나님의 사명을 잘 감당하리라는 사실을 이미 알고 있었던 것이다. 그것은 믿음이었다.

"또 내가 들으니 하늘에서 음성이 나서 이르되 기록하라 지금 이후로 주 안에서 죽는 자들은 복이 있도다 하시매 성령이 이르시되 그러하다 그들이 수고를 그치고 쉬리니 이는 그들의 행한 일이 따름이라 하시더라"(요한계시록 14:13, 개역개정)

"나의 갈 길 다 가도록"

2부

패니의 학창시절

나의 갈 길 다 가도록

(All The Way My Saviour Leads Me)

1 뉴욕 맹인학교

지식의 배고픔

맹인이라는 현실이 패니에게는 큰 아픔이었지만, 시를 짓기 위해 상상의 나래를 펴고 무한한 꿈을 만들어내는 데는 도움을 주기도 했다. 그녀는 수많은 상상을 하면서 풍부한 시적 능력을 만들어갔다. 그러나 무엇보다도 그녀를 괴롭힌 것은 지식에 대한 목마름이었다. 후에 패니는 다음과 같이 말했다.

"어린 시절 내내 나를 괴롭힌 끔찍한 배고픔이 있었습니다. 그것은 지식을 습득하는 것이었습니다. 배움에 대한 갈급은 늘 나를 괴롭혔습니다. 난 알아야 할 것들이 이 세상에 매우 많다고 생각했는데, 그것들을 배울 방법이 없었습니다."

하나님과 약속한 대로 주어진 삶에 감사하기로 마음먹었지만 그리고 할머니와의 약속대로 모든 것을 이겨나가기로 결심했지만 더 이상 배울 수 없다는 현실은 괴로움 그 자체였다. 읽고 쓸 수 없다는 사실에 화가 나기도 했다. 그리고 당시에는 점자책이 거의 없었고 책 또한 매우 비쌌다.

"난 지식의 물을 마실 수 없었습니다. 옆에서 쏟아지는 물소리를 들으면서 마실 수 없다는 느낌이 얼마나 괴로운지 아시나요? 내가 알아야 할 것들이 바로 손만 뻗으면 닿는 곳에 있는데."

시간이 갈수록 더해가는 배움의 갈증은 그녀로 하여금 하나님을 찾게 만들었다. 패니는 밤마다 무릎을 꿇고 하나님께 울면서 기도했다.

"나의 사랑하는 아버지, 당신을 사랑합니다. 꺼져가는 저의 어두움에 빛을 주세요. 볼 수 있는 빛이 아니라 영의 빛을…." 그녀는 어떻게 하면 배울 수 있을까 고민하면서 간절한 열망으로 하나님께 기도했다.

패니는 이 시골이 자신에게 더 이상 많은 지식을 줄 수 없다는 사실을 알았지만 결코 실망하지 않았다. 그리고 언젠가는 하나님께서 자신이 기도한 대로 방법을 찾아주실 것임을 조금도 의심치 않았다. 그녀는 눈물의 기도를 마친 후에 늘 기쁨으로 일어났다. 응답받을 것이라는 확신이 넘쳤기 때문이었다. 나중에 그녀가 시를 지을 때면 골방에 가서 먼저 무릎을 꿇고 하나님께 기도했던 습관은 이때부터 생겨난 것이었다.

세월이 흘러 14세가 될 때까지도 패니는 배움에 대한 소망을 한번도 놓지 않았다. 얼굴은 오히려 예전보다 기쁨이 넘쳤고 여유가 있어 보였다. 기도를 통해 하나님과 가까워지고 있다는 느낌이 몸과 마음으로 새록새록 번져갔다. 그녀는 하나님과 영적으로 굳게 맺어 있다는 사실을 통해 평안을 경험했다. 가끔 기도가 응답받지 못한 것처럼 느껴질 때면 이렇게 고백하곤 했다.

"우리가 소유하고 있지 않은 것들 때문에 초조해하고 불평하는 것보다 진정 우리가 필요로 하는 것들을 위해 소망과 믿음을 가지고 그분께 기도하는 것이 얼마나 행복한 일인지 모릅니다."

하나님은 그녀의 음성을 언제나 듣고 계셨고, 그녀가 드리는 간절한 눈물의 기도는 엄마를 통해 움직이기 시작했다.

1834년에 엄마는 뉴욕 입법부가 맨해튼에 새로 생긴 맹인학교에 등록하는 학생들에게 특별 장학금을 제공하는 법령을 통과시켰다는 사실을 알게 됐다. 패니가 그토록 원했던, 학교에 진학할 수 있는 뜻밖의 기회를 잡게 된 것이었다. 마침내 교육이 패니를 향해 손짓하고 있었다.

어느 날 엄마는 흥분한 목소리로 패니를 찾더니 뉴욕 맹인 학교에서 신입생을 모집한다는 신문 기사를 읽어주었다. 그리고 학생 30명은 학비 부담 없이 전액 장학생으로 입학할 수 있다는 이야기도 덧붙였다. 엄마의 목소리는 처음부터 끝까지 고성에 가까웠다. 패니는 엄마가 읽어주는 신문 기사를 들으면서 숨이 막히는 것을 느꼈다.

"얼마나 전율을 느꼈는지 모릅니다. 역시 그분이 저의 기도를 들어주셨어요. 저는 그분이 할 수 있다는 것을 항상 믿습니다." 후에 그녀가 고백했던 이야기다.

패니의 엄마는 단 몇 마디밖에 말하지 않았지만 오랫동안 지식을 갈망해온 패니는 큰 행복의 파도가 갑자기 밀물처럼 영혼에 밀려오는 것 같았다. 하나님은 그녀의 기도에 당신만의 방법을 통해 그리고 그분을 충실히 돕는 자들을 통해 응답하셨던 것이었다. 패니는 그 자리에서 무릎을 꿇고 한참을 울었다. 하나님이 살아 계심을 뼈저리게 체험하는 순간이기도 했다.

이 엄청난 축복은 그러나 잠시 패니를 혼란스럽게 했다. 사랑하는 엄마와 친구들을 떠나야 했기 때문이었다. 그리고 볼 수 없는 눈으로 전혀 알지 못하는 미지의 세계로 들어가야 했다. 60 마일이나 떨어진 맨해튼은 지금은 단지 몇 시간도 걸리지 않는 가까운 곳이지만, 당시에는 그녀가 어린 시절 살았던 곳과는 전혀 다른 세계였다.

그래도 기쁜 마음에 학교가 어디에 있는지 물었다. 엄마는 몇 년 전 뉴욕 맨해튼에 맹인 학교가 생겼고, 뉴욕은 어릴 적에 눈을 치료하기 위해 갔었던 곳이라고 알려주었다.

"엄마, 만일 제가 그곳에 가면 문학 · 음악 · 작문 · 역사 · 철학을 배울 수 있어요. 저는 정말 배우고 싶어요. 그리고 좋은 학생이 될 것이라는 걸 알아요. 저는 할 수 있어요! 오, 이게 정말 꿈이 아니라 생시일까요?" 패니는 여전히 흥분을 가라앉히지 못하고 있었다. 그러더니 침대 옆으로 가서 조용히 무릎을 꿇었다.

"하나님, 감사합니다. 저는 당신이 행하신 일들을 처음부터 지금까지 믿었습니다. 앞으로의 여정도 주님이 인도해주실 줄 믿습니다." 그 날 밤은 패니의 삶 가운데 가장 긴 밤 중 하나였다.

다음날 이른 아침, 패니와 엄마는 맹인 학교에 가기 위한 여행을 준비했다. 떠나는 아침에 패니는 수다스러웠다. 하지만 조금은 두렵기도 했다. 이 여행은 가족과 떨어져 처음으로 홀로 떠나는 여행이었기 때문이다.

"오랜 여행이 될 거야. 패니야, 네가 많이 보고 싶을 것 같구나." 그러고 나서 엄마는 딸의 어깨를 감쌌다. 패니는 아무 말도 하지 않은 채 울고 있었다.

"너도 엄마가 보고 싶을 거야. 그러나 기억해라, 이것은 너의 기도가 하나님께 응답된 것임을. 너는 이제 배우기 위해 떠나야 한다. 내가 더 이상 가르쳐줄 수 없다는 것을 알지 않니?"

고개를 끄덕인 패니는 엄마를 끌어안았고 가방을 집어 들고는 서둘러 밖으로 나갔다. 맨해튼의 증기기관선이 있는 곳까지 함께 갈 부인이 마차와 함께 그녀의 집으로 왔다. 마차를 타고 가는 길에는 고속도로나 다리가 없었다. 단지 거친 길과 배만 있을 뿐이었다. 맹인 학교를 향한 여정은 리지필드에서 코네티컷, 노워크로 이어지는 역마차를 타고 나흘 동안이나 가야 했다.

패니는 떨리는 마음으로 마차에 올랐다. 그런데 동행하는 부인이 말했다. "패니야, 우리 다시 돌아갈까?"

패니는 마음속으로 생각하고 또 생각했다. '다시 돌아갈까? 지금 떠나면 엄마가 보고 싶을 텐데. 그러나 내가 얼마나 배우고 싶어했는데! 내가 마을에서 교육도 받지 않고 자란다면 행복하게 살 수 있을까? 평생을 실망하지 않고 살 수 있을까?'

'아니야.' 그녀가 마침내 결심을 굳히고 말했다. "저는 갈 거예요." 그리고 마차 창문으로 얼굴을 돌렸다. 밝은 태양이 그녀의 얼굴을 비치고 있는 듯했다.

> **"주님을 경외하는 것이 지식의 근본이어늘, 어리석은 사람은 지혜와 훈계를 멸시한다."**(잠언 1:7, 표준새번역)

뉴욕 맹인학교 신입생

기나긴 마차로 여행한 후 패니는 안락한 증기기관선을 타고 롱아일랜드를 건넜다. 그리고 같은 날 오후 늦게 맨해튼에 도착했다. 슬픔과 기쁨이 한데 뒤섞인 패니는 어린 나이에도 불구하고 –10여 년 전 맨해튼으로의 첫 여행이 남겼던 불편함과는 달리– 결연한 의지를 보여주었다.

그녀가 도착한 맨해튼은 10년 전에 비해 엄청나게 변모되어 있었다. 시간이 흐르면서 대도시가 된 맨해튼에서 패니는 모든 것을 배워갈 참이었다. 그리고 문화와 미래가 가장 붐비는 이곳에서 자신의 천직을 발견하게 될 것이기도 했다.

패니는 마차를 타고 뉴욕 맹인학교에 도착했다. 이 학교는 해변으로부터 1 마일 정도 떨어져 있었기 때문에 바다에 떠다니는 수많은 새의 소리를 들을 수 있었다. 패니는 감사했다. 푸트남 마을에서 들었던 소리를 똑같이 들을 수 있었기 때문이었다. 뉴욕 맹인학교 교장인 존 데니슨 러스 박사가 그녀를 반갑게 맞이했고, 최대한 편안하게 해주려고 노력했다. 예일대를 졸업하고 유럽으로 떠나기 전까지 보스턴과 뉴헤이븐에서 의학을 공부했던 34세의 러스 박사는 패니가 겪는 고통을 십분 이해했다. 러스 박사는 그리스에서 비슷한 고통을 목격하고 병원을 설립하면서 3년간 있었다.

뉴욕 맹인학교 (뉴욕 역사학회 소장).

창조적이고 헌신적인 러스 박사는 학교의 성공적인 정착을 위해 천재성을 유감없이 발휘했다. 그는 개인적으로 바구니와 카펫 짜기, 발판 만들기 등을 배워 학생들에게 직접 기술을 가르쳤다. 또한 수학적으로 어렵지 않은 방법을 통해 음성 기호를 발명했다. 그의 계획은 모두 맹인들을 가르치기 위한 사명으로 발전했고, 전적으로 그 일에 헌신했다. 맹인이 정보뿐만 아니라 생산적인 기술도 배울 수 있다는 사실도 그가 처음으로 증명해 보였다. 그는 새롭고 창조적인 방법으로 맹인 학생들을 교육시켰고, 끊임없이 그들의 관심을 유발시켰다.

1834년 뉴욕으로 돌아온 러스 박사는 돈을 털어 맹인 소년 6명을 가르치기 시작했다. 패니는 곧 러스 박사와 대 시인인 바이런 경이 그리스에서 가까운 친구였다는 사실도 알게 되었다. 이런 관계는 러스 박사도 틀림없이 시인일 것이라는 의미였다. 그렇다면, 패니는 그에게서 훌륭한 시인이 될 수 있는 가르침을 받을 수 있었기 때문이었다. 결국 오랜 기다림이 헛되지 않았다는 것을 확신하면서, 패니는 이 모든 행운을 하나님의 섭리 가운데 일어난 축복으로 받아들였다. 5년이 넘는 세월 동안 놀랍게도 여호와 이레의 하나님은 첫 기도부터 매우 특별한 학교에서, 그녀를 위한 특별한 자리를 만드시도록 준비하셨던 것이다.

패니는 친구의 팔에 의지해 학교 안으로 들어갔다. 그리고 큰 방으로 들어서자 부인 한 사람이 들어와 부드럽게 물었다.

"저는 패니 제인 크로스비예요." 약간 떨면서 패니가 대답했다.

"이곳에 온 것을 환영한다, 패니 크로스비. 나는 너희 3명이 필요로 하는 모든 것을 찾아서 도와주게 될 거야. 내가 너희들 방을 안내해주마."

패니는 함께 지낼 친구들에게 인사했다. 그리고 가방을 꼭 붙잡은 채 친절한 부인의 팔에 이끌려갔다. 익숙하지 않은 복도에서 울리는 그녀의 신발 소리는 어울리지 않는 것처럼 들렸다. 부인은 패니를 작은 방으로 데려갔다. "이곳이 너의 방이다. 그리고 이것은 너의 침대이고."

부인이 방을 나갔을 때, 패니는 조심스럽게 침대를 만져 보았다. 이 낯선 집에서는 어떠한 것도 제자리에 있는 것 같지 않았다. 그녀는 흐르는 눈물을 참으려고 애쓰면서 트렁크 위에 앉았다. 아직도 그녀는 가방을 꼭 잡고 있었다. 모든 것들이 낯설고 이상했다. 패니는 눈물을 흘리고 싶지 않았다. 그러나 흐르는 눈물을 멈출 수 없었다. 그러자 곧 문이 열렸고 인기척이 났다. 다정한 팔이 그녀의 마른 몸을 감쌌고 위로하는 목소리가 부드럽게 들려왔다.

"귀여운 패니야. 넌 전에 집 밖을 벗어난 적이 없는 것 같구나. 집을 떠나온 게 이번이 처음이지?"

"네, 한번도 없어요, 부인." 패니는 간신히 말했다. 집에 있는 엄마가 떠올랐고, 당분간은 볼 수 없다는 생각이 들었다. 그러자 갑자기 숨이 막혔다.

"죄송해요, 부인. 울음을 참을 수가 없네요!" 패니는 심하게 울기 시작했다. 사실 지난 여행 내내 실컷 울고 싶었다. 흐느끼는 소리가 복도에 가득 차 다른 친구들이 그녀를 위로하기 위해 방에 들어올 때까지 펑펑 울었다. 학교에서의 첫날밤은 그렇게 외로움과 울음으로 채워졌다.

"오직 우리 주 곧 구주 예수 그리스도의 은혜와 그를 아는 지식에서 자라 가라 영광이 이제와 영원한 날까지 그에게 있을지어다"(베드로후서 3:18, 개역개정)

"나의 영원하신 기업"

나의 영원하신 기업

(Close To Thee)

F. J. Crosby　　　　S. J. Vail

학교 생활과 소녀 시인

2

수학은 너무 어려워

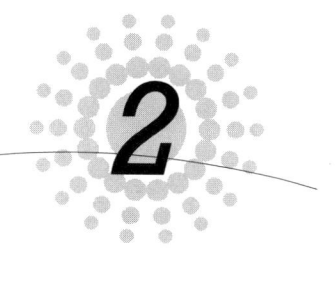

다음날 맹인 학교의 첫 아침이 시작되었다. 그녀는 40여 년의 또 다른 긴 여행을 시작했다. 패니 크로스비가 뉴욕 맹인 학교에 도착했을 때 그 학교는 후원자들이 제공한 넓은 토지를 가지고 있었다. 1832년에 개교한 뉴욕 맹인 학교는 처음에 세 학급이 있었고, 2년 뒤에는 학생 수가 26명이었다. 패니가 1835년 입학했을 때는 주에서 전액을 보조받는 장학생이 41명 있었고, 교장과 교사 2명 · 음악 강사 · 바구니 제작자 · 직조공 · 정원사 등이 있었다. 교사들은 러스 박사가 고안해낸 돌출형 지도와 지구의를 사용하여 가르쳤고, 양각 문자로 읽기 수업을 했다.

패니의 재능이 빛나는 작시법 시간은 항상 기대와 소망으로 가득 찼다. 그녀는 헨리 워즈워드, 롱펠로우, 알프레드 로드 테니슨, 존 그

린리프 위터, 제임스 몽고메리, 토머스 무어의 시 등을 공부했으며, 이 시인들은 패니의 상상력에 불을 지폈다.

패니는 꽉 짜여진 학교 생활에 빠르게 적응했다. 계절에 따라 5시 30분이나 6시에 치는 종소리를 듣고 일어나 방을 정리하면서 하루를 시작했다. 두 번째 벨이 울리면 학생들은 예배를 드리러 예배당에 모였다. 그 후 아침 식사를 했는데 남학생과 여학생을 엄격히 구분했다. 식사할 때에는 모든 학생들이 미리 의자 뒤에 자리를 잡고 있어야 기도를 시작했고, 기도가 끝난 후에라야 식사할 수 있었다. 수업 시간은 오전 9시에서 정오까지, 점심식사 후 오후 1시 30분부터 4시 30분까지였다. 저녁 식사 후 7시에는 모든 학생들이 뉴스를 듣기 위해 응접실로 모여들었다. 그리고 8시에는 다시 예배를 드렸고, 예배를 마친 후 1시간 정도 자유 시간이 있었다. 보통 10시면 모든 학생이 잠자리에 들었다.

1840년대 뉴욕 맹인학교시절의 패니 크로스비.

후에 패니는 시를 통해 숨쉴 수 없을 정도로 빡빡하게 짜여진 학교 수업을 부정적으로 표현하기도 했다.

패니는 시에 관해 배우는 시간을 가장 좋아했는데, 이때만큼은 학교가 그녀에게는 '행복한 집' 이었다. 하지만 좋아하는 시만 있는 것은 아니었다. 그녀가 시에 표현한 '커다란 괴물 같은' 수학이 나타났기 때문이었다. 특히 계산 문제는 그녀를 미치게 만들었다. 패니는 단어를 좋아했지만 숫자는 싫어했다. 숫자를 세기 위해 구멍 뚫린 철판의 도움을 받아야 했는데, 이는 극복해야 할 인내의 산이었다. 아주 쉬운 계산도 그녀에게는 두려움의 대상이었다.

패니는 평화로운 마음을 유지하는 데 가장 큰 적인 수학을 정복하기로 마음먹었다. 앞으로 생활하면서 더하기, 빼기, 곱하기 그리고 나누기의 도움 없이는 많은 어려움이 있을 것도 같았다. 그러나 수학에 대한 그녀의 노력에도 불구하고 결국 그 수업을 완수하지 못했다.

"나는 더 이상 나눗셈을 배울 수 없어!" 패니가 어느 날 소리쳤다. 좌절감으로 눈물이 났다.

패니의 친구 안나가 그녀의 팔을 쓰다듬었다.

"네가 어려움을 겪고 있다는 건 잘 알고 있어. 하지만 너는 그것을 계속 배워야만 해."

"아니야, 할 수 없어. 나는 영어와 역사, 천문학을 좋아해. 음악반도 아주 좋아하고. 그러나 수학만큼은…." 그리고 다시 말했다.

"나는 브라유(L. Braille, 1809~1852: 프랑스의 교육자이자 시각 장애인으로 1824년 점자를 발명했으나 당대에는 인정받지 못했다. 그러나 그가 죽은 지 2년 후 파리 맹학교에서 공식 맹인용 문자로 인정받게 된다. p106~107 참조- 편집자 주)에 관한 시를 쓸 거야. 손으로 이 작은 점들을 읽을 수 없었다면, 수학처럼 답답했겠지? 난 계산하는 것보다는 선생님들이 우리에게 큰 목소리로 읽어주는 시를 더 좋아해."

패니와 가장 가까운 친구였던 안나 스미스는 그녀에게 곱하기와 나누기를 가르치려고 애썼다. 하지만 패니가 숫자에 대한 적성이 거의 없다는 것을 깨닫고 러스 박사에게 이 사실을 알렸다. 러스 박사는 고민 끝에 수학 과목에서 그녀를 면제시켰다.

여러 달이 지나고 패니는 매일 시를 쓰기 위해 시간을 보내면서 미래에 대해서도 생각하기 시작했다. 그녀는 독립하고 싶었고, 학자금 때문에 애쓰는 어머니를 하루라도 빨리 돕고 싶었다. "전 선생님이 되기로 결심했어요. 그리고 가능한 한 빨리 그렇게 할 거예요." 패니는 러스 박사에게 이렇게 말하곤 했다.

수학에서 벗어난 패니는 문법, 철학, 음악 그리고 역사 수업에 몰두했다. 그녀는 가장 복잡한 것들도 거뜬히 소화했으며 모든 말을 이해했다. 특히 그녀는 천문학에 관심이 많았는데 그 수업은 열정을 가지고 들었다. 반짝이는 별, 밝은 보름달, 겨울 하늘을 지나가는 오리온 자리 등을 본 적이 없는데도 쉽게 이해했다. 그것은 어린 시절 할머니가 자세하게 설명해주었기 때문이었다.

패니는 또한 학교에서 가장 중요하게 가르치는 과목도 잘 따라갔다. 그녀는 많은 시간과 노력을 들여 점자로 된 존 번연의 〈천로역정〉과 18세기 영국 낭만파 시인인 사무엘 테일러 코울리지의 '늙은 선원의 노래' 를 읽었다. 그밖에 손가락에 못이 박히게 한 기타 역시 또다른 배움의 흔적이었다.

패니는 수학을 제외하고는 실력 있는 학생으로 학교에서 유명해졌다. 그리고 여러 악기를 연주하고 노래하며 사람들을 웃기기도 했다. 무엇보다도 그녀는 아침부터 밤까지 시를 생각할 수 있었고, 심지어 특별한 사람이나 행사를 기념하여 시를 쓰기까지 했다. 이런 연유로 패니는 학교뿐만 아니라 시 전역에 걸쳐 알려지기 시작했다.

"나는 언젠가 유명한 여류 시인이 될 거야. 그리고 맹인들도 보이는 사람만큼 잘할 수 있다는 것을 보여줄 거야." 패니는 결심했다.

> **"사람이 감당할 시험 밖에는 너희에게 당한 것이 없나니 오직 하나님은 미쁘사 너희가 감당치 못할 시험 당함을 허락지 아니하시고 시험 당할 즈음에 또한 피할 길을 내사 너희로 능히 감당하게 하시느니라"**(고린도전서 10:13)

존스 박사의 충고

러스 박사가 학교를 떠난 후, 1836년 실라스 존스 박사가 맹인 학교의 새 교장으로 부임했다. 어느 날 아침 교실에 들어온 그는 패니 크로스비를 보고 싶어했다. 학교 안에서 이미 '어린 시인' 이라는 평판을 얻고 있었기에, 패니는 존스 박사가 특별한 사람의 방문을 축하하거나 행사를 기념하기 위해 시를 써줄 것을 부탁하는 것으로 짐작했다. 패니는 존스 박사의 호출에 이번에 써야 할 시가 어떤 종류인지 내심 불안했다. 그러나 그 생각은 빗나갔다.

"크로스비 양의 시가 우리 학교에서 뛰어나다는 점을 잘 압니다. 그리고 우리 젊은 여류 시인이 자신의 업적에 대해 매우 자랑스러워할 것이라고 생각해요."

패니는 그가 무슨 말을 하는지 잘 이해하지 못했다.

"크로스비 양, 사람들의 칭찬에 너무 기대지 마세요. 많은 아첨을 피해야 합니다. 그렇지 않으면 뱀이 될지도 몰라요. 사람들이 당신에 대해 생각하는 것보다 당신이 할 수 있는 것만을 생각하세요. 지

〈루이스브라유와 점자〉

브라유는 가구를 만드는 목공인의 막내로 태어났다. 그래서 예리한 기구가 작업장에 널려 있었다. 어린 브라유는 송곳을 가지고 놀다가 눈을 다쳐 맹인이 되었다. 그가 7살이 되어 학교에 입학하였을 때 영특한 재능을 유감없이 드러냈다. 브라유의 부모님은 그의 영특함에 큰 힘을 얻어 1818년 이른 봄, 파리 맹인학교에 입학을 시켰다. 브라유가 12세가 되던 해, 최초의 점자인 '바루비에' 점자를 접하게 되었는데 이전부터 선문자로 공부를 하면서 많은 불편을 느끼던 때였다. 이에 브라유는 새로운 형태의 점자를 고안해냈다.

브라유는 16세가 되자 자신이 생각했던 대로 바루비에의 12점을 6점으로 줄였다. 그리고 가로 2점 세로 6점인 것을 세로 3점으로 줄이기 위해 고무줄로 중간을 묶어서 연구했다. 기존의 아위의 선문자는 읽고 쓰는 것이 복잡해 배우는 데 불편했다. 또한 바루비에 점자는 점이 너무 많았고 발음 위주의 사용으로 철자법을 무시했다.

하지만 학교는 브라유가 만든 점자의 사용을 금지하고 아위의 선문자나 바루비에의 12점식의 점자 사용을 학생들에게 강요했다 그러나 학생들은 몰래 브라유식 점자를 익혔고,

금은 내가 하는 말이 당신의 마음을 상하게 하고 기분을 나쁘게 할지 모르지만 진실을 말해주는 겁니다. 당신의 재능이 어떻든지 하나님께 속해 있다는 것을 분명히 기억하세요. 당신이 하는 일에 대한 영광은 전적으로 그분에게만 드려져야 합니다."

패니는 예상하지 못한 충격으로 마음이 얼어붙었다. 그녀는 멍하게 앉아 있었다. 그것도 잠시, 존스 박사의 이야기는 계속되었다.

"크로스비 양은 아직 시에 대해 아는 바가 거의 없는 것 같아요. 또한 지금까지 많이 알려진 것에 비해 더 배워야 합니다. 다시 말하지만 너무 많은 칭찬에 흔들리지 말아요. 유용한 지식들로 머리를

서로에게 보급하고 권장했다. 브라유식은 점의 수가 적어서 간편하고 체계가 잘 짜여져 한 자를 알면 열 자를 알 수 있는 장점을 갖고 있었고, 읽고 쓰는 것이 동시에 되었기 때문이었다. 이러한 사실을 입증하기 위해 브라유는 대중들에게 직접 실험해보였다. 실험이 성공적으로 끝나자 브라유의 점자를 반대하던 맹인학교의 듀화 교장도 브라유 점자 사용을 허락하게 되었다.

브라유는 1829년 20살 때 일반 문자뿐만 아니라 수학 기호와 음악 기호 등 문자로 사용될 수 있는 거의 모든 것을 점자화했다. 하지만 브라유가 생존할 당시 그가 쌓은 공에 비하면 사람들로부터 매우 홀대를 받았다. 그가 생을 마감하기 전에 얻은 자리라고는 고작 말단 교사직이었다. 그는 또 어린시절 맹인학교의 열악한 환경으로 인해 지병으로 고생했고, 일생을 독신으로 지냈다. 브라유는 암울하고 불행한 삶을 살아가다가 일생을 마쳤다.

브라유는 생존해 있던 시대에는 별다른 인정을 받지 못하다가 그의 탄생 150주년을 맞이하여 조국과 세계 각국의 시각장애인들로부터 추앙을 얻어 그의 생가는 유적지로 보존되었고, 그의 모교에는 동상이 세워져 수많은 참배객들이 끊이지 않고 있다.

채우고, 사람들에게 어떻게 보일까 신경쓰기보다는 최선을 다하는 것이 중요합니다. 크로스비 양, 세상의 호의와 칭찬을 믿기에는 너무 연약합니다. 동료의 인정뿐만 아니라 자신 그리고 무엇보다 하나님의 인정을 받도록 애쓰세요."

그 말은 따뜻하고 부드러웠지만 가혹하게 들렸다. 하지만 그 충고가 학교 교장인 존스 박사의 입을 통해 나왔기 때문에 패니는 긍정적으로 받아들이려고 노력했다. 러스 박사는 결코 이런 식으로 그녀에게 말한 적이 없었기 때문이었다.

"기억하세요. 당신이 숨쉬는 바로 그 공기, 당신이 먹는 바로 그 음식 그리고 앞으로 당신이 발전시킬 능력이나 재능, 모든 것이 하나님으로부터 왔다는 것을요. 당신은 항상 그분의 존재 안에 있고, 위대한 만물의 창조주 앞에 섰을 때 당신에게는 한 순간도 헛되이 할 권리가 없다는 것을 분명히 기억하세요."

패니는 나중에 존스 박사의 충고를 다음과 같이 회상했다.

"교장선생님의 5분은 '위대한 꼬마 시인' 이라는 말 대신 내가 정말로 무지한 어린 여학생이며, 제대로 아는 것이 없다는 현실을 확인시켜주었습니다. 그의 말은 자화자찬하는 생각 안에서는 폭탄 같은 말이었지만, 내 미래에 엄청난 이득을 주었습니다."

인생에 있어 중요한 사건을 겪을 때마다 패니는 곧바로 그 충고를 떠올렸다. 마음속에서 누군가 말했다. '그가 진실을 말하고 있어, 패니야. 그것은 네게 이익이 될 거야.'

뜨거운 눈물이 뺨을 타고 흐르는 것이 느껴졌다. 눈물을 멈추고 그녀는 존스 박사의 목에 팔을 두르고 이마에 입맞춤했다.

"존스 박사님, 감사합니다. 저에게 지금 아버지가 살아 계시다면 아마 그렇게 말씀하셨을 거예요. 다시 한번 감사드려요. 선생님은 저에게 더 배워야 한다는 교훈을 주셨어요. 앞으로도 박사님 말씀은 큰 유익이 될 거예요. 그리고 오랫동안 기억날 겁니다."

며칠이 지난 후 존스 박사가 패니를 다시 불렀다. "크로스비 양, 나는 당신이 리듬에 맞춰 시간들을 잘 보내고 있다고 믿어요. 그러나 공부를 위해서는 충분한 시간을 보내고 있지 않아요. 그것 때문에 당신은 석 달 동안 어떤 시도 쓰지 않았지요?"

순간 패니는 그것을 믿을 수 없었다. "하지만 시는 계속 마음에 떠오르고 있어요."

그 날 아침 존스 박사의 사무실을 나온 패니는 매우 슬퍼 보였다. 시간이 흐를수록 낙심은 커져갔다. 그녀는 먹거나 자지도 않았다. 학업은 더 이상 진전되지 않았다. 존스 박사가 그녀에게 물었다.

"크로스비 양, 무슨 문제가 있나요? 왜 요즘 기운도 없고 힘들어 보이나요?"

"존스 박사님, 저는 이제 아무것도 할 수 없어요. 시는 내 마음에 가득해요. 그러나 박사님이 저에게 아무것도 말할 수 없고 심지어 생각할 수도 없을 거라고 말씀해주셨죠. 너무나 비참해요! 전 어떤 것도 생각할 수 없어요."

존스 박사는 빙그레 웃었다. "크로스비 양, 수업에 좀더 주의를 기울이세요. 그러면 시에 대해서도 생각할 수 있을 겁니다."

패니는 존스 박사의 말에 따라 가급적이면 시를 생각하지 않기로 마음먹었다. 그리고 시를 제외한 수업에 집중했다. 존스 박사의 충고를 들은 그 시간 이후 패니는 학교에서 가장 뛰어난 학생이 되었고 시는 더 잘 알려졌다. 이 무렵 패니를 만나기 위해 중요한 사람들이 학교를 방문하기 시작했다.

> **"사람이 교만하면 낮아지게 되겠고 마음이 겸손하면 영예를 얻으리라"**(잠언 29:23)

시인이 된 크로스비

맹인 학교에 입학한지 6년이 지나는 동안 패니는 시를 쓰지 않고 있었다. 공부할 때면 시의 운율이 꽃밭의 나비처럼 머리 속에서 춤을 추었지만 그것을 몰아내기 위해 싸웠다. 그녀는 교사가 되고 싶었지만, 모든 과목을 열심히 하지 않으면 교사 자리를 얻지 못할 것이라는 위기감이 들었기 때문이었다. 이런 고민 속에서 시는 그녀에게 요정이었다. 그 요정은 패니에게 '패니야, 나와 함께 가자' 라고 늘 귓가에서 속삭였다. 하지만 더 이상 그 요정을 쫓아낼 수 없게 되자 패니는 공부에 철저히 집중하겠다고 약속했던 존스 박사를 찾아갔다. 교장선생님은 애원하는 그녀의 목소리를 아무 말 없이 듣고 말했다.

"시인이기 때문이라기보다는 시를 사랑해서 쓰는 사람들이 수없이 많습니다." 존스 박사의 말에 패니는 시를 사랑한다고 말하고 싶었지만, 그가 정말 원한 것은 패니가 모든 과목을 숙달하는 것이었다. 존스 박사와 상담한 후 패니는 앞으로 3개월 동안 시에 대해 어떤 생각도 하지 않기로 마음먹었다. 하나님의 입장에서 보면 사람마다 각각 특별한 자리가 있는데, 패니는 자신의 젊음이 시에 잘못 쓰여지고 있는 것은 아닌지 의문이 들었다. 그 결과 대부분의 학과목은 충분하게 소화했지만 수학은 늘 골칫거리였다. 존스 박사의 말대로 3개월을 수학에 집중했다. 놀랍게도 수학 실력은 서서히 나아지고 있었다. 그러나 패니의 마음 한켠에서는 이 '괴물' 을 다 소화한다고 해도 존스 박사는 또다른 것을 통해 시에만 치중하는 자신을 제어할 것이라는 생각이 들었다. 그래도 주님은 패니의 곤경에 항상 관심을 가지고 계셨고, 하나님의 시간 속에서 조지 콤 박사를 학교로 보내주셨다.

두개골의 외형을 분석함으로써 인간을 알 수 있다는 새로운 과학 분야인 골상학은 많은 호기심을 불러일으키며 19세기에 인기 있는 과목으로 자리잡았다. 뉴욕 사람들은 스코틀랜드 출신의 뛰어난 골상학자인 조지 콤 박사의 방문에 관한 이야기로 웅성거렸다. 콤 박사는 그 주제에 관해 많은 논문을 썼고, 머리 모양을 통해 한 사람의 정신적인 능력과 적성을 결정할 수 있다고 믿었다. 콤 박사의 명성은 사람들의 관심을 끌었고, 실제적으로 증명하는 그의 강의를 간절히 고대하게 만들었다.

맨해튼에서 잇달아 열린 콤 박사의 강의는 큰 인기를 얻었다. 그는 매일 아침 2~3시간을 증명하는데 힘썼고, 당연히 맹인 학교의 학생들에게 관심을 가지게 되었다. 하루는 학교를 방문하여 맹인의 두개골을 연구하는 목적에 대해 말했다. 비범한 능력을 보이는 몇 명의 학생 가운데 패니도 그의 분석 대상으로 선택되었다.

패니는 콤 박사가 조심스럽게 윤곽을 더듬으면서 남학생들의 머리 위에 그의 손을 쓸어내릴 때마다 인내심을 가지고 기다렸다. 그가 한 학생에게 다가와서 잠깐 멈춘 후 말했다.

"와, 여기 대단한 수학자가 있네요! 놀랍습니다! 이 소년은 수학에 대해서는 어떤 것이라도 할 수 있습니다!"

지켜보고 있던 학교 관계자들이 놀랐다. 왜냐하면 콤 박사의 말이 절대적으로 옳았기 때문이었다. 그 남학생은 컴퓨터처럼 빠르게 숫자를 계산할 수 있었다. 그는 숫자가 주어진 순간에 나누기와 곱하기를 할 수 있을 정도였다. 패니는 여러 해 동안 단순한 더하기와 빼기에도 힘들어하는 자신에 비해 하나님이 그런 능력을 그 남학생에게 준 것을 조금 부러워하면서 앉아 있었다.

패니는 콤 박사가 "이제 여학생들 차례입니다" 라고 말하면서 다가오자 약간 떨렸다. 패니는 그의 손이 부드럽게 자신의 머리로 움직이는 것을 느꼈다. 처음에는 위쪽, 다음에는 주위를 약간 누르면서 또다른 곳을 조심스럽게 만졌다. 그녀는 달아나고 싶은 충동을 느겼다. 꽉 찬 방 안은 아무 소리도 나지 않았다. 그의 따뜻하고 부드러운 손이 그녀의 관자놀이에 다가갔을 때 패니의 긴장은 참을 수 없을 정도가 되었다. 드디어 그녀의 일생을 좌우하게 되는 기적적인 판결이 일어났다.

패니 크로스비를 시인이 되게 만든 골상학자 조지 콤 박사.

"여기 여류 시인이 있군요! 그녀가 가질 수 있는 좋은 것은 모두 주십시오. 가장 좋은 책을 듣게 하고, 가장 좋은 시를 가르쳐주고, 작가와 대화하게 해주세요. 그러면 세상에 커다란 족적을 남길 겁니다."

콤 박사의 말에 패니는 의자에서 떨어질 뻔했다. 그녀는 존스 박사의 반응을 볼 수 없었지만, 동의하지 않을 것이라고 생각했다. 다음날 아침 존스 박사가 교무실로 그녀를 불렀다. 패니는 인생에서 다른 과목을 공부해야 할 이유에 대해 또다른 충고를 들을 것으로 예상했다. 그러나 존스 박사는 따뜻하게 그녀를 반겼다. 그는 패니에게 이제 원하는 시를 써도 좋다고 말했다. 패니는 그 말을 듣자마자 날아갈 것 같았다. 그동안의 모든 짐이 벗겨지는 느낌이었다. 그때부터 존스 박사는 패니를 격려했을 뿐만 아니라 어떻게 행이 압

운이 되는지에 대해서 가르쳐주었다. 그리고 그녀에게 특별 교사들을 지정했고, 그들에게 패니 크로스비를 '일등 작가' 로 만들도록 지시했다. 그녀의 삶에 이렇게 멋지고 행복한 변화가 갑작스레 일어난 것에 대해 패니는 콤 박사를 섭리 가운데 보내주신 하나님께 진심으로 감사의 기도를 드렸다.

이제 배우는 것이라면 전부 즐거웠다. 시뿐만 아니라 모든 과목에서 학문의 달콤함을 느꼈다. 패니는 운문의 복잡함을 배웠다. 매우 간단하고 쉬울 것이라고 생각한 과목이 그렇게 많은 복잡함을 가지고 있다는 것에 놀라기도 했다. 또한 분석하고, 설명하고, 정밀하게 조사하며, 다른 운율로 쓰는 것도 배웠다. 하지만 한편으로는 콤 박사가 심어 놓은 높은 기대를 실망시킬까 봐 걱정이 되기도 했다.

다음 몇 해 동안 골상학 수업은 학교 정규 과목에 포함되었다. 콤 박사의 판정에 따라 학교는 그녀의 언어 능력을 향상시키기 위해 두 배의 노력을 기울였다. 이제 패니는 스스로를 어느 정도 정당성을 가진 학교의 시인이라고 여겼다.

1년이 넘게 콤 박사는 동쪽 해안을 오르내리며 강연했다. 그는 의대 학생들과 함께 청중에게 뇌를 분해하고 증명해 보였다. 그러나 1840년께 미국인들의 관심이 일시적인 것이며 더 이상 깊어지지 않으리라는 결론을 내렸다. 실망한 그는 스코틀랜드로 돌아갔고 뉴욕 사람들에게는 과거의 일이 되어버렸다. 그러나 패니는 그를 절대 잊지 않았고, 자신의 일생을 바꾼 그의 능력 있는 결정을 마음속에

〈 골상학(성상학) Phrenology 〉

얼굴의 골격으로 성격, 인성 등의 특징을 알아내려는 학문으로 성상학(性相學)이라고도 한다. 골상학을 창시한 사람은 오스트리아 빈의 해부학자 F. J. 갈(1757~1828)이다. 그는 뇌 기관에 대한 조직과 인간의 병에 대한 관계에 대하여 연관성을 발견하기 시작해서 27개의 각 뇌 기관을 발견했다. 그리고 그는 여러 가지 뇌수의 변태와 정상상태를 구분하여, 뇌수는 단일한 것이 아니고 여러 가지 중추기관에서 성립되어 있음을 알아내었고 "뇌수의 기능" 이란 책을 발표했다. 그는 인간의 심적 특성은 독립된 개개의 기능으로 나눌 수 있는데, 각 기능은 대뇌 표면의 각 부위에 일정하게 배위된다고 믿었다. 그리고 각 부위의 크기는 그 곳에 자리한 심적 기능의 발달 정도를 나타내므로 대뇌를 둘러싼 두골의 형상에서 그 밑에 있는 대뇌 부위의 요철을 알 수 있고, 그 사람의 심적 특징을 짐작할 수 있다고 주장하였다(1796).

그 뒤 J. C. 슈푸르츠하임은 이에 대해서 골상학이라는 이름을 붙였는데, F. J. 갈과 협력하여 신경계의 생리와 해부에 관한 책을 지었는데(1810~1819), 그 속에서 심적 기능을 남녀성, 자애성, 배우성 등의 35가지로 분류하고, 이들을 대뇌 표면의 각 부위에 배위하였다. 그 내용에는 뇌는 심성의 기관이고, 인간의 심적 능력은 독립된 몇 가지로 나눌 수 있으며, 이 능력은 타고난 것으로서 뇌의 표면에 각각의 자리가 정해져 있다는 등이다. 이 기본원리에 의해 뇌의 표면을 각 부분들로 나누었으며, 그 형태를 관찰해 각각의 성격과 능력을 판단하였다. 골상학은 오스트리아에서 금지되었기 때문에, 두 사람은 유럽 각지를 유세하면서 돌아다녔다. 이는 나중에 미국에도 전해졌으며, 19세기 중엽에 크게 유행하였다. F. J. 갈의 생각은 대뇌기능 국재설(局在說)의 선구자적인 업적을 이룬 것으로, P. 브로카가 언어중추를 발견한 이후 더욱 발전하였으나, 골상학 쪽은 과학적 발달을 이루지 못하였다 영원히 간직하였다.

이 시기 동안 하나님은 패니에게 또다른 재능을 허락하셨다. 그녀의 확고한 지지자가 된 존스 박사는 패니를 문법, 수사학 그리고 역사를 가르치는 맹인 학교의 교사로 배정했다. 패니는 수많은 낮과 밤을 통해 갈망했던 지식의 축복을 다른 이들에게 나누어준다는 것에 큰 기쁨을 느꼈다.

"나의 영혼이 잠잠히 하나님만 바람이여 나의 구원이 그에게서 나는도다 오직 저만 나의 반석이시요 나의 구원이시요 나의 산성이시니 내가 크게 요동치 아니하리로다"(시편 62:1-2)

맹인학교 모금 여행

맹인 학교는 당시 많은 후원자들에 의해 운영되었다. 뉴욕 주는 앞장서서 맹인 학교의 운영을 도왔고 많은 사람들이 기부할 수 있도록 법령을 제정했다. 하지만 맹인 학교를 운영하는 데는 한계가 있었다. 그래서 학교 당국은 뉴욕 주를 돌면서 기금 모금을 위한 홍보를 하기로 결정했다.

모금의 일환으로 패니의 시가 뉴욕의 많은 신문에 실렸고, 학교 방문객들은 종종 그녀에게 학교를 안내해 달라고 부탁했다. 방문객들을 학교에 유치하는 일은 맹인 학교가 기금을 마련하는 방법 중 하나였다. 후에 패니는 이렇게 기억했다. "맹인이 아닌 사람들을 맹인이 이끌었습니다. 나는 모든 것을 볼 수 있는 것처럼 학교의 구석구석을 잘 알고 있고요."

관광객들이 던지는 똑같은 질문에 지칠 때쯤 패니는 그 일을 일부 학생들에게 나누어주었다. 방과 복도 안내를 막 끝낸 남학생이 방문객들이 맹인들은 음식을 먹을 때 입을 어떻게 찾아서 먹는지에 대해 물었다고 말했다. 그 남학생은 실의 한 끝을 의자 다리에 걸고 다른 끝은 혀에 걸어 음식이 길을 잃는 것을 막는다고 대답했다는 것이었다. 교사들은 그 답변을 어이없어했지만 많은 사람들은 이것이 궁금한 듯했다.

그해 겨울 패니는 학업을 지속하면서 어린 학생들을 가르치기 시작했다. 이듬해 봄이 되자 교장은 기금을 모금하기 시작했다. 새로운 맹인 학교를 설립하기 위한 계획이 시작되었고, 1843년 무렵에는 맹인 학생 150여 명을 위한 기숙사가 완공되었다. 허드슨 강과 이리 호수를 연결하는 이리 운하는 1825년에 개통되었는데, 맹인 학교 학생들은 이 운하를 따라서 자주 기금 모금에 나섰다.

1842년 여름에 패니는 뉴욕의 다른 곳으로 학생들과 여행을 떠났다. 돌아오자마자 그녀는 한 학생의 도움을 받아 엄마에게 편지 한 통을 썼다.

1842년 8월

사랑하는 엄마에게

저는 허드슨 강가 이리 운하를 따라 중요한 여행을 하고 막 돌아왔어요. 얼마나 좋은 시간들이었는데요! 20명의 학생들과 3명의 선생님들이 함께 배로 여행했어요! 그 시간들을 결코 잊을 수 없을 거예요.

가는 곳마다 공연하면서 학교 기금을 모금했어요. 나는 공연을 위해 피아노 치며 하프를 연주했어요. 우리는 함께 노래했고 나는 독창을 했어요. 물론 학교에서 했던 것과 마찬가지로 시도 암송했어요.

나는 맹인 학교를 방문했던 수많은 사람들이 아마도 호기심 때문에 왔을 거라고 생각해요. 엄마도 알듯이 그들은 맹인들이 할 수 있다는 것을 생각하지 않았어요. 멈춰 서는 모든 장소마다 사람들은 놀랐어요. 많은 사람들이 돈을 기부했고, 우리의 여행은 성공적이었어요.

엄마, 사람들이 우리에게 재미있는 질문을 한다는 것이 믿어지지 않겠지요? 내가 가장 자주 듣는 질문 가운데 하나는 '식사할 때 음식을 어떻게 입으로 가져갈 수 있는가' 였어요. 그것은 내가 바보 같은 대답을 생각했기에 바보 같은 질문처럼 보였어요. 나는 사람들에게 말했어요. "식탁 다리에 한 줄을 묶습니다. 그리고 그 줄의 끝을 혀에 묶지요. 그런 다음 줄을 따라서 음식들을 입으로 옮깁니다." 사람들 중 일부는 믿지 않는 것 같았어요!

오, 사랑하는 엄마. 이 학교에 보내주셔서 감사드려요. 엄마와 제가 떨어져 있다는 것이 힘들지만 이곳은 제가 속해 있는 소중한 장소예요.

당신의 사랑하는 딸,

패니

언젠가 패니는 맹인 학교 학생들과 이 운하를 따라 모금에 나선 적이 있었다. 함께 배를 탄 사람들은 그들이 앞을 볼 수 없는데 무슨 경치를 볼 수 있다는 건지 의아해했다. 배가 언덕을 통과할 때 느낀 태양의 따뜻한 감촉, 야생화의 향기, 가축들의 촌스러운 냄새 모두가 패니에게 어린 시절을 떠올리게 했다. 그녀는 사람들이 지껄이는 시끌벅적한 소리를 들었고, 휩쓸리는 듯한 시골의 바람을 맛보았다. 그러는 가운데 스케넥터디, 우티카, 롬, 시러큐스 그리고 로체스터에서 배가 멈추었다. 패니는 청중 수백 명에게 시를 들려주었고, 그 지역의 오케스트라는 학교 가수들과 함께 연주했다.

"하나님의 축복으로 우리는 훌륭한 공연을 했고 칭찬과 함께 다시 오라는 초대가 많았습니다." 패니는 이렇게 회상했다.

늦은 여름 선발된 학생과 직원들은 지난해 이리 운하의 모금보다 더 험한 곳으로 여행을 떠났다. 이번에는 편한 배를 타는 대신 시골의 거친 길, 특히 외딴 곳을 다니는 불편한 마차를 탔다. 패니가 들른 마을마다 눈 먼 자녀를 둔 엄마들이 도움을 청하러 왔다. 그때마다 그녀는 맹인을 교육할 학교가 더 많이 필요하다는 사실을 절감했다. 패니는 그들을 도울 돈도, 영향력도 없었지만 교육에 도움이 되기로 맹세했다.

뉴욕 오스위고에서의 모금 홍보는 관중으로 교회를 가득 채웠다. 그들은 오스위고 관중에게 최선의 공연을 보여주기 위해 알바니에서 버팔로까지 오는 동안 꾸준히 연습했다. 특히 오스위고의 짧은 방문은 패니에게 소중한 선물을 주었다. 맹인 자녀를 둔 어머니 메리가 학교의 홍보 노력에 큰 감명을 받아 자신의 아들인 알렉산더 밴 앨스틴을 학교에 보내기로 결심했던 것이다. 그녀는 눈물을 머금은 채 패니에게 다가와서 말했다. "크로스비 양, 제 아들 알렉산더가 가면 잘 돌봐주세요." 패니는 그 소년이 앞으로 남편이 되리라는 것을 알지 못한 채, 그의 어머니께 감사하며 약속했다.

이후 여행은 세계에서 가장 놀라운 자연의 산물 가운데 하나인 나이아가라 폭포까지 계속되었다. 누군가 맹인들에게 어떻게 폭포를 감상하는지 물었다. 패니는 그에게 맹인들은 보통 사람들보다 더 많은 것을 보며, 본다는 것이 단지 눈으로만 보는 것은 아니라고 말했다. 학교 수업을 통해 맹인 학생들은 그 아래 164피트의 바위까지 5대호(캐나다와 미국 국경에 위치한 호수로 슈페리어 · 미시간 · 휴런 · 이리 · 온타리오를 일컫는다– 편집자 주)의 물이 떨어져 생긴 넓은 틈에 대해 이미 알고 있었다. 패니가 이야기했다.

"우린 그것을 상상 속에서 수없이 보았습니다. 어떤 것도 그곳에 있는 것들을 대체할 수 없었습니다. 나는 함께 노래하는 아침 별들과 하나님의 아들들이 기뻐서 소리치는 것을 들었습니다."

폭포 앞에 서 있는 것은 시인에게 큰 경험이었다. 거대한 파도가 쏟아지면서 물방울을 일으켜 큰 폭포로 몰아치는 것을 몸으로 느낄 수 있기 때문이었다. 물안개 속에서 무지개가 떴을 때, 패니는 할머니가 하나님의 하늘 아치의 섬세한 색깔에 대해 설명해주던 언덕 위의 시절로 돌아갔다. 그녀는 친구와 함께 바위의 꼭대기에 섰고, 몇 년 후면 그 아래 거품에 쓸려 거대한 소용돌이 속으로 빨려 들어가는 자신을 상상했다.

"그것은 정말 놀라운 경험이었습니다. 폭포의 왕이 부는 트럼펫 소리가 전지전능한 손의 힘을 외치고 있었습니다."

패니는 학교 모금 여행을 통해 많은 사람들이 자신이 쓴 시에 감동받고 있다는 것을 깨달았다. 그녀는 여행 내내 맹인이 어디까지 할 수 있는지, 또 그 능력이 무엇인지 보여주었다. 한번은 가을 의회를 방문했는데 건장한 사람이 그녀의 시를 듣고 눈물을 흘리기도 했고, 워싱턴에서는 시 낭송을 끝낸 후 상원의원들이 치는 천둥 같은 갈채 소리에 깜짝 놀라기도 했다. 이처럼 국회를 비롯한 유명한 곳에서 패니 크로스비는 맹인 교육의 중요성을 알렸다.

여행이 끝나고 난 후 교장은 홍보 프로그램이 대단한 성공을 거두었다고 만족했지만, 의회뿐 아니라 어떠한 학교나 개인으로부터도 생각했던 기금은 들어오지 않았다. 결국 워싱턴에 있는 훌륭한 사람들이 맹인을 위해 아무것도 할 수 없다면 이제 패니가 스스로 그 일을 해야 했다. 그녀는 그해 봄 수업하지 않았고 개인적인 발표보다도 학교 기금을 마련하기 위해 〈맹인 소녀와 여러 시들〉이라는 시집을 준비하고 있었다. 학교의 후원자인 해밀턴 머레이가 서문을 썼는데, 그는 패니의 작품이 맹인들이 할 수 있는 훌륭한 일 가운데 하나라고 밝혔다.

1844년 3월 〈컬럼비안 매거진〉은 독자에게 패니 제인 크로스비에 대해 자전적인 시 '맹인 소녀' 를 쓴 작가라고 소개했다. 그 잡지는 '맹인에게 눈을' 이라는 제목 아래 맹인들의 풍부한 능력을 보여준 패니에게 주목했다. 그들은 그녀를 대단히 칭찬했고, 아울러 맹인이 빼앗긴 시력을 보충해줄 다른 능력이 있는지 궁금해했다. 그녀가 쓴 시는 인기가 많았는데, 그 이유는 시가 유별나서가 아니라 그녀가 맹인이고 그녀의 언어가 청중들의 심금을 울렸기 때문이었다. 그 밖에 많은 곳에서 패니의 시는 유명해졌다. 첫 번째 지은 시가 인기 있는 〈뉴욕 트리뷴〉에도 실렸다. 그 사건은 그녀의 삶에서 대단한 전환점이었다. 불과 24세에 그녀는 또다른 이정표에 도달했고, 그것은 하나님이 그녀의 삶에 주신 충만한 은혜의 결과였다.

패니의 시를 읽은 사람이라면 누구라도 그녀가 태어났을 때부터 맹인이었다는 사실을 믿기 어려웠을 것이다. 그녀는 사람들의 얼굴과 빛나는 눈, 낡은 흔들의자와 떨어지는 눈송이 그리고 사랑스럽고 친절한 얼굴에 비치는 기쁨의 햇빛 등 보지 않고서는 표현할 수 없는 것들을 생생하게 묘사했다. 그리고 모든 모습을 실제로 보고 있는 것처럼 그렸다. 어떻게 전혀 보지 못하는 맹인이 그런 표현을 할 수 있는지 사람들은 다시 한번 놀랐다. 그것은 하나님의 인도와 함께 그녀에게 매우 특별한 종류의 시력을 준 사람들에 대한 감사의 표현이었다.

교사와 시인으로서 패니의 삶은 여러 면에서 변화를 앞두고 있었다. 하나님은 그녀를 천천히 이끌면서 돌보았다. 그러나 하나님은 이제 패니가 능력을 발휘해 더욱 충만한 삶을 살기 원하셨고, 주님은 그녀를 더 큰 세상에서 당신의 일을 감당하도록 하셨다.

그 후 시집 〈맹인 소녀〉가 잘 팔리긴 했지만 학교가 필요로 하는 재정적인 욕구를 감당해내는 데는 역부족이었다. 그래서 의회에 보내는 모금 대표로 패니가 합류했다. 그곳에서 패니는 많은 사람들에게 다시 한번 감동을 주었다. 그녀는 학교와 관련된 행사에 시를 써달라는 부탁으로 피곤했지만, 한편으로는 자신이 감당해야 할 중대한 임무로 생각했다. 새 교장이 된 체임벌린의 당부로 그녀는 학교를 방문하는 방문객들에게도 시를 써주었고, 원하는 매체에 시를 써주면서 학교에 수입을 가져다주기도 했다.

이제 그녀의 시는 보다 많은 사람들에게 영향을 주기에 이르렀다. 슬픔에 처한 사람들에게는 큰 위로가 되었으며, 어려움에 처하고 가난한 자들에게는 소망으로 변했다. 이것은 패니가 선천적인 어려움을 이겨낸 고통의 여정이 시 가운데 촉촉이 스며 있기 때문이었다. 그녀는 모든 사람들이 자신을 필요로 한다면 아낌없이 내주었고, 맹인 학교를 발전시키기 위해서도 온 힘을 다했다. 패니는 이것을 하나님께서 주신 사명으로 여겼다.

"너의 길을 여호와께 맡기라 저를 의지하면 저가 이루시고 네 의를 빛같이 나타내시며 네 공의를 정오의 빛같이 하시리로다"(시편 37:5-6)

"십자가로 가까이"

십자가로 가까이

(Jesus, Keep Me Near The Cross)

F. J. Crosby W. H. Doane

3 크로스비가 만난 사람들

대통령과의 교류

패니 크로스비는 앞을 보지 못했지만 유명 인사들을 많이 알고 있었다. 그녀가 교류했던 사람들은 각계각층에 걸쳐 있었다. 그 중 패니만큼 수많은 대통령과 친분을 나누었던 사람도 없을 것이다.

그녀는 다양한 사람들과 만나 대화하는 것을 즐겼다. 시인 · 소설가 · 작가 뿐만 아니라 정치인 · 경제인 등 특정 계층의 사람들만이 아니었다. 패니와 이야기를 나눈 사람들은 그녀가 해박한 지식을 소유했다는 사실에 대해 다시 한번 놀랐다. 이처럼 교류하는 사람들을 통하여 패니는 테니슨 · 브라우닝 · 칼라일 · 뉴만 · 러스킨 · 링컨에 대해 들었다. 그녀는 호프만의 그리스도의 그림에 대해서 알고 있었고 플로렌스 나이팅게일과 해리어트 비이커 스토우, 줄리아 워드 하우 등도 알았다. 패니는 사람들과 교류하면서 더욱 충만한 열정을 보였는데, 이런 만남과 교제에 대해 다음과 같이 고백하곤 했다.

"사람들과 만난 후 집으로 돌아올 때면, 수정처럼 맑은 새로움이 내 영혼에 넘쳐났습니다. 삶의 진정한 의미를 찾아 모든 싸움에서 승리했던 사람들을 만났을 때는 마치 전부터 함께 했었던 것 같은 친근함을 느꼈습니다. 그들의 위대한 삶은 놀랍게도 내 시에 영감을 주었습니다. 기회가 있을 때마다 능력 있는 의원, 훌륭한 음악가, 위대한 문학 지도자 들과 예술인 등을 만나러 다녔습니다. 이 사람들은 내 영혼에 항상 큰 도움을 주었고, 나는 목마른 사슴이 시냇물을 찾듯 그들과 대화하기 원했습니다."

국가를 세운 사람들을 친구로 만들고 알아가는 것이 그녀가 갈망하는 일 중 하나였다. 초대 대통령인 워싱턴을 제외하고 미국의 모든 대통령들은 그녀의 삶 중심에 살아 있었다. 단, 존 애덤스 전 대통령은 1826년에 죽었다. 그때 그녀의 나이 6세였을 뿐이다.

워싱턴에 있었을 때 그녀는 미국의 제 6대 대통령인 존 퀸시 애덤스(재임 기간 1825~1829)를 마음 깊이 존경했다. 그의 확고함과 지성 그리고 정직함에 그녀는 감탄했다. 패니는 또한 앤드류 잭슨(7대, 재임 기간 1829~1837)의 진실한 친구이자 지원자였다. 그는 자리에 연연해하지 않고 나라를 위해 싸웠던 원칙주의자였다. 그는 진실로 위대한 사람이었고 그녀는 그를 존경했다. 그리고 그의 호의에 그녀는 최선을 다해 예의를 갖췄다. 비록 얼굴을 맞대며 만날 수는 없었지만, 그는 그녀의 깊은 감정을 이해했던 사람이기도 했다. 그녀가 만났던 밴뷰렌(8대, 재임 기간 1837~1841)도 패니에게 '작은 마술사' 같이 활기차게 환호하면서 저녁식사를 함께 했던 기억이 남아 있었다. 그는 죽기까지 그녀의 가장 가까운 친구 가운데 한 사람이었다. 또한 한달만 대통령에 재직했었던 윌리엄 헨리 해리슨(9대, 재임 기간 1841~1841)도 존경했다. 그녀는 그의 공적을 찬양했으며 노래를 통해 그의 미덕을 알리기도 했다.

존 타일러(10대, 재임 기간 1841~1845)가 뉴욕에 있는 맹인 학교를 방문했을 때 패니는 환영의 시를 쓸 것을 요구받았으며 그를 위해 시를 낭송했다. 당시 그녀는 최고의 시로 그를 맞이했다.

그리고 우리 국민들의 기쁜 노래는
존 타일러 대통령과 자유의 나무를 위한 만세 함성이 될 것이니.

제임스 낙스 포크(11대, 재임 기간 1845~1849)는 패니의 친한 친구였다. 그녀는 백악관에서 그를 위해 시를 암송하곤 했다. 그 후 그는 패니에게 특별한 관심을 가지게 되었다. 포크 대통령은 퇴임 후 맹인 학교를 방문했고, 패니와 저녁식사를 한 후 그녀의 손을 잡아주면서 키 큰 나무들이 있는 곳으로 산책했다. 그리고 함께 대화하면서 울새와 명금의 우는 소리를 들었다. 패니가 보여준 친절에 대통령은 이렇게 말했다.

"패니 크로스비, 당신은 그동안 열심히 모든 일을 감당했고 마땅히 칭찬받아야 합니다. 삶을 통해 보여준 당신의 겸손과 사람들에게 베푼 친절은 내가 존경하기에 충분합니다."

그가 떠날 때 패니는 그와 함께했던 아름다운 교제에 대해 봄날의 새만큼 행복감을 깊이 느끼면서 방으로 돌아왔다. 바로 그 날 밤 그녀는 잠자기 전에 조용히 무릎을 꿇고 친구인 포크 전 대통령에게 빛을 비추게 하사 하나님의 얼굴이 늘 그에게 나타나기를 자비로우신 하나님께 기도했다.

그리고 링컨은 그녀의 삶에 우뚝 솟은 삼나무와 같았다. 그의 이름은 세계 역사 연대기에서 절대 지울 수 없을 것이다. 아브라함 링컨(16대, 재임 기간 1861~1865)은 그녀의 영혼을 이끌었던 선생이며 지도자였다. 율리시즈 그랜트(18대, 재임 기간 1869~1877) 리더퍼드 헤이즈(19대, 재임 기간 1877~1881) 제임스 가필드(20대, 재임 기간 1881~1881) 역시 그녀의 기억 속에 공고히 자리잡고 있으며, 마음속에 따뜻한 자국들을 남겼다.

그녀가 맹인 학교에 머무는 동안 일어났던 가장 극적인 장면은 헨리 클레이가 방문했을 때였다. 그가 어린 시절 어려움과 싸워 이긴 것을 그녀는 잘 알고 있었다. 어려움을 극복한 그의 이야기는 진한 감동을 주었다. 패니는 그를 존경하는 뜻에서 환영의 시를 암송하기로 했다. 그녀가 그에게 시를 보내주었을 때 그는 와서 패니의 손을 잡고 청중에게 말했다.

"여러분, 나는 이 여인에게 큰 빚을 지고 있습니다. 6개월 전 내 아들이 죽었을 때 위로의 시를 보내왔었습니다."

그 자리에서 헨리 클레이와 패니는 함께 울음을 터뜨렸다.

제니 린드와 오레 불

1850년 가을. 위대한 가수이자 당대 최고의 인기를 누렸던 제니 린드의 방문은 뉴욕 사람들에게 많은 기대와 흥분을 가져다주었다. 제니 린드가 도착하기 전부터 열기가 맨해튼을 휩쓸었다. 패니 역시 스웨덴의 나이팅게일인 제니 린드가 온다는 소식을 들었을 때 흥분했다. 스톡홀름에 있는 왕립극장에서 피아노와 가창, 춤 교육을 받은 린드는 비범한 소프라노 가수였다. 유럽에서 가장 유명한 그녀는 멘델스존과 교류했고, 세상에서 가장 위대한 가수라고 평가되었다. 4만여 명의 사람들이 린드가 탄 애틀랜틱 호를 환영하기 위해 뉴욕 항으로 몰려들었다. 배와 부두, 지붕까지 거리는 더 이상 그들을 수용할 수 없을 만큼 붐볐다.

린드는 기대에 어긋나지 않은 공연을 했다. 1850년 9월 12일 목요일자 〈데일리 트리뷴〉은 '위대한 업적, 모든 의심은 끝났다' 라는 제목의 톱기사를 실었다. '그녀는 우리가 들었던 가수 중에 최고의 가수다. 그리고 그녀의 성공은 천재성과 명성에서 비롯된 것이다.' 다음해에 그녀는 미국의 도시와 마을을 돌며 공연했다. 린드의 엄청난 인기는 거리, 학교 그리고 공공 장소의 이름을 바꾸게 했다. 사람들은 제니 린드의 장갑을 끼고 숄을 두른 채 제니 린드 컵으로 차를 마셨다. 아이용 접시에까지 그녀의 이름을 새겼으며, 제니 린드 케이크뿐 아니라 그녀의 이름이 새겨진 다양한 구즈베리와 머스크 메론은 다음 50년 동안 뉴욕 호텔의 필수 메뉴가 될 정도였다. 아칸서스 주는 당시 공연했던 주역 여배우의 이름을 딴 도시이기도 하다.

패니는 린드의 인기를 실감했지만 그녀가 학교로 찾아와 특별한 공연을 하기 전까지는 직접 체험할 수 없었다. 하지만 그녀가 예고 없이 학교를 방문했고, 그 혼란은 곧 감동스런 장면으로 바뀌었다. 린드가 맹인 학교의 학생과 교수들 앞에서 노래할 것이라고 교장선생님이 발표했을 때 패니의 감정은 말로 표현할 수 없었다. 마음은 넘치는 잔과 같았고 기쁨은 용솟음치는 샘물과 같았으며, 그녀의 몸은 깃털처럼 가벼워지는 것 같았다.

제니 린드가 45분에 걸쳐 노래를 부르는 동안 학생들은 스칸디나비아 전통 노래에 푹 빠졌다. 또 그녀가 '달콤한 집' 이라는 노래를 불렀을 때는 아주 오랫동안 감동을 받기도 했다.

린드는 학생들이 그녀 곁으로 와 자신을 만져볼 수 있도록 허락했다. 그리고 패니는 직접 쓴 '스웨덴 나이팅게일' 이란 시를 낭송했다. 패니가 시를 암송하기 시작하자 전신에 제니 린드의 호흡이 느껴졌다.

뉴욕에서의 첫 번째 콘서트 동안 그녀는 1만 달러를 벌었고 즉시 전액을 기증했다. 패니는 위대한 가수들을 많이 봐왔지만 린드의 방문처럼 신선한 충격은 없었다. 그 충격은 패니로 하여금 음악에 관심을 가지는 계기를 만들었다. 나중에 그녀가 찬송가에 관심을 가지게 된 출발점이기도 했다. 린드에 대한 기억은 음악의 힘이 얼마나 놀라운지 그녀에게 잘 보여주었다. 그때부터 패니는 자신의 시를 음악에 어떻게 적용할 수 있는지 고민했으며, 적용한다면 더 많은 사람들이 감동받을 것이라는 믿음이 생겼다.

1850년 초 패니는 또다른 음악적 기쁨을 느꼈다. 노르웨이의 유명한 바이올린 거장인 오레 불이 방문했기 때문이었다. 그의 놀라운 바이올린 연주에 관해 이미 수많은 이야기를 들었기 때문에 패니는 다른 소녀들과 마찬가지로 무척이나 부산스러웠다. 그녀는 오레 불이 맹인 학교를 방문한다고 했을 때 상상할 수 없을 정도로 가슴이 뛰는 것을 느꼈다. 심지어 언제까지나 그 감동으로 눈물을 흘릴 수 있을 것만 같았다. 그가 바이올린의 현 위로 활을 당길 때 그녀는 문학적인 상상 속에서 그를 보는 것 같았다. 새들이 노래했고, 개울은 물결쳤으며, 비가 내렸고, 천둥이 쳤다. 그리고 태양빛이 춤을 추었고, 종들이 울렸으며, 천사들이 노래했다. 타오르는 기쁨의 눈물이 뺨을 타고 흘러내렸고, 천국의 빛이 그녀의 눈썹 위로 광채를 발했다. 패니가 오레 불의 손을 잡았을 때는 또다른 세상을 만지는 것 같았다. 그들이 앉아 대화하는 동안 그는 그녀에게 삶의 커다란 비전을 주었으며, 그녀가 전에 품고 있었던 것보다도 더 선명한 꿈을 만들어주었다. 그의 음악은 패니에게 이전보다 좀더 달콤하고 훌륭한 노래를 만들도록 이끌었고, 후에 그녀의 시가 부드러워진 이유도 여기에 있었다.

"그는 나에게 인생과 사랑에 대해 보다 폭넓은 시야를 만들어주었습니다. 그리고 그의 음악은 내 노래를 더욱 달콤하고 성스럽게 만들었습니다." 사람들은 그의 이름을 학교와 거리에 새겼고, 공공장소에 동상을 세워 기념했다.

제니 린드와 오레 불의 방문은 패니의 글에 새로운 전기를 마련해주었다. 단순한 시에서 풍부한 시로 좁은 시야를 폭넓게 만들었으며, 무엇보다도 음악을 통해 사람들을 감동시키고 매료시킬 수 있다는 점을 깨닫게 해주었다. 그녀는 아름다운 선율에 자신이 쓴 가사를 통해 모든 사람들에게 영향을 미칠 수 있을 것이라는 확신을 가졌다. 그녀는 생각했다.

"찬송가에 그런 영향력을 가질 수 있다면, 내가 쓴 가사를 통해 많은 사람들이 하나님을 더욱 사랑하고 감사할 수 있다면 그리고 죽어가는 영혼들이 회개하고 돌아올 수 있다면 얼마나 좋을까?" 패니는 그 날 밤 매우 흥분되어 잠을 이룰 수 없었다.

그루버 클리브랜드

패니는 항상 1853년의 기억을 소중히 여겼는데, 그 이유는 그 해 가을 맹인 학교에 그루버 클리브랜드가 왔기 때문이다. 그루버는 패니와 오랫동안 교류했던 사람으로 다른 사람들보다 가깝게 지냈다. 그는 맹인 학교의 비서였으며 패니가 심장 통증으로 자주 아팠을 때 그에게 가곤 했었다. 그의 형 윌리엄은 맹인 학교 교사였는데, 아버지의 죽음으로 매우 슬퍼하고 있던 17세의 동생 그루버를 학교에 취직시켰으며 패니에게 잘 돌봐줄 것을 부탁했다.

그의 키는 6피트로 거인처럼 보였지만 마음은 착했고 패니는 그의 성실함에 끌리게 되었다. 어린 클리브랜드는 교장의 비서 업무뿐 아니라 작문, 산수, 지리를 가르치기도 했다. 사교적인 성격의 패니는 곧 클리브랜드와 친해졌고 많은 대화를 나누게 되었다. 그리고 그는 그녀의 시를 비평해주기도 하고 받아 적는 일도 감당했다. 그는 그녀를 위해 많은 시들을 복사해주었고, 알고 지낸 시간을 통해 그녀의 삶과 일에 흥미를 가졌다. 그러나 맹인 학교의 쿠퍼 교장은 그루버가 패니와 함께 있는 것은 시간을 낭비하는 짓이라고 불평했다.

결국 패니와 그루버는 학교의 엄격한 규율과 질 낮은 식사, 잘못된 경영 등에 불만을 제기했고 이 일로 그루버는 학교를 그만두었다. 그러나 패니는 충분히 그가 잘될 것임을 알고 있었다. 후에 그녀는 그의 소식을 자주 들었고 그가 위대한 일을 맡기 전 프린스턴에 있는 그의 집 레이크우두에서 몇 번 만났다. 언젠가 그는 패니에게 다음과 같은 편지를 썼다.

친애하는 친구 패니 크로스비,

우리의 친분과 우정이 벌써 50년을 지나고 있습니다. 예전에 나는 사람들을 격려하고 위로하는, 그리고 하나님의 선하심과 자비로우심을 나타내는 당신을 오랫동안 지켜보았습니다. 또한 이익이 전혀 없는 일임에도 불구하고 꾸준히 자신의 일을 감당해왔던 당신을 생각했습니다.

비록 그런 일들이 당신의 좋은 목적의식에 충분한 보상을 가져왔다고 할지라도, 당신의 일과 고귀한 목적에 공감하는 사람들은 자신들에게 큰 빚을 지고 있는 것입니다. 그러므로 당신의 85번째 생일에 이런 추억들을 생각하며 축하하는 것에 대해 얼마나 감사한지 모릅니다. 나는 열정적으로 하나님의 일을 감당했던 당신의 오랜 삶을 빨리 축하하고 싶습니다. 그리고 하나님의 사랑으로 인한 평화와 위로가 당신에게 더하여져 올해 안에 당신이 바라는 일들이 이루어지기를 소원합니다.

당신의 신실한 친구,

그루버 클리브랜드

그리고 그루버 클리브랜드는 미국의 22대(재임 기간 1885~1889)와 24대(재임 기간 1893~1897) 대통령이 되었다.

크로스비의 러브스토리

이것은 다만 한 잎, 시든 한 잎,
그러나 그 이야기는 고통으로 가득 차 있네.
이것은 멀리 떠난 사람의 선물이었지
그리고 결코 다시 돌아오지 않으리.
이것은 다만 한 잎, 시든 한 잎,
그러나 난 이렇게 그것을 소중히 여긴다네,
내 기억 속의 가장 빛나는 시간을 주었으니
내가 이 땅위에서 알 수 있는.

이것은 다만 한 잎, 시든 한 잎,
그러나 그 이야기는 고통으로 가득 차 있네.
이것은 멀리 떠난 사람의 선물이었지
그리고 결코 다시 돌아오지 않으리.
그는 결코, 그러나 나는 오랫동안 느낀다네.
내 영혼이 그와 함께 있을 것이라는 것을,
옛 사랑은 더욱 달콤하고
그가 나를 기다리고 있을 그곳에서.

패니에게도 아름다운 사랑 이야기가 있다. 어떤 사람들은 맹인들이 보통 사람들만큼 진실하게 사랑할 수 있고, 더 많이 사랑할 수 있는 능력을 가졌다는 것을 종종 잊는다. 하지만 그녀는 위대한 시인이기 전에 사랑에 목마른 보통의 여인이었다. 패니 크로스비가 알렉산더 밴 앨스틴이라는 이름의 젊은 남자를 선물로 받았던 것은 20세 때였다. 그도 역시 맹인이었지만 매우 재능 있는 학생이었다.

1844년 중반 여행, 수업 준비 등 바쁜 생활로 인한 스트레스가 없어졌는데도 패니는 육체적으로 많이 지쳐 있었다. 그녀는 코네티컷 브리지포트에 있는 엄마 집에서 여름을 보내면서 몸을 추슬렀다. 한달 정도를 쉰 후 건강이 완전히 회복되어 뉴욕으로 돌아왔는데, 놀랍게도 1843년 학교 모금 여행을 통해 뉴욕 북쪽의 오스위고에서 만났던 15세의 맹인 소년 알렉산더 밴 앨스틴이 그녀에게 인사하고 있었다. 그의 어머니 메리는 아일랜드 태생으로 법적으로는 맹인이었으나 제한적인 시력을 가지고 있었다. 어린 밴 앨스틴의 가족은 1830년대 초 아버지가 죽은 후 캐나다에서 오스위고로 이사 왔다. 밴 앨스틴은 캐나다에서처럼 뉴욕에서도 흔한 이름이었는데, 그 이름은 네덜란드의 오래된 돌에서 유래했다.

1845년에서 1846년, 밴 앨스틴은 뉴욕 맹인 학교에서의 첫 해를 시작했다. 그는 영어 · 지리 · 산수를 중점적으로 공부했지만, 나중에는 악기 연주에 몰두하게 되었다. 다음 4년 동안, 패니 크로스비와 밴 앨스틴은 학교에서 서로를 편하게 알아갔다. 패니는 그의 어머니의 부탁을 잊지 않고 잘 보살펴주었다. 이후 그는 그녀의 수업 가운데 몇 과목을 들었고, 학생이었지만 지속적인 친구가 되었다.

비록 밴이 패니보다 열 한 살이나 어렸지만, 그들은 공통점이 많았고 서로에 대해 많은 관심을 가졌다. 그들은 쿠퍼 교장이 학교를 잔인하게 경영하고 있다고 생각했고, 그 방식 또한 싫어했다. 교장이 패니에게는 '행복한 집' 인 맹인 학교를 저임금을 받고 일하는 교사와 학대받는 아이들이 있는, 나쁜 식사를 제공하는 형편없는 곳으로 만들어버렸기 때문이었다.

1848년에 밴 앨스틴은 맹인 학교를 졸업한 후 뉴욕 중부에 있는 중소 도시인 스케넥터디의 유니온 대학에 진학했다. 그곳에서 밴은 그리스어 · 라틴어 · 철학 · 신학을 배우고 싶어했다. 그리고 뉴욕 오스위고에서 잠시 음악을 가르친 후 맨해튼으로 돌아와 맹인 학교의 음악 교사로 일했다. 패니는 1846년부터 학생들에게 수사학, 문법, 로마 그리고 미국의 역사를 가르쳤다.

밴 앨스틴은 고전문학과 신학을 좋아했으나 음악에 특별한 재능을 가지고 있었다. 패니의 시들을 몇 번 들은 밴은 그녀의 일에 깊은 흥미를 가지게 되었다. 그녀 또한 밴의 달콤한 선율을 들은 후 그에게 흥미를 느꼈다. 음악과 시에 대한 관심은 서로를 끌어당기기에 충분했다.

6월 어느 날 밴 앨스틴은 새 소리를 듣기 위해 느릅나무 밑으로 갔다. 바람이 나뭇가지 사이로 불어오고 있었다. 그것은 그의 가슴이 말하고 있는 사랑의 목소리였다. 그는 마음속에서 음악의 선율처럼 떨리는 목소리를 들었다. 바로 그때 또다른 목소리가 깊은 생각에 잠겨 있는 그에게 다가와 부르고 있었다. 그녀는 그의 왼손에 자신의 오른손을 얹으며 "밴…" 이라고 불렀다. 그 후 행복한 연인은 그들의 주위로 햇빛이 비치는 가운데 조용히 사랑을 느끼며 오랫동안 앉아 있었다. 밴은 사랑의 하프를 잡고 금현을 손가락으로 튕기며 진실한 마음의 노래를 그녀에게 불러주었다. 이 시간 후에 두 사람의 삶은 사랑이 사랑을 만나는 새로운 우주를 바라보게 되었다. 그리고 모든 세상이 바뀌었다.

서로에게 사랑을 느낀 패니 크로스비와 밴 앨스틴은 사랑의 감정을 쌓아갔다. 그러던 중 1857년 가을에 밴은 학교를 롱아일랜드로 옮겼고 거기서 음악을 가르치기 시작했다. 패니도 맹인 학교에 도착한 날로부터 정확히 23년 후인 1858년 3월 2일에 학교를 그만두었다. 그리고 처음 밴 앨스틴을 만난 후 10년이 지나 그녀의 나이 38세 되던 1858년 3월 5일에 결혼했다.

결혼한 후 그들은 롱아일랜드에 있는 메스패스에 정착했다. 그러나 그곳에서는 많은 사람들과의 접촉을 삼갔다. 그들이 이사 온 지역은 식민지 시대에 정착된 휴양지가 많은 작은 마을이었다. 서로에 대한 깊은 헌신과 사랑으로 시작한 메스패스에서의 결혼 생활은 알려지지 않은 사랑의 시간들로 채워졌다. 패니의 회고록을 보면 밴 앨스틴과의 행복한 삶에 대한 이야기는 간략히 나와 있으나, 메스패스에서 그들이 살고 일했던 장소나 자세한 내용은 나와 있지 않다.

학교를 떠난 후 패니의 삶은 철저하게 변했다. 그녀는 이제 주부였고 더 이상 세상의 이목을 집중시키는 대상도 아니었다. 그리고 남편과 함께 과거에 유명한 시인이었음을 모르는 시골 마을에서 살았다. 그녀는 변화를 즐겼다. 시골의 공기는 그녀의 영혼을 소생시켰고 기쁨을 주었다. 밴과 함께 살면서 그녀는 〈콜롬비아의 꽃 화관〉이라는 세 번째 시집을 준비했다.

반면 남편 밴은 2백여 명 되는 작은 교회 몇 군데서 오르간 연주로 돈을 벌었다. 그러나 그는 곧 뉴욕의 가장 훌륭한 오르간 연주자와 피아노, 코넷 등 다른 악기의 거장 중의 한 사람으로 알려지게 되었다. 패니는 남편의 모습을 볼 수 없었지만, 연주할 때 그의 얼굴이 영혼의 빛으로 빛난다는 것을 알았다.

결혼 후에도 밴은 패니가 문학적 명성을 계속 유지하기 원했다. 그래서 그녀는 세 번째 시집의 완성을 서둘렀으며, 세 가지 짧은 이야기를 추가했다. 〈콜롬비아의 꽃 화관〉은 그녀의 시집 3권 중에서 가장 훌륭해야 했지만, 정리하고 편집하는 데 다른 것보다 그녀를 더 괴롭게 했다. 그 이유는 종종 찬송가 시를 쓰기 위해 그 일을 밀어놓을 때가 많았기 때문이었다. 밴은 작곡을 했고, 그들이 함께 일할 때 패니는 하나님의 손이 자신을 새로운 일로 이끌고 있는 것처럼 느꼈다.

얼마 후 그들의 결혼 생활에서 기쁜 일과 슬픈 일이 동시에 일어났다. 패니가 엄마가 되자마자 곧 아기를 잃고 말았던 것이다. 언젠가 인터뷰에서 이렇게 말했다.

Fanny and Alexander Van Alstyne

MRS. VAN ALSTYNE,

better known as

FANNY CROSBY,

The gifted BLIND POETESS, who has composed so many of the favorite hymns that are sung in our prayer meetings and Sabbath schools, will give a

Concert and Recitations

in the

Chapel of the South Church,

Monday Evening, Jan. 15th.

She will be assisted by others, including her husband,

MR. VAN ALSTYNE,

who is an accomplished musician, and who is also blind

Mrs. Van Alstyne, desiring to do good and at the same time support herself, will devote one-half the proceeds to the poor of our city.

Tickets, 25 cents, at E. A. Lewis' Book Store.

Concert to commence at 8 o'clock. 1—10 5d*

패니 크로스비와 남편 밴 앨스틴이 함께 공연하는 포스터.

"하나님은 우리에게 어린 아기를 주셨습니다. 그러나 천사들이 하늘에서 내려왔으며 우리의 아기는 하나님과 그분의 왕좌에 맡겨졌습니다. 그렇게 그 아기는 하늘나라로 갔습니다."

그녀는 아기의 죽음을 통해 어머니의 지극한 사랑을 깨닫게 되었지만 결코 모성애를 드러내놓고 얘기하지는 않았다. 왜냐하면 그 시대에는 아이의 죽음이 흔한 일이기 때문이었다. 패니의 인생에서 이 슬픈 일은 1859년에 일어났고, 1년 후에는 영원히 이 일에 대해 입을 다물었다.

패니는 매우 특별한 선물이 없어진 것을 느끼면서 몇 달을 힘들게 보냈다. 슬픔은 한동안 계속되었고, 이웃들로부터 받는 위로도 아무런 위안이 되지 못했다. 그녀는 무언가 마음을 채울 것이 필요했고, 자신의 영혼에 다시 불을 붙일 새로운 것이 필요했다. 그래서 1859년 패니 크로스비와 밴 앨스틴 부부는 메스패스를 떠나 더 익숙하고 북적거리는 맨해튼으로 돌아왔다. 그 후 그들은 맹인 학교 근처로 이사했다. 집주인은 맹인 남녀 8명에게 방을 세놓았고, 그 중 패니와 밴만이 부부였다. 그 집은 매우 좁았고 물이 제대로 나오지 않는 허름한 곳이었다. 그러나 그곳에서도 주님은 그녀를 놓지 않으시고 모든 면에서 도와주셨다.

1864년 2월 어느 날, 패니는 좁은 아파트로 돌아와 남편을 찾았다. 패니는 출판사에서 브래드베리라는 작곡가를 만나 찬송가 시를 주고 왔다고 말했다. 그리고 찬송집을 곧 출간할 것이라는 말도 덧

붙였다. 밴은 그 말에 기쁨을 감추지 못했다. 그는 패니가 다시 시 쓰기를 그동안 바라고 있었다. 패니는 밴의 손을 잡고 말했다.

"하나님께서 나에게 이 일을 계속하라는 소명으로 알고 있어요. 나는 그것을 분명히 느껴요. 그리고 지금 큰 교회 부흥집회에서 새로운 찬송가를 원하고 있어요. 그들은 새로운 찬송집을 출간하는 중이에요. 그들은 그리스도의 사랑과 그분의 위대한 구속에 대한 노래들을 원하고 있어요. 그분의 보호하심과 그분을 위해 살고 싶다는 간절한 고백이 담긴 찬양을 원하고 있어요! 밴, 내 머리에 수백 편의 찬송이 떠올라요! 주님께서 저에게 새로운 삶의 목적을 주셨어요. 나는 이 세상에서 가장 행복한 피조물이라고요!"

패니는 1주일에 6~7편의 찬송가 가사를 쓰기 시작했다. 점점 더 많은 음악가들이 자신들의 곡에 붙일 가사를 그녀에게 부탁했다. 그리고 전세계 모든 교회에서 그녀가 쓴 노래를 부르기 시작했다.

패니와 밴은 부부이자 서로를 돕는 배필로 행복하게 살았다. 그들은 많은 일을 했지만 부자는 아니었다. 허름한 집과 항상 부족한 돈 그리고 제대로 먹지 못했지만, 불평하거나 서로를 원망하지 않았다. 하나님은 패니에게 귀한 사람을 선물로 주셨고, 그녀는 남편을 주신 것에 항상 감사했다. 그녀가 쓴 시 가운데 많은 부분이 그의 아름다운 사랑을 고백하고 있다. 패니 크로스비와 밴 앨스틴 부부의 삶에 대해서는 남은 기록이 많지 않지만, 하나님의 은혜 가운데 그들이 서로를 도우며 항상 감사하며 살았다는 것만은 분명했다.

패니가 사랑했던 남편 밴 앨스틴은 1902년 하늘 아버지의 집으로 갔다. 많은 사람들은 그들 부부가 처음으로 함께 산 집 근처의 올리벳 산 공동 묘지에 그가 묻혔다고 말했다.

"형제가 연합하여 동거함이 어찌 그리 선하고 아름다운고 머리에 있는 보배로운 기름이 수염 곧 아론의 수염에 흘러서 그 옷깃까지 내림 같고 헐몬의 이슬이 시온의 산들에 내림 같도다 거기서 여호와께서 복을 명하셨나니 곧 영생이로다"(시편 133)

"나의 생명 되신 주"

3부

사명과 동역자들

나의 생명 되신 주

(Saviour, More Than Life to Me)

1
이제 그녀는 하나님의 것

콜레라와 하나님의 섭리

1846년 후반에 엄청난 전염병인 콜레라가 러시아를 지나 페르시아와 인도로 퍼지고 있다는 소식이 들렸다. 수만 명이 죽었고, 이듬해 영국에 퍼진 전염병은 7만여 명의 목숨을 앗아갔다. 이어 미국도 안전지대가 아니라는 말이 들렸고 사람들은 두려워하기 시작했다. 그리고 그 두려움은 곧 현실로 다가왔다. 영국 승객을 실은 배가 질병을 옮겨 뉴올리언스로 퍼뜨렸고 단 몇 주 만에 3천 5백여 명이 죽었다. 콜레라 소식은 뉴욕에도 퍼졌고 맹인 학교에도 들려왔다. 맹인 학교 학생들은 두려움 속에서 하루하루를 지냈다. 패니는 겁에 질린 학생들을 품에 안고서 용기와 격려를 해주었다.

"하나님은 이 세상과 다음 세상 어디에서든 우리를 가장 좋은 길로 인도하실 것이란다. 그러니 무서워하지 말고 다만 기도하자. 그리고 주님이 행하시는 일을 보면서 기다리자."

1848년 12월 몇 명의 콜레라 환자를 태운 정기선이 뉴욕에 도착했다. 그리고 며칠 안 되어 3명이 죽었다. 보건소 관리들은 콜레라가 번지는 것을 막으려고 안간힘을 썼지만 역부족이었다. 패니가 말한 대로 '공포의 그림자' 가 가까이 다가왔다. 전염병은 환경이 좋지 못한 지역에서부터 퍼져나갔다. 그 후 5월에서 6월 사이에 뉴욕 사람 805명이 목숨을 잃었다. 다가오는 여름은 전염병에 불을 지폈다. 몹시 더웠던 7월에는 1주일에 1천여 명씩 죽었다.

1849년 여름 어느 오후에, 맹인 학교의 체임벌린 교장이 패니의 사무실로 들어오며 소리쳤다.

"크로스비 양! 무슨 일이 일어났는지 다른 사람에게 말하지 않겠다고 약속해주세요. 이 도시의 사람들이 하나 둘 병으로 죽어가고 있습니다!"

"병이라뇨? 콜레라 말입니까?"

"네, 그 전염병이 벌써 이곳까지 왔습니다! 사람들이 병원으로 가는 도중에 죽고 있습니다. 그 병이 이곳까지 들이닥칠 것 같아요. 학생들이 오래 머무르지 못할 것 같습니다."

"맞아요, 한 사람이 감염되었다면 모든 도시에 퍼질 겁니다." 패니가 근심스럽게 대답했다.

체임벌린 교장은 학생들을 집으로 되돌려 보내 그들을 보호하려고 했다. 학생들은 전염병이 지나갈 때까지 집으로 보내졌다. 그러나 학생들의 집은 대부분 학교에서 멀리 떨어져 있어 남을 수밖에 없었다. 패니 역시 간호사처럼 그 학생들을 돌보기로 했다. 그리고 학교에 남은 학생들과 사람들에게 확신을 가지고 용기를 주었다.

"난 하나님이 우리를 돌볼 것이라고 믿습니다. 최선을 다해 학생들을 돌볼 것입니다. 주님은 우리와 함께하시고 늘 우리 편이십니다."

오래지 않아 어린 여학생이 병에 걸렸다. "크로스비 선생님, 제게 오세요. 당신의 무릎에 저를 앉혀주세요." 패니는 어린 소녀를 끌어안았다.

"크로스비 선생님, 저는 이제 영원한 집에 갈 겁니다. 선생님 사랑해요, 안녕히 계세요" 패니는 죽어가는 소녀를 꼭 껴안고 울었다.

전염을 막고 처방할 수 있도록 학생들을 병원으로 모두 옮겼다. 패니는 환자들로 넘쳐나고 있는 병원에서 그들을 돕기로 결정했다. 병원의 간호사가 패니를 바라보면서 앞이 보이지 않는데 어떻게 도울 것인지 의아해했다. 그러나 패니는 담대하게 말했다.

"저는 큰 도움이 될 수는 없습니다. 하지만 콜레라 약을 섞을 수 있습니다. 그리고 사람들의 베개를 만져줄 수 있으며 죽어가는 아픈 아이들을 간호할 수 있습니다."

"좋아요, 우리도 그런 도움이 필요해요. 당신이 도울 수 있는 것을 하세요." 간호사도 그녀의 뜻에 동의했다.

패니는 간호사의 옷을 잡고 입원실로 따라 내려갔다. 모든 병실마다 사람들이 흘리는 신음 소리로 넘쳐났다. 매일 패니는 병원에서 그녀가 할 수 있는 한 최선을 다해 도왔다. 점점 더 많은 사람들이 병실에 가득 찼다. 패니는 머리에 찬 수건을 올려주기도 하고, 마실 물을 떠서 주기도 했으며, 침대 이동을 도와주었다. 패니는 맹인 학교에서 온 많은 학생들을 돌보았고 앞이 보이는 어린 아이들도 간호해주었다. 그녀는 그 어린이들을 간호할 때마다 할머니가 오래 전에 해주신 말을 기억했다.

"위에 계신 선하신 주님을 의지해요, 그분은 우리를 떠나지 않아요. 그분은 언제나 우리에게 좋은 것으로 베푸실 거예요."

병원은 환자들로 가득 찼다. 매일 통로에 크고 작은 관이 쌓였다. 어느 날 밤 패니는 의사들 중 한 사람에게 물었다.

"이번 주에 이 도시에서 얼마나 많은 사람이 죽었나요?"

"5백 명이요, 5백 명이 매주 죽어갑니다. 포크 전 대통령도 어젯밤 죽었습니다."

그 말을 들은 패니는 매우 놀랐고 이내 슬퍼졌다. "그에게 존경의 표시로 시를 써주는 것을 좋아했었는데, 이제 내 주위의 사람들이 너무 많이 죽어가는구나."

콜레라는 대도시를 끊임없이 청소하게끔 만들었다. 모든 집에 흰색 페인트와 살균제가 공급되었다. 뉴욕 시는 병원이 모자라 학교 건물을 개조해 콜레라 환자들을 위한 임시 병원을 만들었다. 패니 크로스비는 전염을 전혀 두려워하지 않고 아픈 환자들을 돌보았다.

매일 이른 아침이면 크고 오래된 마차를 탄 한 남자가 덜거덕 소리를 내면서 거리를 돌아다녔다. 그리고 병원으로 와 거친 목소리로 외쳤다. "시체를 가져오세요!" 패니는 병원에서 가져오는 관 뒤쪽에 서 있었다. 그녀는 병원뿐만 아니라 집 주위로부터도 관을 가져온다는 것을 눈치 챘다. 마차 위에는 나무로 된 상자더미들이 있었다. 그리고 그 마차는 도시 밖으로 덜거덕 소리를 내면서 빠져나갔다. 패니는 그 관들을 거대한 묘지에 매장할 것임을 알았다. 아침마다 그 소리는 계속됐다. "시체를 가져오세요!"

무시무시한 전염병이 거의 끝나갈 무렵인 11월에 학교는 다시 문을 열었다. 정상적인 수업이 이루어지지는 않았지만 패니는 하나님께 기도하며 하루하루를 견뎌갔다. 콜레라 전염병이 물러간 후에 패니는 깊은 슬픔에 빠졌다. 몇 달 동안 그녀는 이 사실들을 인정할 수 없었다. 그러나 어느 가을 저녁에 그 생각이 바뀌었다. 차가운 바람은 이제 콜레라가 지나갔음을 피부로 느끼게 해주었다. 패니는 콜레라를 통해 많은 것을 체험했다. 만일 콜레라가 자신의 생명을 빼앗아갔다면 나는 하나님을 만날 준비가 되어 있었을까? 내가 이렇게 살 수 있었던 것은 하나님께서 또 다른 무엇인가를 하라는 말씀이 아닐까? 그녀는 많은 사람들이 그렇게 쉽게 죽어가는 것을 뼈저리게 경험하고서는 자신의 신앙에 대해 깊이 생각하기 시작했다. 패니는 하나님과의 관계를 되짚어보았다. 심지어 그녀는 '맹인 소녀 시인' 같은 명예도 '죽음 앞에서 과연 무슨 의미가 있는 것일까' 라고 물으면서 깊이 신앙을 성찰했다.

> **"대답하여 가로되 네 마음을 다하며 목숨을 다하며 힘을 다하며 뜻을 다하여 주 너의 하나님을 사랑하고 또한 네 이웃을 네 몸과 같이 사랑하라 하였나이다"**(누가복음 10:27)

패니의 회심

콜레라가 휩쓸고 지나간 자리는 패니에게 큰 공허감을 가져다주었다. 말수가 적어졌고 모든 일에 의욕이 없어졌다. 테오도르 캠프 목사가 패니를 브로드웨이 예배당의 부흥집회에 참석하도록 초대했지만 그녀는 거절했다. 마음이 진정되지 않았기 때문이었다. 그러나 그 날 밤 패니는 잠을 자면서 이상한 환상을 보았다. '캠프 씨가 당신을 보고자 합니다.' 그녀는 꿈속에서 어느 방으로 들어갔고, 그곳에 그가 죽음을 기다리며 누워 있었다. 그는 패니에게 '당신은 영혼이 날아서 다니기를 원하는데 왜 그것을 땅에 묻어두나요' 라고 물었다. 그리고 '기억해 봐요, 당신은 콜레라로 죽어가는 사람들에게 약속하지 않았나요' 라고 말했다. 순간 패니는 식은 땀에 흠뻑 젖어 깨어났다. 결국 그 날 집회에 참석했고 놀라운 하나님의 은혜를 체험하게 되었다.

다음날 예배를 드리기 위해 기도하고 있는데, 어디선가 놀라운 곡조가 흘러나왔다. 그 노래는 그녀의 영혼을 깨웠다. 패니는 눈물을 흘리며 "오 주님!" 을 외쳤다. 한순간도 주님은 그녀를 놓지 않고 계셨던 것이다. "이럴 수가! 나의 구세주가 피 흘리셨다니? 나의 주권자가 죽으셨다니?" (찬송가 141장 '웬 말인가 날 위하여' 中 '웬 말인가 날 위하여 주 돌아가셨나/이 벌레 같은 날 위해 큰 해 받으셨나')라는 찬송가에서 패니는 갑자기 전기에 감전된 것 같은 떨림을 발견했다. 심장은 크게 고동쳤고, 눈물은 끊임없이 쏟아졌다. 그리고 감사의 고백이 넘쳐났다. 마지막 절 "주님, 여기 제 자신을 드립니다. 이것이 제가 할 수 있는 모든 것입니다" (찬송가 141장 '웬 말인가 날 위하여' 中 '늘 울어도 눈물로써 못 갚을 줄 알아/몸밖에 드릴 것 없어 이 몸 바칩니다')에 이르렀을 때 그녀는 천국의 빛이 마음속에 넘치는 것을 느꼈다. 패니는 그 자리에서 소리치며 벌떡 일어났다.

"할렐루야!"

그녀의 머리와 가슴이 변화되는 체험이 일어났다.

"그동안 나는 한 손에는 세상을, 다른 한 손에는 주님을 잡고 있었어."

그 말을 외치는 순간, 그녀는 세상을 향한 한 손을 놓아버렸고 온전히 주님께 나아갈 수 있었다. 주님께서 그녀를 변화시키며 놀라운 계획으로 이끌고 계셨다. 콜레라는 모든 사람들을 위험에 처하게 했고, 심지어 패니 크로스비의 마음을 낙담시켰다. 하지만 콜레라를 통해 하나님의 섭리를 보았고 하나님의 음성을 세미하게 들었다. 위기가 하나님을 만나는 지름길이었던 것처럼.

패니는 이 놀라운 일들을 담아 엄마에게 편지로 보냈다.

1870년대 패니 크로스비.

1850년 11월 21일

사랑하는 엄마,

저는 잠시 동안이지만 편지를 쓸 수 없었어요. 그러나 지난밤에 무슨 일이 일어났는지 말씀드려야 할 것 같아요.

콜레라 전염병은 무서운 악몽과 같았어요. 사실 병이 들고 죽는 것에 대한 두려움을 가지고 있었어요. 그리고 할머니가 돌아가시기 전날 밤에 말씀하셨던 것이 생각났어요. "저 높은 곳에 계시는 우리 아버지의 집으로 할머니를 만나러 올 수 있겠지?" 그러나 저는 대답을 할 수 없었어요.

그런 어느 날 밤 친한 친구가 이곳에서 죽는 꿈을 꾸었어요. 꿈속에서 그는 나에게 똑같은 질문을 했어요. 그러나 저는 저 위 아름다운 땅에 있는 하나님의 백성 가운데 누군가를 만난다는 확신을 가질 수 없었어요!

그때 캠프 씨가 그의 교회에서 있었던 부흥집회에 저를 초대했어요. 처음엔 가고 싶지 않았으나 결국 가게 됐지요. 저는 단지 기도하기 위해 갔었어요. 그리고 그곳에서 사람들의 찬송 소리를 들었지요.

이럴 수가! 나의 구세주가 피 흘리셨다니?

나의 주권자가 죽으셨다니?

그분이 거룩한 머리를 바쳐야 했는가?

벌레 같은 나를 위해,

<찬송가 141장/21세기 찬송가 143장>
웬 말인가 날 위하여 주 돌아 가셨나
이 벌레 같은 날 위해 큰 해 받으셨나.

저는 찬송가를 듣는 순간, 예수님께서 날 위해 그 모든 일을 행하셨다는 것을 깨달았어요. 그분이 나의 죄를 위해 죽으셨다는 것을 가슴깊이 느꼈지요. 내가 그분에게 드린 것이 아무것도 없는데도 그분은 나를 용서해주셨다는 것을 알았어요. 사람들이 마지막 절을 노래하는 소리를 들었어요.

그러나 눈물로써도 갚을 수 없네
내가 진 사랑의 빚,
주님, 여기 제 자신을 드립니다.
이것이 제가 할 수 있는 모든 것입니다.

<찬송가 141장/21세기 찬송가 143장>
늘 울어도 눈물로써 못 갚을 줄 알아
몸밖에 드릴 것 없어 이 몸 바칩니다.

바로 그것이었어요! 그것을 깨달았어요! 나는 일어나 외쳤어요. "주님 제 자신을 주님께 드립니다!" 그리고 그때 갑자기 내 영혼이 하늘의 빛으로 가득차는 것을 느꼈어요. 주님이 계시는 어느 곳에서든 제가 해야 할 것을 해야겠다는 생각도 넘쳤고요. 그동안 제가 세상과 주님을 동시에 섬기고 있었던 것 같아요. 이제 저는 주님만을 위해 살 거예요. 모든 것이 새로워졌어요.

사랑하는 엄마, 저의 놀라운 소식을 듣기 원하시죠? 저는 이제 새 삶을 찾았어요. 엄마의 기도와 할머니의 기도가 응답되었어요.

당신의 사랑하는 딸,

패니

> **"그런즉 누구든지 그리스도 안에 있으면 새로운 피조물이라 이전 것은 지나갔으니 보라 새것이 되었도다"**(고린도후서 5:17)

남북전쟁과 그녀의 시

남북전쟁은 그녀의 노래를 세상에 알리게 만들었다. 패니의 동역자였던 조지 루트는 남북전쟁 중 가장 성공한 북부의 작곡가였다. 그는 감동적인 곡조로 많은 사람들을 격려하는 놀라운 능력을 보여주었다. 패니 역시 남북전쟁 동안 애국심을 보여주는 시들을 많이 썼다. 당시 조지 루트와 견줄 만큼 그녀의 악보는 국가에 대한 충성을 충분히 이끌어내었다. 그녀는 링컨 대통령이 주장하는 원칙들에 찬성했다. 노예제를 반대했으며, 절제운동과 공립학교 설립을

지지했다.

1860년 5월 시카고에서 링컨은 공화당 대표에 당선됐다. 그때부터 패니 크로스비는 링컨 대통령의 열렬한 지지자가 되었다. 전쟁이 현실이 되면서 패니는 링컨 주장을 반영한 시들을 쏟아냈다. 그녀가 쓴 시들은 공화당에 자긍심을 불러일으켰다. 그녀의 시는 전형적인

〈 남북전쟁(1861-1865) 〉

유럽의 백인들은 1492년 콜럼버스가 아메리카 대륙을 발견한 이후 몰려들었다.1620년에는 잉글랜드의 제임스 1세의 종교정책에 불만을 품은 청교도들이 메이플라워호를 타고 아메리카로 이주하여 매사추세츠, 버지니아, 메릴랜드, 로드아일랜드 등 영국의 아메리카 식민지를 개척하였다. 또한 1732년 무렵에 13개의 영국 식민지가 건설되었다. 영국 정부는 식민지에 "건전한 방임정책" 을 실시하고 있었으나 중상주의 정책을 통하여 간섭하고 세금을 부과했다. 이에 식민지 대표들은 "대표 없는 곳에 과세할 수 없다" 는 원칙으로 저항운동을 전개했다. 드디어 1776년에 "독립선언" 을 공포하였고, 1783년의 파리조약에서 마침내 독립을 쟁취했다.

유럽인들은 아메리카 대륙을 발견한 이후에 많은 노동력이 필요하였다. 이에 값싼 흑인노예들을 유입하기 시작하였는데, 대농장인 플랜테이션이 발달함에 따라 노예무역이 본격화되었다. 초대 대통령 워싱턴은 1786년 노예 제도를 폐지시킬 수 있는 계획이 채택되기를 바랐다. 노예무역은 의회의 금지조치로 1808년에 사라졌지만, 이후에도 남부 지방에서는 노예의 중요성이 점점 더 커졌다. 반면에 북부의 주들은 풍부한 지하자원을 이용하여 방직, 제지, 금속 공업을 발전시켰다. 북부는 남부와는 달리 영국의 공산품 유입을 막기 위하여 보호관세를 주장하고 있었다.

남북 전쟁의 직접적인 원인은 새로이 미연방에 편입된 서부 주들에서 노예제를 채택하느냐 하지 않느냐의 문제였다. 또한 남부의 주요 산업은 면화 재배로서 영국으로의 수출을 통하여 영국 경제에 대한 의존도가 높았고 반면에 북부와 동부는 제조업과 산업의 중심지로

서정시로 기도하는 어머니 같은 부드러운 이미지를 나타냈다.

1861년 남북전쟁이 시작됐다. 패니의 여동생 줄리는 바이런 애써튼과 결혼했고, 그는 전쟁에 나갔다. 그녀의 이복 남동생인 윌리엄 모리스도 입대했다. 패니는 그런 두 형제가 자랑스러웠고, 가는 곳마다 실크로 만든 작은 성조기를 가지고 다녔다. 어느 날 저녁 그

서 영국 상품의 유입이 불리했다. 영국은 1846년 곡물법을 폐지하고 자유 무역의 기치를 높이 세우게 되었는데, 남부가 자유 무역에 동조하자 북부는 위협을 느끼게 되었다.

한편 노예해방운동이 점점 더 활발하게 전개되었고, 노예제도의 긴장이 고조되어가던 무렵인 1857년 "드레드 스콧(Dred Scott) 판결" 사건이 발생하였다. 남부 출신이 대부분이었던 대법원 판사들은 흑인이 미국 시민이 아니며 1820년의 미주리 타협은 위헌이라고 판결하였다. 1860년 노예반대론자인 링컨이 북부의 압도적인 지지로 당선되어 1861년 3월 4일에 대통령에 취임하였다. 남부 7개주는 이에 반발하여 분리 독립을 선언하고 수도를 버지니아의 리치먼드에 두는 "아메리카 연합" 을 조직, 노예제를 인정하는 헌법을 제정하고 제퍼슨 데이비스를 대통령으로 선출하였다.

1861년 4월에 남부가 섬터 요새를 공격함으로써 전쟁이 시작되었다. 당시 북부가 월등히 우세한 형편에 있었다. 1863년 1월 1일에 링컨 대통령이 노예해방령을 발표한 이후 남부의 많은 흑인 노예들이 북부로 갔고 남부는 커다란 타격을 입었다. 또한 남부가 기대했던 영국도 국제 여론을 의식하여 개입을 포기함으로써 더욱 불리하게 되었다. 남북전쟁의 최대의 격전은 1863년 7월 1일에서 3일까지 벌어진 게티스버그에서의 전투였다. 이 전투에서 남부는 전 병력의 3분의 1에 해당하는 2만 8천여 명이 전사 혹은 부상당하였고, 북부 군도 2만 3천여 명의 인명 손실을 입었다. 1865년 1월 링컨은 노예제를 폐지하였고 그랜트 장군의 북군은 그해 4월 3일에 리 장군 측의 저항을 일축하고 남부 수도 리치먼드를 함락시킨 뒤 리 장군의 항복을 받아내 전쟁은 종결되었다. 전쟁을 승리로 이끈 링컨 대통령은 미국의 통합을 위하여 노력하였으나 1865년 4월 14일에 노예해방반대론자인 부스에 의하여 암살당했다.

녀는 친구들과 함께 그 기를 맨해튼에 있는 식당에 가지고 갔다. 한 남부 여성이 패니의 기를 보고 소리쳤다. "그 더러운 것을 버려요!" 그러자 패니는 벌떡 일어나서 목소리가 나는 방향으로 경고했다. "책임질 수 있다면 그 말을 더 해봐요!" 식당 주인이 몸싸움을 하기 전에 싸움을 말렸다.

전쟁이 거의 끝날 무렵 줄리의 남편은 버지니아에서 부상을 입었고, 윌리엄은 결핵을 앓게 되었다. 둘 다 여러 해를 보냈지만 건강이 좋아지지 않았다. 그럼에도 불구하고 패니는 몇몇 작곡가들이 곡을 붙인 애국적인 노래들을 썼다. 남부 연합 대통령인 '제프 데이비스를 향한 노래'의 첫 연에서 그녀는 이렇게 말했다.

오라, 당신 자랑하는 허풍꾼,
제프 데이비스와 그의 일당들,
우리 북부 군대가 기다리고 있으니,
이제, 당신이 남자라는 것을 보여라.
당신의 모든 힘을 보여라,
우리는 당신 반역자 무리를,
당신의 군대를 티끌로 불어버릴 것이다!
우리는 손에 손을 잡고 싸울 것이다.

그녀는 제프 데이비스의 머리가 모든 반역자들처럼 잘려지는 것을 보여주는 운으로 노래를 끝냈다. 그리고 많은 악기로 연주한 전투적인 '아메리카 합중국 가'에서 패니는 이렇게 썼다.

저 불경한 손에 죽음을,
우리 합중국의 신성한 모두는 외친다,
복수의 천둥을, 올바른 요구를,
용감한 자에게 정의를.

비록 백 파운드도 안 되는 작은 여자였지만, 남북전쟁 동안 패니의 노래에는 그녀가 초기 작품에서 보여주었던 달콤함이나 자애로움이 거의 포함되어 있지 않았다. 그녀의 펜은 그녀의 칼이 되었다. 그녀가 전쟁에서 싸울 수 있는 유일한 방법인 노래는 전쟁터에 나갈 남자들을 모으고 도시에서 관리들을 모집하는 외침으로 변했다. 온화하고, 부드럽고, 사랑스런 패니는 전사가 되었던 것이다!

전쟁의 끝이 보였고, 그녀가 그토록 사랑했던 시를 쓰는 생활로 돌아왔다. 그리고 동역자 윌리엄 브래드베리가 여는 콘서트에서 찬송가와 기독교의 선율들을 듣는 시간이 늘어갔다. 또한 1864년에는 네덜란드 개혁교회 목사인 피터 스트리커가 그녀에게 만날 것을 제안했다. 다시 한번 주님은 그녀의 인생의 흐름으로 들어와 모든 상황을 바꾸기 시작하셨다.

남북전쟁이 끝난 후 패니의 시는 주로 박애주의에 관심을 두었다.

전쟁 후에 나타난 반목과 이기심 등을 치유하는데 중점을 두고 서로간의 사랑을 일깨웠다. 그녀는 남북전쟁에서 시를 통해 최선으로 도왔기 때문에 전쟁이 끝난 후 만들어진 미국육해군군인회로부터 지속적인 초청과 감사를 받았다. 나이든 퇴역 장교들은 자주 패니를 기념식에 초대했다. 그리고 그녀가 1915년에 죽었을 때 장례식에 많은 사람들이 단체로 참석해 깊은 애도를 표하기도 했다.

"또 여호와의 구원하심이 칼과 창에 있지 아니함을 이 무리에게 알게 하리라 전쟁은 여호와께 속한 것인즉 그가 너희를 우리 손에 넘기시리라"(사무엘상 17:47)

“주가 맡긴 모든 역사”

주가 맡긴 모든 역사

(When My Life Work is Ended)

교회와 패니 크로스비

2

크로스비의 신앙생활

패니는 어린 시절 청교도 가문에서 신앙 생활을 시작했다. 그 이후 다양한 교파가 등장하고 많은 교회가 생겨나면서 패니는 다른 교파와 만날 수 있었다. 그녀가 어른이 되었을 때 (1850년부터 1865년 사이)에는 다양한 교파가 발전을 이루었다. 당시 뉴욕의 인구는 90만 명이었는데 그중 50만 명은 로마 카톨릭이었고 35만 명은 개신교였다. 당시 아일랜드인들의 증가로 카톨릭 신자가 급격히 늘어났다. 그러나 장로교·감리교·감독교가 활발히 증가하면서 결국 1850년에 개신교는 카톨릭보다 더 많은 교회를 가지게 되었다.

당시 교회들은 철저한 주일 성수와 모든 예배에 꾸준한 참석을 요구했다. 목사들은 설교할 때마다 안식일을 준수하라는 계명을 끊임없이 강조했다. 1850년대 브로드웨이 10번가에 위치한 그레이스

교회는 인기가 대단했다. 그 교회는 훌륭한 음악을 제공하였고 최고의 건물을 가지고 있었다. 그때 장로교회에서 가장 유명한 목사가 메디슨스퀘어교회의 윌리엄 아담스였다. 그는 대중들에게 평판이 좋았고 그 지역에서 최고의 대우를 받았다. 그때 교회의 가장 중요한 설교 주제는 깨끗한 도시와 영적 생활이었다. 많은 사람들이 가난에 병까지 걸려 신음하고 있었는데 도시 사람들은 도박과 음주 등 유흥에 빠져 있었기 때문이었다.

패니는 원래 장로교인이었지만 감리교회 예배에 자주 참석했다. 이 교회는 갈색 벽돌과 모래로 지어졌는데 여기서 그녀는 피아노를 치며 노래했다. 당시 감리교회는 실제적인 간증과 고백이 성행했다. 예배 때에는 앞으로 나가 자신의 체험을 감사하며 찬양하곤 했었다. 패니는 이때 자신의 신앙 색깔을 '존경받는 장로교인에서 소리치는 감리교인이 되었다' 라고 표현했다. 이것은 그녀에게 대단한 일이었다. 성격이 소심했던 그녀로서는 스스로 그것도 예배 시간에 일어나거나 앞에 나서는 것을 상상할 수 없었기 때문이었다. 그러나 감리교회에 출석하면서부터 그녀의 예배 태도는 적극적으로 변하게 되었다. 그것을 패니는 "은혜 충만한 결과" 라고 말했다. 그녀 안에 존재해 있던 미지의 힘을 깨달았던 것이다. 맨해튼에 있는 모든 교회는 남녀 자리가 구별되어 있었다. 그러나 1840년께 좌석을 분리하는 것을 폐지했다. 이 도시에서 경험한 다양한 예배 형태는 패니에게 영향을 주었고, 그녀의 영혼이 자라나는 하나의 계기가

〈감리교회(Methodist Church)와 감리교감독교회(Methodist Episcopal church)〉

감리교회는 1729년 영국에서 영국성공회 사제였던 존 웨슬리(John Wesley)(1703-1791)에 의하여 시작된 감리교(Methodist) 운동을 모체로 하는 교회이다. 1738년 5월 24일 존 웨슬리는 모라비아 교도들이 모인 올더스케이트 거리의 집회에 참석하여 회심하였다. 이것은 존 웨슬리의 일대 전환점이 되었고, 감리회의 교리를 설명해 주는 산 증거가 되었다.

1744년 존 웨슬리는 메쏘디스트파 신자들에게 전도사업 방침에 대하여 협의하였는데, 이것이 감리회의 최초의 연회이다. 존 웨슬리는 영국교회와 분리하려는 뜻이 없었지만, 1784년 런던 감독이 미국 선교사 파견을 위한 선교사 안수를 거절하자 자신이 안수를 주고 코크 박사를 미국의 총감독으로 삼고 몇 명에게 안수 주었는데 이때부터 감리교회는 한 교파를 이루게 되었다.

감리회는 교구제도와 경건한 신앙에 있다. 존 웨슬리의 인격, 조직력, 지도력, 그리고 야외설교, 평신도설교 등 꾸준한 복음 활동 및 엄격하고 규율적인 생활에 의하여 발전되었다. 1791년 존 웨슬리가 죽었을 때 잉글랜드뿐만 아니라 감리회 부흥운동은 스코틀랜드와 아일랜드에 이르렀고 미국에서는 휫필드의 주도로 큰 성과를 거두었다.

조직의 기본단위는 구역이며 구역들은 지역적으로 지방회를 조직, 감리사가 협력하여 교회조직과 사업발전에 힘을 기울이고 지방회는 다시 더 큰 집단을 형성하여 연회를 조직하며, 연회는 감독이 관할한다. 그리고 최고기관인 총회가 있다. 감리회 교리는 사도신경 속에 제시된 전통적 그리스도교 신앙에 근거한다. 감리회의 특색은 교리보다도 실제적인 생활과 성경의 진리를 실천하는 데 중점을 두었고, 사랑에 의하여 구현되는 신앙과 종교적 경험을 강조하며 이성의 역할을 높이 평가하고 신학적 이론을 비교적 자유롭게 전개할 수 있는 것도 특색의 하나이다. 감리회에는 모든 신도가 각기 행하지 않으면 안 될 규율, 곧 규범이 있고, 25개조의 종교 강령이 있으며, 이것은 감리회의 헌법정신이기도 하다. 감리회 전도방법의 특색은 부흥설교를 통한 전도와 평신도를 통한 개인전도 및 심방전도이다.

미국감리교감독교회(the Methodist Episcopal Church in America)는 영국에서 시작된 감리교회가 웨슬리와 휫필드의 선교 등으로 미국으로 건너가면서 미국에서는 '미국감리교감독교회' 가 되었다. 그렇게 시작된 '미국감리교감독교회' 는 분열과 합동을 거듭해서 지금은 남부의 소수 감리교 그룹과 '성결교회(holiness church)' 등의 분파와 '연합감리교회(the United Methodist Church, UMC)' 를 주류로 하고 있다. 영국성공회는 미국에서 영국성공회가 아닌 감독교회(the Episcopal Church)라는 이름으로 선교하고 있다.

됐다.

1850년대 헨리 워드 비처는 설교자의 지도자로 일컬어졌다. 그는 브루클린의 플리머스교회에서 사역하면서 거침없고 열정적인 설교로 많은 사람들을 매혹시켰다. 그가 설교할 때면 교회 좌석은 만원이었고, 심지어 지정석조차 다른 사람들 차지가 되기 일쑤였다. 2시간이 넘는 설교에도 불구하고 통로를 메우는 성도들로 인해 예배는 지루하지 않았다. 플리머스교회는 주일마다 많은 사람들이 참석했는데, 그 사람들 때문에 맨해튼을 왕복하는 배의 이름이 비처 배로 불릴 정도였다.

비처는 교회음악에 관심을 가졌고 능숙한 설교스타일만큼이나 음악의 시야가 넓었다. 많은 사람들은 그의 음악을 '천국처럼 달콤한' 이라고 표현했다. 헨리 비처는 고용된 임시 음악가나 가수들을 선호하지 않았다. 그의 교회에는 자발적으로 성가대가 모였고, 회중들을 위한 특송보다는 회중들과 함께 하는 찬송들을 선호하였다.

노년기로 접어든 패니는 특별한 교파에 얽매이지 않았다. 그녀는 때때로 다른 교회에 참석하면서 하나님께 예배드렸고 교제했다. 그녀는 감독교회가 주최한 저녁 기도에 참여했으며, 때때로 피터 스트라이커가 설교하는 – 23번가에 있는 – 독일개혁교회에 나가 예배를 드리기도 했다. 또한 그녀는 훌륭한 음악과 회중을 위해 풍부한 노래들이 있는 브루클린 예배당의 드윗 탤미지 설교에 매혹되어 앉아 있기도 했다. 세상에서 가장 넓은 장로교회로 알려진 한 회중교

패니 크로스비가 연설할 때 모인 브로드웨이 예배당 전경.
(유니언 신학대학교 도서관 소장)

회는 그녀가 맨해튼에서 브루클린으로 이사했을 때 알게 되었는데, 그곳의 테오도르 퀴러 목사의 설교를 만나는 사람들에게 추천할 정도로 좋아했다.

1887년 봄까지 그녀는 교회에 정식으로 등록하지 않고 예배드렸다. 맨해튼의 동쪽 4번가에 살았을 때 그녀는 코넬 메모리얼 감리교감독교회에 출석했다. 그 교회는 코넬대학 설립자였던 부유한 감리교인인 코넬의 지원으로 지어졌다. 패니는 제임스 스토트가 감독으로 있는 교회의 주일학교 간부였는데, 때때로 뉴욕감리교회에서 주일 아침 설교를 하기도 했다.

패니는 아파트에서 걸어갈 수 있는 거리에 위치한 교회에 주로 참석했다. 그러다보니 이사한 곳에서 가장 가까운 거리에 있는 교회에 자연스럽게 출석하게 되었다. 그녀는 자신이 다니는 교회에서 자주 설교와 간증을 했으며, 교회 주변 마을을 돌며 영혼을 구원하는 일에도 열심이었다. 빈부귀천을 뛰어넘어 만나는 모든 사람들이 그녀의 전도 대상자였다.

사실 패니는 엄마를 통해 한때 몰몬교를 만났었다. 엄마는 1838년에 두 딸과 아들 하나가 있는 홀아비인 토머스 모리스를 만나 재

〈회중교회(Congregation Church)〉

회중교회는 16세기말과 17세기 초에 잉글랜드 개신교 교회에서 일어난 운동으로 각 회중이 독자적인 결정을 하는 권리와 의무를 강조한다. 오늘날 여러 교단이 이러한 원칙을 주장하지만(침례교회, 그리스도의 제자회 등), 대개 회중적인 정책을 특징으로 삼은 교회를 말한다. 1581년 캠브리지 출신의 브라운에 의해 국왕이 수장이 된 국교회를 부정하고, 칼빈의 장로제도도 배제하고, 교회의 유일한 머리이신 그리스도 아래 언약으로 연합된 회중이 자율적으로 목사 등 지도자들을 선출하고, 성경에 의한 신앙 양심에 따라 믿음을 행사하도록 촉구하는 최초의 회중교회가 탄생하였다. 이들은 핍박을 받아 네덜란드로 피신했으나 브라운을 계승한 존 그린우드와 헨리 바로우는 본국에서 순교했다.

회중교회는 청교도운동의 한 부분으로 개신교 종교개혁과, '만인사제론' 을 실천하는 데 관심이 있었다. 회중교회는 올리버 크롬웰이 만인사제론을 지지했으나 1658년 크롬웰이 죽은 뒤, 1660년 왕정복고와 함께 폐지되었다. 1689년 윌리엄과 메리의 즉위로 신앙의 자유 법령이 통과되었고 회중교회는 다시 인정받게 되었다. 18세기 전반 잉글랜드의 회중교회는 유명무실했다. 그러나 복음주의 부흥운동(1750~1815)이 시작되면서 연대를 맺어 새

혼했다. 2년 후 엄마는 첫 딸 윌레미나를 낳았으나 그 아이는 태어나자마자 죽었다. 패니는 자신의 실명이 엄마에게 얼마나 큰 고통을 주었는지 알기 때문에 아이의 죽음은 커다란 비극이라고 생각했다. 그러나 다음해 줄리라고 부르는 줄리아가 세상에 나왔으며 이때 패니는 스무 살이었다. 패니는 이 특별한 축복에 대해 하나님께 감사했다. 그리고 1843년 크리스마스에 캐리라고 부르는 막내 캐롤라인이 태어났다. 패니는 가족이 생겼고 두 이복 동생인 캐리와 줄리는 평생 그녀가 가장 사랑하는 동반자가 되었다. 새 아버지인 토

로운 활기를 얻기 시작했고 1832년 최초의 회중교회 연맹이 결성되었다. 그러나 회중교회가 큰 영향력을 발휘하고 교인을 많이 얻은 것은 미국에서였다. 처음에는 국교회와 분리하자는 분리주의자들과 국교회를 이상적으로 개혁하자는 비분리주의자들로 나뉘었다. 그 후 19세기 회중교회들 안에서 자유주의적인 신학견해로 많은 교회들이 이탈했고, 그리스도인의 체험에서 회개의 중요성을 강조하지 않게 되었다. 1913년의 '캔자스시티 신조' 는 회중교회가 칼뱅주의와 결별하는 데 결정적이었다. 회중교회의 전통은 오늘날 불과 2~3개의 군소 교회연합회들로 이름과 형태를 보존하고 있다.

회중교회는 세계 기독교 인구를 놓고 볼 때 큰 비율을 차지하고 있지는 않지만 그 교회들은 세계 곳곳에 자리 잡고 있다. 이 교회들 가운데 호주, 뉴질랜드, 남아공, 자메이카의 뿌리는 영국 회중교회이고, 네덜란드와 스웨덴의 회중교회들은 자생적인 교회들이다. 회중교회들은 '모이는' 교회의 이상, 즉 신자 집단이 지역이 아닌 공동의 생활양식으로 맺어진다는 이상을 실천한다. 이들은 대체로 신조 선언문에 매이는 것을 회피하며, 신앙을 하나님과 인격적인 만남으로 볼 뿐 아니라 예배에서 설교를 선포하는 것을 성례전을 집행하는 것보다 우위에 둔다. 대부분의 다른 교단들과 마찬가지로 회중교회도 2가지 성례전, 즉 침례(세례)와 성찬식만을 인정한다.

머스는 몰몬선교회가 브리지포트에 왔을 때 그 모임에 참석하면서 몰몬교에 빠지게 되었다. 그는 자신의 의견에 동의하지 않는 엄마를 놔두고 일리노이 노부와 유타 주로 가버렸다. 그후로 엄마는 남편인 토머스 모리스를 만나지 못했다.

엄마와 토머스와의 관계는 패니에게 깊은 영향을 미쳤다. 토머스가 가족을 버리고 떠난 후 그녀와 엄마와의 유대는 더욱 강해졌다. 학교에서의 힘든 생활을 조금이라도 위로받을 수 있는 곳이 생겼기 때문이다. 패니는 맹인 학교에 있는 동안 방학이 되면 엄마 집으로 가서 이복 동생들과 좋은 시간을 보냈다. 자신의 시를 암송해주기도 하고, 함께 식사하면서 자신이 만난 사람들에 대해 이야기해주기도 했다. 그녀는 후에 동생들과 보낸 시간에 대해 행복했던 추억이라고 고백하기도 했다.

엄마의 재혼으로 생긴 이복 동생 줄리아와 캐롤라인 그리고 이복 오빠인 윌리엄은 그녀에게 새로운 빛이 되었다. 말년에 이복 형제 세 사람은 패니의 눈이 되어 그녀를 도우며 살았다. 패니의 엄마는 자식과 손자들의 사랑을 받으며 오래 살았고 그녀의 생일은 온 가족이 모이는 연례 행사가 되었다. 패니는 엄마가 죽은 후에도 그 날을 가족 공휴일로 정하고, 계속 모임을 가지며 서로의 사랑을 나누었다.

패니의 엄마, 머시 크로스비는 1890년 9월 1일에 눈을 감았다. 장례식은 감람산 회중교회의 홀든 목사에 의해 집에서 집례했다. 결국 몰몬교와의 만남은 패니에게 근본적으로 영향을 주지도 않았을 뿐만 아니라 오히려 복음주의에 대한 결속을 다지게 만들었다.

> **"그러나 내게는 우리 주 예수 그리스도의 십자가 외에 결코 자랑할 것이 없으니 그리스도로 말미암아 세상이 나를 대하여 십자가에 못 박히고 내가 또한 세상을 대하여 그러하니라"**(갈라디아서 6:14)

내가 사랑한 어린이들

패니 크로스비의 필명 가운데 하나가 '어린이들의 친구' 였다. 그녀는 어린이들을 매우 사랑하고 좋아했으며 어린이들이 있는 곳이면 어디든지 달려갔다. 그녀 자신이 어린 시절 좋은 시간들을 보냈기에 어린이들에 대한 애착은 더욱 깊었다. 그녀는 시를 낭송하는 곳이나 연설하는 곳에서 항상 아이들을 만났으며 그들과 함께했다. 그들의 순수한 마음을 사랑했으며 짓궂은 장난에도 결코 얼굴을 찌푸리는 법이 없었다. 그런 패니를 아이들은 '패니 아주머니' 라는 호칭으로 많이 불렀다.

6월 어느 날 패니는 평온한 마음으로 오래된 사과나무 아래에 앉아 있었다. 맹인 가수를 위해 아이들의 파티가 준비되었고 아이 10여 명이 그녀 주위에 둘러 앉았다. 그녀는 그 아이들 사이에 존재하는 또다른 진실한 한 아이였다. 그들은 패니가 쓴 찬송가를 부르고 시들을 암송하며 재미있는 시간을 보냈다. 한 어린이가 이야기했다.

"패니 아주머니의 사랑스런 마음에 축복이 있기를 바랍니다." 그녀가 대답했다.

“물론이지요. 우리 어린이들도 하나님의 풍성한 은혜와 축복이 있기를 바라고요. 오늘 나는 여러분들을 위해 많은 것을 준비했어요.” 그녀가 다시 말하기 시작했다.

“아들과 딸을 둔 어떤 아버지가 있었어요. 아들은 아주 잘생겼고 딸은 평범한 얼굴이었지요. 오빠는 잔디 위에서 여동생을 화나게 했어요. 그러자 여동생은 아버지에게 오빠의 나쁜 행동들에 대해 불평했어요. 그 아버지는 부드럽게 아이들을 타일렀지요. ‘얘들아, 나는 너희 둘 다 잔디 위에서 함께 보기를 바란단다. 나의 아들아, 너의 얼굴은 참으로 잘생겼구나. 하지만 나쁜 행동이나 나쁜 성격으로 인해 망가지지 않았으면 좋겠다. 나의 딸아, 너의 은혜로운 말과 예쁜 태도로 인해 부족한 아름다움이 보충되면 얼마나 좋을까.’ ”

패니가 이야기를 마쳤을 때 아이들은 서로 진지하게 바라보았다. 그리고 한 아이가 말했다. “패니 아주머니, 또다른 이야기를 해주세요.” 그녀는 가방에서 4페이지짜리 작은 책을 꺼냈다. 첫 번째 페이지를 아이들 앞으로 펼치며 그 색깔을 물었다. 그들이 모두 소리쳤다.

“검정이요.”

“맞아요, 그것은 죄를 대표하는 색이에요. 나는 우리 어린이들이 죄가 죄인을 황폐케 한다는 것을 기억하기 바랍니다. 죄는 항상 검은 것이에요. 그것은 법을 위반하는 것이지요. 이 색깔은 무엇인가요?" 또다시 물었다.

"빨강이요." 아이들이 대답했다.

"그래요, 맞았어요. 빨강이지요? 빨강색은 피를 상징해요. 나는 우리 어린이들이 그리스도의 귀중한 피로 구속되었다는 것을 영원히 기억하기를 바랄게요. 우리들을 사랑하신 그분은 자신의 피로 우리의 죄를 깨끗하게 하셨어요. 그러므로 그를 경배하고 영원히 찬송하는 것은 당연한 거예요." 아이들은 숨을 죽이면서 다음 장을 기대했다.

"다음 페이지를 보면 흰색이지요. 그것은 옳음을 뜻한답니다. 옳은 것을 담대히 하면 진실하게 되는 거예요. 어린이 여러분, 아래 이 시를 들어봐요."

담대히 다니엘이 되며,
담대하게 홀로 서며,
담대하게 확고한 목적을 가지며
그리고 담대하게 그것을 알려라.

"다음 페이지는 황금색이에요. 그것은 영광을 상징하지요. 하나님은 순례의 길을 따라간 모든 사람들에게 은혜와 영광을 주실 거예요. 이 황금색은 순금으로 만들어진 거리가 있는 천국의 도시를 나타낸답니다." 그녀가 잠시 머리를 숙였다. 그리고 나서 계속 말했다.

"사랑스런 여러분, 나도 전에 어린 딸이 있었어요. 그리고 그 아이와 놀기 좋아했지요. 그러나 하나님의 착한 천사가 내려와 하늘에 계신 아버지 집으로 아이를 데리고 갔어요. 그 아이가 하늘나라에 갔을 때 난 이 시를 썼어요."

그녀는 떠났습니다, 아, 세상에, 그녀의 사랑스러움은
너무 일찍 꽃피우기를 멈추었습니다,
연약한 꽃의 상징,
그 열매는 무덤으로,
그녀는 떠났습니다, 그러나 푸념할 수 없는 일,
우리의 아기는 안식을 취하고 있으니
이제 아기 천사의 영혼은 의지할 것입니다
우리 구세주의 품 안에서.

패니는 차 한 잔을 아이들과 나누어 마셨다. 그리고 말했다. "이 아주머니가 가기 전에, 어떤 사람이 나에게 아이들을 사랑하느냐고 물은 후에 썼던 시 몇 구절을 여러분들에게 암송해주고 싶어요. 나는 마음과 영혼을 다해 여러분들을 사랑해요. 솔직히 이야기하면 여기에 있는 어린이 여러분들에게서 미움을 받느니 차라리 어른들로부터 배척당하는 것이 나을 겁니다."

아이들을 사랑하나요? 얼마나 놀라운 질문인지!
정말로 찬 심장을
감정이 없어도 바꿀 수 있으니
자유롭게 넘쳐나는 그들의 웃음으로부터.
네, 충심으로 전 그들을 사랑합니다.
모든 아이들을 축복하소서!
나는 그들 중의 한 아이가 되어
그들의 장난과 재미를 함께 즐기고.

아이들을 사랑하나요? 나는 결코,
결코 거리에서 그들을 지나칠 수 없으니,
내 모든 맥박은 깨어나고,
내가 만나는 모두에게 사랑의 전율을,
나는 아이들의 노래를 들은 적이 있었지.
내 마음이 외롭고 슬플 때,
나는 멀리서 그들의 소리를 들은 적이 있었지,
그리고 그들의 음악은 나를 기쁘게 하네.

아이들은 패니가 집으로 들어갈 때 주위에 꼭 달라붙었고, 부모들은 패니에게 경의를 표하면서 기쁘게 맞이했다. 그녀는 어린이들을 만나 행복했고 그 보답으로 헤어질 때 그들을 위해 시를 암송했다.

오늘 영광스런 손님들과
이 가정에서, 전 기쁘게 머물 것입니다,
전 왔습니다, 많은 친구들을 보기 위해,
그리고 만나는 사람들과 차 한 잔을 하기 위해.

당신의 꽃 같은 계획은 ,
열광 같은 기쁨으로 칭찬이 퍼지고,
당연한 것이죠, 왜냐하면 우리 역시
모든 곳에서 당신의 일을 알았으니까요.

식탁은 조심스럽게 차려지고,
여름 데이지 꽃들은 저만큼 피어 있습니다,
푸른 초원의 예쁜 데이지 꽃들은
새로운 아름다움을 그 경치에 더합니다.

그러나 들어보세요! 신호가 들립니다.
더 머물 수가 없겠네요.
사랑하는 친구들과 모든 손님 여러분
곧 제 부름에 대답해주시기를 바랍니다.
데이지 꽃들의 행렬이 기억될 것입니다.

패니는 어린아이들을 진심으로 사랑했고 그들을 위해 많은 시를 지었다. 나중에는 어린이들을 위한 찬송가도 많이 썼다. 그 많은 찬송가 가운데 우리 찬송가에 '만일 내가 예수님께 간다면' (찬송가 300장/21세기 찬송가 565장 '예수께로 가면') 한 곡이 실려 있다.

만일 내가 예수님께 간다면 그분은 나를 기쁘게 하실 것이네,
그분은 내게 즐거움을 주시네, 내 맘이 슬플 때.
만일 내가 예수님께 간다면 나는 행복하게 될 것이네,
그분은 부드럽게 부르시네, 나 같은 작은 아이들을.

〈찬송가 300장/21세기 찬송가 565장〉
예수께로 가면 나는 기뻐요 걱정근심 없고 정말 즐거워
예수께로 가면 나는 기뻐요 나와 같은 아이 부르셨어요.

"이르시되 진실로 너희에게 이르노니 너희가 돌이켜 어린 아이들과 같이 되지 아니하면 결단코 천국에 들어가지 못하리라"(마태복음 18:3)

패니와 주일학교

당시 많은 어린이들이 교회 주일학교에 다녔는데, 여기에는 브래드베리의 찬송가가 크게 영향을 미쳤다. 브래드베리는 교회와 주일학교 사이를 연결하는 중요한 다리로 음악을 사용했다. 물

청중들에게 연설하기 위해 준비중인 패니 크로스비.

론 시대적인 환경도 주일학교를 활성화시켰다고 볼 수 있다. 주일학교에 찬송을 쉽게 보급할 수 있는 철도의 확충과 값싼 펄프 종이의 발명 그리고 인쇄술의 발전 등이 주일학교 찬송을 누구나 부를 수 있도록 대중성을 갖게 했기 때문이다.

패니는 어린이들을 사랑했고 그들의 신앙성숙에도 많은 관심을 가지고 있었다. 그녀는 1890년 맨해튼의 코넬 메모리얼 감리교감독교회 성도로 있는 동안 1천 2백여 명의 주일학교 어린이들을 모으는데 주도적인 역할을 했다. 주일학교 어린이들은 패니에게 관심이 많았으며, 그녀 또한 그들에게 많은 지원을 하며 주일학교를 위한 교재를 만들었다.

교회 주일학교에서는 어릴 때부터 신앙의 기초를 쌓아가는 신앙교육의 하나로 절제·사회 개혁·예절과 도덕 같은 부분이 강화되었다. 이때 형성된 주일학교의 탄탄한 신앙 교육은 장차 미국이 복음주의로 커나가는데 중요한 요인이 되었다.

당시 교회는 주일학교를 좋은 나무로 자라기 위한 하나의 씨로 이해했다. 1824년 전국이 주일학교연합으로 통합되면서 주일학교 전도자들이 생겨났으며, 그들은 이 마을 저 마을로 걷거나 말을 타고 다니면서 복음 전도를 했다. 이들의 노력으로 1860년 무렵에는 전국에 주일학교를 놀라울 정도로 많이 만들어냈다. 50여 년이 지난 후 전국의 어린이들 가운데 5분의 1이 주일학교 어린이들이었다.

또한 음악 지도자들이 주일학교에 참여한 것이 주일학교 발전에 기폭제 노릇을 했다. 주일학교 찬송의 기초를 만든 브래드베리를 비롯해 아이작 와트는 어린이 찬송 편집가로 존경을 받았다. 모든 주일학교 찬송가 가운데 가장 인기 있는 '예수님은 나를 사랑하신다' (찬송가 411장/21세기 찬송가 563장 '예수 사랑하심은')는 1860년대 소설 〈말과 표적〉에 처음 등장했다. 어떤 이들은 이 찬송가를 주일학교 운동 주제가라고도 불렀다.

예수님은 나를 사랑하신다. 나는 이것을 안다.
성경이 나에게 그렇게 말해주기 때문이다.
어린 우리들이 그분에게 속해 있고
우리들은 약하지만, 그분은 강하시다.

(후렴)
그렇다, 예수님은 나를 사랑하신다.
그렇다, 예수님은 나를 사랑하신다.
그렇다, 예수님은 나를 사랑하신다.
성경이 나에게 그렇게 말해준다.

예수님은 나를 사랑하신다.
하늘의 문이 넓게 열리고
그분은 나의 죄를 씻어줄 것이다

그분의 어린 아이를 들어오게 하라.

예수님은 나를 사랑하신다. 여전히 나를 사랑하신다.
비록 내가 약하고 아프다 해도
나는 죄에서 자유로울 것이다.
나무 위에서 피를 흘리고 죽어감으로 인해.

〈찬송가 411장/21세기 찬송가 563장〉
예수 사랑하심은 거룩하신 말일세
우리들은 약하나 예수 권세 많도다

(후렴)
날 사랑하심, 날 사랑하심
날 사랑하심 성경에 써 있네.

나를 사랑하시고 나의 죄를 다 씻어
하늘 문을 여시고 들어가게 하시네

내가 연약할수록 더욱 귀히 여기사
높은 보좌 위에서 낮은 나를 보시네

패니는 주일학교를 대표하여 개신교 개혁운동에 참여한 사람들 가운데 하나였다. 남북전쟁이 끝나고 범국가적으로 주일학교 집회를 장려하는 등 주일학교를 위한 개혁 작업들을 실시했다. 패니는 주일학교 어린이들을 위한 시를 많이 썼다. 그녀가 일생 동안 어린이들을 위해 쓴 시의 주제는 그들에 대한 사랑이었다.

그녀는 1864년 '골든 센서' 를 발표하였다. 그 시에서 기도하는 아이들이 조국을 더욱 사랑할 수 있음을 강조하였고, 다른 곡에서는 캠프 모임 등에서 많이 사용하는 문답 형식으로 노래를 만들었다. 그녀는 교회 주일학교를 행복하고 안정된, 사랑이 넘치는 곳으로 표현했다.

패니는 주일학교를 행복한 하늘로 묘사했다. 특히 가난한 어린이들을 위해 그런 표현을 사용했는데 '아무도 슬프지 않다' 는 것을 강조하기 위해서였다. 무엇보다도 그녀가 생각하는 주일학교의 목적은 어린이들을 사랑하는 구세주께 올바로 이끄는 것이었다. 브래드베리와의 찬송가 작업은 모두 이 목적을 중심으로 이루어졌다. 물론 그녀의 시에도 이 목적이 기초가 되었다. 브래드베리가 죽은 후 주일학교 찬송가는 패니의 친구인 윌리엄 돈과 로버트 로우리에 의해 편집 발행되었다. 그들의 노력으로 주일학교 찬송가는 발전을 거듭했으며, 어린이들에게 좀더 아름답고 좋은 찬송으로 다가갈 수 있다는 자부심을 갖게 되었다. 1875년 돈과 로우리가 편집해서 만든 〈브라이티스트 앤 베스트〉라는 주일학교 찬송집에 패니의 찬송이 많이 들어가 있는데, 찬송가 434장(21세기 찬송가 384장) (나의 갈 길 다가도록)과 424장(21세기 찬송가 380장) (나의 생명 되신 주) 그리고 '하나님께 영광이' (크신 일을 이루신 하나님께) 등이다.

패니의 어린이 찬송가에는 하늘의 소망, 죄 지은 이들의 회개, 고통 받는 자들을 위한 위로 등의 메시지가 담겨 있었는데 하늘의 소망은 존 번연의 〈천로역정〉에서 만들어졌다. 하늘의 소망에 맞추어 현재의 삶에서도 그녀는 많은 주제를 가져왔는데 근심과 걱정에 지친 어린이들과 위로와 안정이 필요한 어린이들 그리고 누군가 옆에서 돌봐줄 필요가 있는 어린이들을 위해 만들었다. 〈브라이티스트 앤 베스트〉 주일학교 찬송집은 예수의 피를 강조하고 있으며, 어린 학생들에게 복음주의적인 신앙을 고취하는 내용으로 이루어져 있었다.

그녀의 찬송 중 일부는 '왜 믿지 않는가' '아직도 결정 못했나' '미루지 말라' '예수에 대한 믿음을 구하라' 등의 문답 형식으로 만들어졌다. 그리고 '올바른 길로 나아가라' '몸과 손을 위해 할 일이 있다' 등의 훈계도 있었다.

패니는 찬송가를 통해 기도하고 위로하고 그리고 경고하고 훈계했다. 그러나 형벌이나 저주는 전혀 언급하지 않았다. 그녀의 찬송이 지향하는 방향은 동시대 가장 유명했던 복음전도자인 드와이트 무디를 닮았다. 그녀는 〈브라이티스트 앤 베스트〉를 통해 주일학교에 많은 기여를 했으며, 그녀가 쓴 시에서 가장 중요한 주제가 '모든 인생의 근심에 대한 해답은 오직 그리스도이다' 였다.

1889년 로우리와 돈 박사는 주일학교 찬송집인 〈브라이트 어레이〉를 출간했다. 〈브라이트 어레이〉는 패니의 곡을 중심으로 했고 주일학교의 새로운 찬송가로 자리 잡았다. 이 찬송집에서 패니는 밝고 쾌활하고 명랑한 주제로 곡을 썼다. 그리고 전체적으로 정직과 근면, 책임감, 친절의 주제가 강조되었다. 또한 1870년 돈 박사는 비글로&메인 출판사를 통해 〈헌신의 노래들〉이라는 찬송집을 편집했다. 이 찬송집에 실린 패니의 찬송가는 특히 절제에 대한 주제를 많이 사용했다.

패니 크로스비의 주일학교에 대한 열정은 그녀를 초대하는 곳이 늘면서 뉴욕 전 지역의 주일학교 학생들을 만나고 대화하게 만들었다. 74세 되던 1894년 봄에 그녀는 배를 타고 브루클린으로 가서 로스 스트리트 장로교회에 있는 주일학교 어린이 6백여 명을 만나기도 했다. 어린이를 사랑하는 마음은 그녀가 하늘나라에 가는 그 순간까지도 끊임없이 쓴 찬송가의 주제였다.

> **"예수께서 가라사대 어린 아이들을 용납하고 내게 오는 것을 금하지 말라 천국이 이런 자의 것이니라 하시고"**(마태복음 19:14)

가정의 소중함

패니는 사회가 건강하려면 가정의 행복이 중요하다고 말했다. 그녀는 가는 곳마다 가정의 행복에 대해 강조했는데 한편으로는 당시 가정의 위기에 대한 경고이기도 했다. 패니는 미국인의 가정을 바라보면서 '우리들의 가정보다 염려되는 것은 아무것도 없다' 고 말했다. 그녀는 '미국인의 마음과 가정' 이라는 시를 썼는데, 그 시에서 이렇게 말했다.

"가정을 뛰어넘을 수 있는 나라는 없다고 믿습니다. 가정이 행복하면 나라가 행복하고 가정이 불행하면 나라가 불행하다는 말입니다. 영적인 눈으로 바라볼 때, 나는 국가의 삶을 위협하는 그 어떤 것이라 할지라도 가정의 삶을 소멸시키거나 깨뜨리는 것을 두려워합니다. 가정에는 영혼의 교제가 있어야만 합니다. 내가 가진 상처들은 가정 안에서의 행복한 교제를 통해 보호되고 해결되었습니다. 나는 가정을 통해 나라에 대한 사랑, 충성 그리고 경의와 모든 선과 진실에 대한 가르침을 받았습니다. 혹 나라의 권위를 지지하는 말로 들릴 수도 있을 겁니다. 그러나 위험한 시대일수록 가정이 확고하게 서 있어야만 합니다. 그것이 나라를 세우는 길입니다."

언젠가 패니는 기자와 인터뷰를 했다. 가정의 소중함에 대한 그녀의 가치관이 잘 드러난 인터뷰였다. "성장했을 때 얻어지는 요인으로 인해 당신의 가정이 바뀐다고 생각합니까?" 라는 기자의 질문에 이렇게 대답했다.

"오랜 세월 동안 많은 사람들을 지켜보았습니다. 그런데 내가 어린 시절 알지 못했던 새로운 것들이 대부분의 도시에서 생겨나고 있습니다. 요즘 어머니들은 많은 클럽과 단체에서 여가를 보냅니다. 그 결과 집안일 할 시간이 거의 없어보일지도 모릅니다. 그러나 그것은 시대에 뒤떨어진 생각입니다. 가정과 나라 모두 원인과 결과의 법칙을 알아야 합니다. 잃어버린 배가 방향을 못 잡는 것은 그 배의 어딘가가 부서졌기 때문입니다. 다시 말하면 배를 인도하고 보호하는 손이 필요한 것과 마찬가지로 나라와 가정은 누군가 키를 잡아야 하고, 그렇지 않으면 세상의 바람이나 파도 때문에 참사와 재앙이 일어날 수 있는 것입니다."

그녀는 또한 "가정과 나라가 발전하기 위해 해야만 하는 방법" 에 대해서도 말했다.

"씨가 좋으면 좋을수록 수확은 더 많은 법입니다. 가정이 강건하면 강건할수록 나라는 더 안전해지고 번영을 누릴 수 있습니다. 만일 가정과 나라가 잘 인내한다면 평화가 찾아올 것이 분명합니다. 평화와 조화는 모든 가정과 나라의 빛나는 기둥입니다. 불협화음은 어떤 다른 적들보다 나라를 부수고, 단란한 가정의 화목을 해칩니다. 물론 평화와 번영의 가치는 반드시 지불해야만 합니다. 그렇지 않으면 어느 날 갑자기 딱딱한 대리석 기둥이 부러지듯 위기가 닥치게 될 것입니다."

그녀는 가방에서 작은 신약 성경을 꺼내며 계속 말했다.

"내가 어린아이였을 때 이 책은 가정과 나라의 실제적인 중심이었습니다. 여러 해 동안 성경에 대한 나의 사랑은 한번도 식지 않았습니다. 그 책의 진실은 나와 함께 태어났을 뿐만 아니라 내 삶을 양육하였습니다. 나의 어머니와 할머니는 내가 다른 책들보다 성경을 더 많이 알도록 애쓰셨습니다. 문학에서나 실제적인 삶에서 요구되는 나의 모든 것이 성경에서 비롯되었다고 해도 과언은 아닙니다. 성경은 가정과 나라를 지키는 기초이며 초석입니다."

패니는 또한 올바른 가정이 되기 위해 가장 중요한 것은 아버지라고 말했다. 아버지가 바로 서는 가정이 참된 가정이며, 성경적으로 가장 이상적인 가정이라고 말했다. 그녀는 가장의 중요성에 대한 시들을 자주 언급했는데, 언젠가 스코틀랜드 시인인 로버트 번즈의 시를 읽으면서 '사제 같은 아버지는 거룩한 페이지를 읽었다' 라는 구절은 가정에서 아버지의 중요성을 일깨워주는 것이라고 말했다. 패니는 그 책을 통해 스코틀랜드 가정은 항상 아버지를 중심으로 세워지며, 그 아버지들은 가족을 화롯가 주위에 모아놓고 성경을 읽는다는 점을 높이 칭찬하기도 했다.

패니는 가정이 올바로 서기 위해 성경과 더불어 기도의 중요성도 강조했다.

"나라와 가정의 강성함은 기도에 달려 있습니다. 만일 가장인 아버지들이 기도하지 않는다면 나라의 발전은 오래갈 수 없으며 언젠가는 무너지게 될 것입니다. 나라가 보다 강해지려면 기도하지 않는 대통령으로는 불가능합니다. 우리의 위대한 대통령들은 기도를 망설이지 않는 믿음의 사람들이었습니다. 모든 사람들은 가정이 실패할 때 교회의 강건함이 부러지고, 공동체가 해체되며, 나라가 불안해져 깨어진다는 것을 알아야만 합니다. 마음속에 예수를, 가정에 그리스도를 대신할 수 있는 교육과 문화 그리고 양육은 더 이상 없습니다. 그분의 존재는 이기적이고 욕심 많은 세속적인 통치를 막아줍니다. 따라서 이기심은 발붙일 수 없으며 결코 찾을 수도 없습니다. 그분이 지배하는 곳은 어디나 행복합니다."

"마른 빵 한 조각을 먹으며 화목하게 지내는 것이, 진수성찬을 가득히 차린 집에서 다투며 사는 것보다 낫다."(잠언 17:1, 표준새번역)

적극적인 삶

패니 크로스비는 열정의 소유자였다. 어려서부터 그녀는 남에게 뒤지지 않으려고 노력했다. 그녀는 앞이 보이지 않는 장애에도 불구하고 보통의 사람들보다 더 열심히 했다. 무엇보다도 배우는 열정만큼은 최고였다. 그 열정은 그녀가 모든 면에서 적극적이었기에 가능한 일이었다.

패니는 어려서부터 하늘나라에 가는 순간까지도 지식의 샘에 늘 목말라 했었다. 언젠가 그녀가 연설하기 위해 하버드대학교에 갔었을 때, 사람들은 그녀가 기쁜 마음으로 머물 수 있도록 모든 것을 배려했다. 92세 되던 해, 패니는 하버드대학의 교수와 마주 앉아 있었다. 순간 그녀는 자신이 다시 소녀가 된 것 같은 느낌이 들었다. 어린 시절 지식을 갈구했던 그때로 되돌아가는 것 같았고, 모든 것이 궁금해졌고 모든 것을 알고 싶은 충동이 다시 생겼다. '왜 오랜 나이에도 불구하고 배우는 것을 멈출 수 없는가?' . 그녀는 살아가

브리짓포트에 있는 집에서 (뒤에 그녀의 엄마 초상화가 걸려 있다).

면서 새로운 것을 모두 알고자 했다. 넓은 세상은 그녀에게 교실이었고, 자연은 선생님이었다. '너무 늙어서 배울 수 없다는 것은 결코 말이 될 수 없다' 라는 것이 그녀의 좌우명이었다.

언젠가 패니가 저명한 대학교들이 많이 있는 캠브리지를 방문한 적이 있었다. 그녀는 캠브리지의 한 교회 집회에 초청되어 말씀을 전하고 있었다. 그 교회는 매일 밤 작은 맹인 여자가 해주는 삶의 이야기들을 듣기 위해 사람들로 북적거렸다. 사람들은 말씀을 들은 후에 그녀에게 인사하면서 나이가 많은데도 어떻게 그렇게 행복하고 강할 수 있는지 물었다.

"왜냐하면 지금 이 시간에도 무엇이든 할 수 있는 일이 있기 때문입니다. 하나님은 저를 항상 바쁘게 만드시는데, 그 주인공은 바로 사명입니다." 결국 사명이 그녀를 강하게 하고 젊음을 유지하게 만드는 원동력이었던 것이다.

교회 집회가 끝난 다음날 저녁 '로커스 음악 클럽' 이라는 곳에서 그녀를 위해 환영회를 준비했다. 그 환영회는 삶의 푸른 목장처럼 내내 활기가 넘쳤다. 그들은 패니가 충분히 감동할 때까지 노래했고, 패니는 그들에게 재미있는 이야기를 해주었다. 그녀는 즐겁고 기쁜 밤을 만들어준 것에 대해 감사했다. 그리고 자신을 위로해주기 위해 온 열광적인 사람들에게 아낌없이 경의를 표했다. 환영회가 끝나고서 그들은 패니에게 하버드대학의 교수들이 다음날 초빙할 것이라고 말했고, 그녀는 매우 기뻐했다. 패니는 소녀 시절 하버드대학의 위대한 사람들에 대한 이야기들을 듣고 읽었다. 그 이후 하버드대학 사람들과의 대화를 통해 무언가를 얻으려는 갈망이 항상 있었고 이제 그 기회가 왔다고 생각했다. 그녀는 그때까지 살아오면서 이 사람들보다 더 공손하고 교양 있는 사람들을 만나본 적이 없다고 생각했을 정도였다. 패니를 만나는 교수의 손에는 각각 선물이 들려 있었다. 그동안 패니는 손의 접촉을 통해 사람을 판단해왔다. 손의 감촉은 상대방이 어떤 사람인지 대충 파악할 수 있는 방법 가운데 하나였다. 그 날 그녀가 기뻤던 것은 천문학 분야에서 매우 저명한 석학인 올리버 클린턴 웬들의 옆에 앉을 수 있도록 주최측에서 배려해준 일이었다. 그는 패니에게 하늘과 우주에 관해 이야기 해주었는데 그것은 그녀가 평생을 바쳐 알았던 것보다 더 흥미롭고 중요한 사실들이었다.

교수들과 함께한 대화는 매우 즐거웠다. 패니는 그들에게 자신의 선조 중 한 사람인 사이먼 크로스비가 하버드대학의 설립자 가운데 한 사람이며, 그의 아들이 1653년에 졸업했기 때문에 하버드대학에 관심을 많이 가지고 있었다고 말했다. 그들은 그녀의 선조 이야기에 깊은 관심을 가졌다. 그리고 패니가 음악, 미술 그리고 문학에 뛰어난 재능을 가진 사람들과 교류하고 있다고 말했을 때 매우 놀랐다.

저녁 내내 패니는 그들과 삶의 문제들에 대해 이야기했다. 이야기들을 나누고 일어설 때가 되자 그녀는 생각했다. '이런 사람들과 관계를 맺는다는 것이 얼마나 기쁜 일인가' 이제 그녀는 훌륭한 유산을 가지게 되었다. 그들은 그녀에게 많은 꽃과 과일을 보내주었다. 그 날 밤 그녀는 쉽게 잠을 이룰 수 없었다. 지식의 샘물을 흡족하게 채운 밤이었다.

지식에 대한 그녀의 열정은 복음에도 나타났다. 어려서부터 하나님의 깊은 은혜를 체험한 패니는 스스로 하나님의 도구라고 인식한 때부터 하나님 나라를 채우는 데 적극적이었다. 그녀는 자신을 부르는 곳이면 어디든 달려갔다. 강연과 계속되는 설교로 지치고 힘든 날이 많았지만 복음을 전하는 데 있어서는 자신을 돌보지 않았다. 그녀의 마음 깊은 곳에서 복음의 열정이 늘 솟아나고 있었기 때문이다. 아울러 적극적으로 알리는 길이 하나님께서 자신에게 주신 또 하나의 사명이라 믿었다.

어느 날 패니가 저녁 집회를 마치고 잠자리에 들려고 할 때 초인종이 울렸다. 마을에 있는 한 가족의 아버지가 갑자기 살해되었는데 그 집에 가서 충격에 빠진 가족들을 위로해 달라고 부르는 소리였다. '나는 즉시 가야만 한다. 나는 즉시 가야만 한다' 라는 생각이 마음 깊은 곳에서 들렸고, 힘든 몸이었지만 재빠르게 나갔다. 그 날 밤 패니는 그 가정에 모인 마을 사람들에게 말했다.

"사랑하는 친구들이여, 저는 겟세마네 동산으로 가고 있는 상한 영혼이 이곳에 있다는 걸 압니다. 그래서 이곳에 남아 있는 가족들과 함께 기도했습니다. 그리고 그들의 슬픔과 고통을 위로했습니다. 전 사람이나 가축 들이 마실 수 없을 정도로 물이 써 마실 물을 찾기 위해 이스라엘 백성들이 사막에서 묵었던 이야기를 하고 싶습니다. 이 때문에 그 사막의 야영은 '마라' 라는 이름이 되었습니다. 저는 지금 삶의 쓴 물을 경험하고 있는 이분들을 위해 우리들이 함께 기도하기를 원합니다. 그리고 우리 주 하나님께 위로를 구하고 싶습니다."

패니는 어느 곳에서나 긍정적인 여인이었다. 고통을 당하거나 어려움에 처한 사람들에게 용기를 주고 힘차게 살 것을 권면했다. 그녀는 항상 삶의 밝은 면만을 바라보려고 노력했으며, 가정과 교회를 비추고 있는 밝은 것들을 사랑했다. 어릴 때부터 할머니와 엄마는 그녀에게 늘 긍정적인 마음을 심어주었다. '하나님이 도와주실 것이다' '모든 것을 할 수 있다' '언제나 웃고 하늘을 바라보라' . 패니의 가슴 속에 있는 이 긍정의 마음은 그녀가 쓴 시의 주된 주제이기도 했다. 그녀의 찬송가가 부드러우면서도 힘이 넘치는 이유는 할머니를 통해 어린 시절 읽었던 하나님의 말씀에 근거했기 때문이기도 하다.

패니를 만나는 사람들은 한결같이 그녀가 앞을 보지 못한다는 사실에 놀랐으며, 그럼에도 불구하고 항상 웃는 낯으로 사람을 대하는 모습을 보고 더욱 놀랐다. 이 세상보다 하늘에 계신 하나님께 언젠가는 돌아간다는 소망의 밧줄을 마음에 잡고 살았던 그녀의 삶은 천국 그 자체였다.

"내게 능력 주시는 자 안에서 내가 모든 것을 할 수 있느니라"(빌립보서 4:13)

"예수께로 가면"

예수께로 가면

(If I Go To Jesus)

F. J. Crosby

G. F. Root

하나님의 동역자들

교회음악의 아버지, 로웰 메이슨

패니 크로스비는 앞이 보이지 않는 어둠의 세월 속에서도 하나님이 그녀에게 맡겨주신 사명을 잘 감당해나갔다. 하나님께서는 당신의 일을 하실 때 언제나 동역자를 붙여 일하도록 하신다. 패니에게도 많은 동역자가 있었다. 어린 시절에는 할머니가 동역자였고, 엄마가 동역자였다. 이후 영혼이 담긴 찬송가를 쓸 때에도 하나님은 많은 동역자를 세워 함께 일할 수 있도록 하셨다. 수많은 동역자가 그녀 곁에 있었지만 그 가운데 그녀에게 영향을 주며 함께 했던 몇 명의 동역자가 있다.

로웰 메이슨(Lowell Mason: 1792~1872)은 직접적인 만남을 통해 영향을 주지는 않았지만, 그녀에게 찬송가에 대한 깊은 이해를 만들어준 사람이다. 미국 음악의 개척자로서 로웰 메이슨을 꼽지 않는 사람은 아무도 없을 것이다. 그는 인간의 가장 위대한 힘이 음악이며, 그것을 최고의 가치와 영향력으로 여겼다. 그는 음악은 단순히 우리를 즐겁게 하거나 만족시키는 것을 뛰어넘어 삶 자체를 바꾸며 모든 사람들의 사랑과 가치관조차 변화시킬 수 있다고 주장했다. 메이슨은 조지 루트·윌리엄 브래드베리와 더불어 패니 크로스비의 찬송을 더욱 많은 사람들에게 보급하고 알린 주역이었다.

로웰 메이슨은 패니와 마찬가지로 메사추세츠에 뿌리를 두고 있었다. 어려서부터 음악에 조예가 깊었던 그는 성가대원으로 활동했으며, 음악교사와 지휘자로 능력을 발휘하였다. 1812년 은행원으로 일하면서 사바나의 한 독립장로교회에서 성가대 지휘자와 오르간 연주자로 음악 사역을 꾸준하게 감당하였던 그는 독일 음악을 연구하며 작곡과 화성을 공부했고 곧 독일 음악들을 모은 찬송집을 완성했다.

메이슨이 찬송가 역사의 한 페이지를 장식하게 된 이유는 찬송가의 깊이에 있었다. 찬송 가사가 깊은 선율을 통해 사람들에게 들려질 때 진정한 예배가 이루어진다고 확신한 메이슨은 교회 음악의 원칙 여섯 가지를 제시하였다.

첫째, 교회 음악은 엄숙하거나 어려운 것보다 단순해야 한다. 둘째, 곡은 가사와 깊이 있게 어울려야 한다. 셋째, 교회에서는 찬송가가 많이 불려져야 한다. 넷째, 좋은 악기와 오르간 연주가 수반되어야 한다. 다섯째, 어린이에 대한 음악 교육이 선행되어야 한다. 여섯

윌리엄 브래드베리와 함께 시를 낭송했었던 맨해튼 브로드웨이 예배당.
(유니언 신학대학교 도서관 소장)

째, 하나님과의 진정한 교제가 있어야 감동이 있다.

메이슨의 이 원칙은 패니에게도 영향을 미쳐 그녀의 찬송 시를 더욱 풍성하게 만들었다. 패니가 맹인 학교에서 들었던 많은 찬송가들은 메이슨의 영향으로 만들어진 것들이었다.

메이슨은 보스톤으로 이주하여 세 교회의 음악을 담당하게 되었다. 이곳에서 14년 동안 머무르며 교회 음악과 찬송을 최고 수준으로 끌어올렸다. 노력과 무한한 연습 없이 변화는 오지 않는다는 신념을 갖고 모든 열정을 교회 음악의 발전에 쏟았다. 보스톤에서 비처 목사를 만난 메이슨은 그와 함께 교회 찬송을 개선시키려는 원대한 비전을 공유하게 되었다. 무겁고 어두운 찬송가 가사를 좀더 풍성한 은혜를 느낄 수 있는 가사로 만들어보자고 마음먹었던 것이다. 비처 목사는 메이슨의 음악 사역을 지켜보면서 말했다.

"메이슨은 정말 훌륭한 교회음악 사역자이다. 그에게는 열정이 있으며 풍성한 영적 마인드가 있다. 그의 찬송은 한 편의 설교보다도 영향력이 있고, 성도들에게 깊은 감동을 준다."

1832년 로웰 메이슨은 미국 최초의 어린이 음악 학교인 '쥬비나일 사미스트' 를 만들어 한 차원 높은 음악 교육에 도전했다. 메이슨은 어린아이들에게 충분한 교육을 통해 노래를 가르칠 수 있다고 믿었다. 음악 학교의 어린이 성가대는 보우도인 거리에서 연습하며 찬송을 불렀다. 어린이 성가대의 찬송을 들은 수많은 어린이들이 음악 교육을 받기 위해 몰려왔다. 파크스트리트교회에서 어린이 성가대는 자주 찬송을 불렀으며, 2천 5백여 명이 넘는 아이들이 어린이 성가대와 함께 찬송하는 모습은 장관이었다. 메이슨의 〈주일학교 찬송 집〉이라는 어린이용 찬송가도 나왔는데, 이 찬송집은 기존에 있던 노래보다 더 밝고 따라 부르기 쉬운 곡조로 만들어졌다. 또한 그는 교회 음악에 복음주의의 깊은 가사를 접목시키는 일에 열정을 쏟았다.

보스톤에 있는 동안 유럽식 음악과 교육 이론에 대한 그의 헌신은 커져갔다. 유럽식 음악 교육은 당시 페스탈로치(1746~1827)의 교육 이론으로 외워서 노래 부르는 것이 아닌 능동적인 음악 활동으로 노래를 만들어가는 것이었다. 그의 친구들은 독일 책을 번역하는데 도움을 주었고, 어린이 성가대의 무료 공연 등으로 그의 이론을 알렸다.

메이슨은 이후 1833년부터 1840년까지 퍼킨스 맹인 학교에서 음악을 가르쳤다. 이 학교 설립자인 호우는 맹인도 음악 교육을 받을 권리가 있다고 생각했으며, 메이슨은 맹인들에게 음악을 가르치는 체계를 고안해냈다. 그의 맹인 교육에 대한 열정은 패니에게도 영향을 미쳐 그녀가 뉴욕 맹인 학교에서 음악 교육을 받을 때 메이슨의 방법이 사용되었다.

1838년 유럽에서 돌아온 메이슨은 보스톤 공립학교의 음악교육 최고 책임자가 되었고, 이후 많은 능력을 발휘하며 교육 개혁에 박차를 가했다. 동료 호레이스 만은 그의 지도력을 이렇게 평가했다.

"메이슨 박사의 강의를 듣기 위해 10마일이나 되는 거리를 교사들이 걸어오는 것은 가치 있는 일이었다. 그의 강의에는 단지 음악에서의 정보나 교육만이 아니라 기초를 진실하게 가르치려는 사명과 헌신이 담겨 있었다."

그의 음악 교육은 가는 곳마다 인기였고, 많은 사람들이 먼 곳에서 그의 강의를 들으러 오곤 했다. 메이슨의 찬송가는 우리 찬송가에 모두 17편이 있으며, 그 중 지금까지 많이 불리고 사랑받는 찬송가는 레지날드 헤버의 '저 북방 얼음산과' (찬송가 273장/21세기 찬송가 507장) 아이작 와트의 '주 달려 죽은 십자가' (찬송가 147장/21세기 찬송가 149장) 레이 팔머의 '못 박혀 죽으신' (찬송가 435장/21세기 찬송가 385장) 사라 아담스의 '내 주를 가까이 하게함은' (찬송가 364장/21세기 찬송가 338장) 등이 있다.

메이슨은 교회에 음악에 대한 중요성을 알리는 데 큰 역할을 했으며, 패니의 음악적인 자세와 찬송에 대한 기본적인 방향을 잡아주는 데에도 큰 영향을 주었다. 그리고 무엇보다도 메이슨의 찬송이 하나님에 대한 신실한 신앙의 자세에 중요성을 두었던 것처럼 패니의 찬송 시도 그 바탕은 같았다. 또한 메이슨은 그녀의 또다른 동역자인 조지 프레드릭 루트와 윌리엄 브래드베리에도 영향을 미쳤다.

첫 동역자 조지 루트

로웰 메이슨은 조지 루트(George Frederick Root: 1820~1895)가

재능을 발휘하는데 촉매 역할을 했다. 패니는 조지 루트가 사역을 시작할 때 만났고, 이 만남은 그녀의 서정시가 대중의 인기를 얻게 되는 결정적인 계기로 작용했다. 만일 조지 루트가 없었다면 패니 크로스비의 시는 대중성을 띠기 어려웠을지도 모른다.

조지 루트는 1820년 8월 30일 메사추세츠 쉐필드에서 태어났다. 그는 한 회중교회에서 신앙 생활을 시작했으며, 그의 부모와 형제들은 음악에 조예가 깊었다. 어려서부터 음악에 재능이 있었던 루트는 좋은 음악가가 되는 것이 꿈이었다.

루트는 보스톤 아카데미 합창단이 되어 성가대로 자리잡았고, 그곳에서 성악 교육을 받기 시작했다. 성악에 재능이 있었던 루트는 메이슨의 눈에 띄어 학교에서 교사 교육을 받게 되었고, 음악회나 오케스트라 공연에 성악가로 초대되기도 하였다. 메이슨과 마찬가지로 루트는 맹인들에게 음악을 가르치는 것이 자신이 이 땅 위에서 해야 할 일정 부분의 사명이라고 믿었다. 1845년 패니와 첫 만남을 가진 후 1851년부

크로스비의 음악선생님이며,
첫번째 동역자였던 조지 루트.

터 본격적으로 동역하게 되었다. 루트는 그녀의 천부적인 재능과 시적인 상상력을 높이 평가했으며 패니는 그를 실망시키지 않았다.

1845년에 루트는 패니가 있는 맹인 학교에서 음악을 가르치기 시작했다. 그러나 그가 학교에 자주 오지 않았기 때문에 그녀는 그를 거의 만날 수 없었다. 1854년의 어느 날 그녀는 그가 아름다운 곡을 연주하는 소리를 들었고, 지금 막 작곡했다는 것을 알았다.

"오, 루트 씨. 참 훌륭한데 그것을 발표하지 그러세요?"

루트는 그녀를 무심한 눈으로 쳐다보면서 대답했다. "이 노래는 아직 가사가 없고 그것을 살 처지도 안됩니다."

"아, 그래요? 그럼 우리 같이 해봐요." 말이 끝나자마자 그 음악에 맞추어 시를 즉석에서 암송했다.

오, 푸른 숲으로 오세요, 자연이 미소 짓는,
푸른 숲으로 오세요, 너무나 사랑스럽고 즐거운,
부드러운 음악이, 당신의 영혼을 위로하는,
부드러운 음악이, 당신의 슬픔을 날려주는.

루트는 그녀가 암송한 가사에 할 말을 잃고 소리쳤다.

"어떻게 그렇게 잘 맞출 수가 있지요? 너무 잘 맞아요! 저를 위해 가사를 써주시겠어요?" 그는 그녀가 꼭 해주기를 바라면서 물었다.

패니는 잠시 생각하다가 동의했다. 하지만 그녀는 그에게 학교 일이 너무 바쁘기 때문에 여름까지 기다려야 한다고 말했다.

"그동안 쓴 수백 편의 시가 있어요. 당신을 위해 새로운 시를 쓰는 대신 내가 이미 쓴 것에 음악을 넣어주시겠어요?"

이후로 3년 동안 패니는 루트와 함께 일했고, 좋은 메시지가 있는 인기 있는 노래들이 학교의 음악 홀을 채웠다. '귀향의 기쁨' '자랑스러운 세계여, 안녕' 등이 루트에 의해 곡이 붙여졌다. 수천 권의 낱장 악보와 소책자가 뉴욕에서 캘리포니아의 음악 홀로 건너갔다. 그 후 조지 루트와 패니는 50여 곡 넘게 노래를 만들었다.

패니가 루트와 협력해 만든 첫 번째 곡은 〈꽃의 여왕〉이라는 칸타타였다. 이 작품은 여왕에 의해 선택된 꽃들에 관한 내용을 담고 있었다. 이 칸타타는 겸손과 봉사를 주제로 한 도덕적인 곡으로, 루트는 줄거리와 리듬을 얻기 위해 약간의 허밍을 발전시켰다. 이어 바로 다음날 패니가 시 2~3편을 준비했다. 그러면 루트는 자신이 가장 좋아하는 시를 고르고 거기에 곡을 입혔다. 칸타타 표지에는 패니를 서정 시인으로 묘사했으며, 뉴욕 맹인 학교를 졸업했다고 기록했다. 그녀는 처음 공연이 열린 맨해튼에 두 번 참석했는데, 그 칸타타는 많은 사람들에게 큰 반향을 불러일으켰다. 공연 말미에 그녀는 마지막 성악가로부터 꽃을 받는 장면을 연출하기도 했다.

첫 번째 칸타타의 성공으로 두 번째 칸타타를 만들게 되었는데 제목은 1855년에 발표한 '순례자의 선조들' 이었다. 이 칸타타는 미국의 복음주의 역사를 잘 보여주었고 역시 이 칸타타에서도 패니를 서정 시인으로 불렀다. 특히 동양에서 인기가 많았던 첫 번째 칸타타 〈꽃의 여왕〉과 두 번째 칸타타 〈순례자의 선조들〉은 당시 칸타타의 표준이 될 정도로 유명했다. 이후 많은 음악 학교에서 이 곡들을 교재로 사용했다.

칸타타 이외에도 패니와 루트는 대중적 인기를 끈 노래와 우아한 전통적인 발라드를 많이 만들어냈는데, 〈헤이즐 델〉이 첫 번째 공연 작품이었다. 1855년에는 〈초원의 꽃 로잘리〉를 발표하면서 세대를 뛰어넘는 인기를 얻었다. 2년 후에 발표한 '세상에는 음악이' 라는 4인조 합창곡의 경우, 20세기까지 고등학교 합창의 표본으로 남아 있었다. 그러나 금전적인 관계에서 둘은 그다지 좋지 않았다. 보통 루트는 패니에게 한 편의 시에 대해 2 달러에서 3 달러를 주었다. 곡들이 인기를 얻으면서 많은 이익을 남겼으나 그녀에게는 큰 이익이 돌아오지 않았다.

그래도 조지 루트는 패니가 대중적으로 많은 사랑을 받는 데 큰 역할을 했다. 그리고 패니 크로스비라는 이름을 많은 사람들에게 알리는 효과를 가져왔다. 더불어 당시 성악가로 가장 뛰어났던 루트도 패니와 동역하면서 그 꽃을 피웠다.

그러는 가운데 그녀가 시를 발표할 때면 브로드웨이 예배당에서 콘서트를 하던 사역자 윌리엄 브래드베리가 관심을 보였다. 하지만 브래드베리가 패니를 만날 때까지는 10년이라는 시간이 더 흘러야 했다. 패니와 루트의 동역은 커다란 목적을 이루어가시는 하나님의 섭리의 과정이었다.

참고로 그의 찬송가는 우리 찬송가에 모두 7편이 실렸고, '사망을 이긴 주' (152장/21세기 찬송가 172장) '예수께서 오실 때에' (299장/21세기 찬송가 564장) '갈 길을 밝히 보이시니' (313장/21세기 찬송가 524장) '기쁜 일이 있어 천국 종 치네' (314장/21세기 찬송가 509장) '형제여 지체 말라' (329장/21세기 찬송가 537장) '큰 무리 주를 에워싼 중에' (529장) '세월이 흘러가는데' (534장/21세기 찬송가 485장)가 그 노래들이다.

진정한 동역자 윌리엄 브래드베리

패니 크로스비가 일생 동안 사역하면서 가장 영향을 많이 주고받았던 사람은 바로 윌리엄 브래드베리(William Bradbury: 1816~1868)이다. 로웰 메이슨이 패니의 음악적 기초를 다져주고, 조지 루트와의 동역이 그녀를 대중적인 인기인으로 만들었다면, 브래드베리는 본격적으로 그녀를 하나님의 사역으로 이끌어낸 인물이었다. 브래드베리는 패니 크로스비가 하나님의 사명을 감당하는 길에서의 진정한 동역자였다.

1860년대 들어서면서 찬송가는 변화의 시기를 맞았다. 엄숙하고 무거운 찬송가는 생기 있는 발랄한 곡으로 빠르게 바뀌기 시작했다. 음악을 작곡하고 편곡하던 브래드베리는 찬송을 부르는 사람들이 좀더 영적인 감정을 가지기를 바랐다. 브래드베리는 패니를 처음

BRADBURY'S

FRESH LAURELS

FOR THE SABBATH SCHOOL.

A NEW AND EXTENSIVE COLLECTION OF

MUSIC AND HYMNS.

PREPARED EXPRESSLY FOR SABBATH SCHOOLS, ETC.

BY WILLIAM B. BRADBURY,

AUTHOR OF "THE GOLDEN CHAIN," "GOLDEN SHOWER," "GOLDEN CENSER," "GOLDEN TRIO," ETC.

"*Whoso offereth praise glorifieth me.*"—PSALM 50. 23.

NEW YORK:

PUBLISHED BY BIGLOW & MAIN, 425 BROOME STREET,

(SUCCESSORS TO WM. B. BRADBURY.)

WILSON, BLAKEMAN, TAYLOR & CO., 138 & 140 Grand Street,

주일 학교 찬송가 표지.

소개받았을 때 매우 기뻤으며, 그녀의 깊은 신앙에서 우러나오는 시에 매력을 느꼈다.

매우 마르고 검은 턱수염을 덥수룩하게 기른 브래드베리는 1816년 10월 6일 메인의 요크에서 태어났다. 찬송하는 사람들은 브래드베리를 '예수 사랑하심은' (찬송가 411장/21세기 찬송가 563장) '큰 죄에 빠진 날 위해' (찬송가 339장/21세기 찬송가 282장) '내 기도하는 그 시간' (찬송가 482장/21세기 찬송가 364장) '이 몸의 소망 무엔가' (찬송가 592장/21세기 찬송가 488장)의 작곡가쯤으로 여길 수도 있다. 그러나 브래드베리는 노래도 잘했으며 작곡가 이상의 매력을 소유한 사람이었다.

그는 보스톤 음악 학교 최고 책임자였던 로웰 메이슨 밑에서 음악을 공부했으며, 메이슨이나 루트처럼 천부적인 음악적 재능과 사명을 가지고 있었다. 그는 오르간을 미국 교회에 처음 소개했고 메이슨과 일하면서 유럽 거장들의 음악을 받아들였다. 이제 그의 스타일은 변하기 시작했고, '큰 죄에 빠진 날 위해' (찬송가 339장/21세기 찬송가 282장) '예수가 거느리시니' (찬송가 444장/21세기 찬송가 390장) '이 몸의 소망 무엔가' (찬송가 529장/21세기 찬송가 488장) 같은 밝은 곡조에 부르기 간단하고 기억하기 쉬운 곡을 더 좋아했다. 동역을 위한 첫 만남에서 패니는 브래드베리를 볼 수 없었지만, 그가 좋은 사람이고 믿을 수 있는 사람이라는 것을 알았다. 다른 맹인들처럼, 패니는 초자연적으로 정확하게 사람을 알아볼 수 있는 능력이 있었다. 그렇게 해서 하나님은 패니 크로스비에게 새로운 동역자를 주셨다.

"패니, 난 우리가 이렇게 만나게 된 것을 하나님께 감사드립니다. 난 당신이 좋은 찬송가를 쓸 수 있을 거라고 믿습니다. 그리고 오랫동안 하나님께 당신과 같은 사람을 만나게 해달라고 기도했습니다."

그녀는 후에 브래드베리와의 만남에 대해 인생의 위대한 일이 막 시작된 것 같은 느낌을 받았다고 회상했다.

패니는 브래드베리와의 첫 만남 이후 그에게 가지고 갈 찬송가를 쓰려고 했다. 그녀는 자신의 아기가 죽은 이래로 시를 쓸 때마다 환상을 보아왔다. 그 환상은 곧 멈추었지만, 윌리엄 브래드베리에게 줄 찬송가를 쓰기 위해 영감을 찾자 그 환상이 다시 찾아왔다. 그녀는 매우 밝은 별의 영혼에 의해 땅에서 끌어올려졌다. 계속 위로 올라가 수백만 개의 별들을 지난 후 마침내 하늘의 강가에 도착했다. "내가 이대로 계속 가면 안되나요?" 패니는 별의 영혼에게 물었고, 그 영혼이 대답했다.

"지금은 안됩니다. 당신은 땅으로 돌아가 일해야만 합니다. 그러나 가기 전에 문을 조금 열어드리겠습니다. 영원한 음악의 소리를 들을 수 있도록."

패니가 귀를 기울였을 때, 세상 어디에도 존재할 것이라고 생각지 못한 곡조의 합창이 들렸다. 그리고 그 기억이 그녀를 전율케 했다. 이후 그녀는 영감이 필요할 때면 하늘로의 여행을 생각하곤 했다.

패니는 1864년, 그녀의 나이 44세 되었을 때를 인생의 가장 큰 분기점으로 삼았다. 그 해에 하나님께서 준비해주신 동역자 브래드베리를 만났으며, 환상을 체험한 후 자신이 써야 할 시의 진정한 목적을 찾았기 때문이었다. 그것은 하나님의 영광을 위한 시였고 그 영광의 기쁨을 함께 나누는 사람들의 시였던 것이다.

패니는 브래드베리와 처음 만난 지 3일 만에 첫 번째 찬송가를 들고 그의 사무실에 왔다. 4연 중 첫 두 연에서 그녀는 자신이 체험한 환상을 말하고 있다.

우리는 간다네, 우리는 간다네.
하늘 너머 집으로,
들판이 아름다움을 두른 곳,
그리고 햇빛은 결코 사라지지 않는.

생명의 샘이 흐르는 곳
계곡은 푸르고 아름다우니,
우리는 사랑으로 함께 살 것이며
그곳엔 이별이 없을 것이니.

브래드베리는 그 시에 재빨리 곡을 붙이고 제목을 '우리는 간다네' 로 정했다. 그가 나중에 출판한 성가집에서는 곡목을 '하늘 위의 밝은 집' 으로 바꾸었다. 브래드베리가 사무실을 비운 사이에 패니는 그 곡을 세 번 연주했다. 패니가 노래를 부르는 동안 피아노 연주자가 놀라면서 말했다.

"도대체 어떻게 그런 가사를 만들 수 있는 거죠? 그 곡에 그런 가사를 쓰리라고는 어느 누구도 생각하지 못할 겁니다."

브래드베리가 사무실로 돌아왔을 때 그곳에 있던 사람들은 패니의 시에 이미 빠져 있었다. 그녀는 브래드베리의 테스트에 당당히 합격했다. 그 이후 4년 동안 패니는 브래드베리 옆에서 일했고, 그녀가 가장 좋아하는 곡조를 고르고 그의 선율에 가사를 입혔다. 그녀는 하루에 6~7편의 찬송가 시를 썼다. 그동안 브래드베리는 찬송가 앨범을 3장이나 발표했고, 각각의 앨범에 패니의 시가 30~40편 정도 포함되었다.

브래드베리는 그녀에게 다른 음악가와 출판업자들을 소개했는데, 그들 중에 신시내티의 필립 필립스가 있었다. 1865년에 필립스는 패니에게 40개의 곡을 보내면서 가사를 부탁했다. 필립스는 그 시의 대부분을 〈노래하는 순례자〉라는 성가집으로 묶어 발표했다. 필립은 패니의 시에 매우 만족했으며 같은 방식의 또다른 시 40편을 요구했다. 필립이 다시 40편의 시를 받았을 때, 그녀에게 이해할 수 없다는 듯 물었다.

"어떻게 해서 단 하나의 시도 순서나 배열이 틀리지 않는 거죠?"

패니가 대답했다.

"나의 마음은 커다란 서랍이 있는 창고와 같습니다. 그곳에 수많은 시들이 보관되어 있고요. 또한 거기에는 완성된 시, 완성되지 않은 시 그리고 완성되어가는 시가 있습니다. 그 시들은 주제별로 또는 완성도에 따라 정확하게 각 서랍에 보관되고 언제든지 꺼내어 쓸 수 있게 했답니다."

패니가 브래드베리와 일하는 동안 그는 결핵에 걸렸다. 1867년 가을에 그는 그녀를 불러 말했다.

"크로스비, 당신을 만난 후 나는 항상 즐거운 마음으로 일했습니다. 하지만 나는 이제 곧 죽게 될 것 같아요. 영원한 하늘나라로 하나님을 만나러 갑니다. 그곳 강가에서 당신을 기다리고 있을게요."

패니는 그의 곁에서 슬픔에 잠겨 말했다. "내가 그토록 아꼈던 우정을 잃어야 하나요?"

"아뇨, 내 평생의 사역을 맡으세요. 비록 당신과 내가 떨어져 있다고 해도 우리의 우정을 잃을 필요는 없어요. 오히려 당신은 우리의 사역을 실현시키기 위해 노력할 테고 그 일을 더 튼튼하게 만들 수 있어요."

그 말을 듣고 있던 패니는 눈물을 닦고 그에게 약속했다.

1868년 1월7일 윌리엄 브래드베리는 뉴저지의 몽클레어에서 52세의 나이로 부인과 4명의 딸, 아들 하나를 남긴 채 죽었다. 특별히 준비된 마차가 패니를 그의 장례가 열리는 몽클레어 장로교회로 인도하였다. 어른들은 중앙 홀을 채웠고 아이들은 2층을 채웠다. 성직자 5명 가운데 토마스 헤이스팅스의 아들이 연단을 장식했다. 헤이스팅스의 회상이 시작되자 모인 사람들의 흐느끼는 울음소리가 작아졌다. 관은 브래드베리가 오르간에 앉아 찬송을 인도하던 그 자리에 놓여 있었다. 가까이 자리잡은 패니는 관을 만지며 브래드베리의 찬 손을 잡았다. 찬양대는 패니의 첫 찬송가를 불렀다.

"우리는 간다네, 우리는 간다네, 하늘 너머 집으로, 장미는 결코 시들지 않는, 그리고 햇빛은 결코 사라지지 않는." 브래드베리는 그렇게 되기를 원했다.

장례식 내내 패니는 관 앞에서 펑펑 쏟아지는 눈물을 주체할 수 없었다. 엄숙하게 진행되는 장례식이었지만 하나님이 그녀에게 용기를 주고 있는 것처럼 느껴졌다. 그리고 분명하고, 아름다운 목소리가 회중 가운데 들려오는 것 같았다.

"패니야, 브래드베리가 남긴 일을 해라. 버드나무로 하프를 만들고, 네 눈물을 마르게 하라." 그 목소리는 그녀를 깜짝 놀라게 했다. 그리고 그 소리를 들은 사람도 있었다. 그러나 아무도 말한 사람을 알 수 없었다.

패니는 브래드베리의 일을 혼자서는 결코 감당할 수 없다는 것을 알았다. 그리고 그의 죽음은 그녀에게 커다란 슬픔으로 남겨졌다. 그녀는 항상 가난 속에 살았지만, 브래드베리와의 지난 4년 동안의 삶은 그의 배려로 약간의 여유가 있었다. 그러나 형편이 많이 좋지는 못했다. 왜냐하면 가난한 이들에게 모든 것을 주었고 그녀와 남편 밴을 위해서는 아주 작은 것만 필요로 했기 때문이었다.

브래드베리가 "내가 출판사를 가지고 있는 한 당신은 늘 나와 함께 일을 하게 될 것입니다" 라고 패니에게 말했을 때, 그는 죽어서도 그 약속을 지킨다는 의미였다. 두 동업자인 실베스터 메인과 루시우스 비글로는 브래드베리가 죽은 후 그의 사업을 물려받았고, 브래드베리의 장례식에서 버드나무로 하프를 만들라고 패니에게 말했던 목소리를 통해 이제 그녀의 손에서 기적이 일어나는 것처럼 보였다.

그렇게 해서 두 명의 옛 친구와 함께 새로운 회사가 차려졌다. 35

년 전 패니가 리지필드로 이사왔을 때, 실베스터 메인은 그녀의 친구였고 이웃이었다. 그는 16세에 노래 교사가 되었고, 최근에는 뉴욕 노퍽 스트리트 감리교회의 합창단 단장이 되었다. 그는 1860년대 초반 출판 사업을 시작했고 브래드베리의 사무실에서 패니를 만났으며, 이제 옛 우정을 다시 다지게 되었다.

루시우스 비글로는 지역 상인이었고 여러 해 동안 사업을 하고 있었다. 브래드베리는 비글로와 메인 둘 다 잘 알았고, 죽기 전에 그들과 동업을 맺어 자신의 일과 사업을 잘할 수 있도록 격려했었다. 비글로나 메인 누구도 출판업에 대해 많이 알지 못했고, 그래서 그들은 찬송가 만드는 일을 회사의 시인과 음악가 들에게 맡겼다. 이렇게 해서 패니는, 그 누구보다도 빠르게, 가장 탁월한 시인으로 인정받게 됐고, 이후 50년 동안 찬송가의 기준을 새로 세울 수 있었다.

새 회사의 다른 멤버는 실베스터의 아들 허버트 메인(찬송가 82장/21세기 찬송가 95장 '나의 기쁨 나의 소망되시며' 와 367장/21세기 찬송가 341장 '십자가를 내가 지고' 의 편곡자)이었다. 패니는 그를 1866년에 브래드베리의 사무실에서 만났고 그가 훌륭한 작곡자라고 생각했다. 그는 찬송가 음악에 대한 지식이 뛰어났으며, 몇 년 후에는 패니의 작품에 가장 도움을 주는 사람이 될 것으로 예상했었다.

1873년에 실베스터 메인이 죽었고, 회사의 상급자인 루시우스 비글로가 30년 더 사업을 이어 나갔다. 일을 하는 동안, 패니는 아주 작은 오해도 없었다고 후에 회상했다.

비글로&메인 출판사와 일하는 동안, 패니는 전 세계에 알려졌고 특히 영국에서 더 유명했다. 뉴욕을 방문하는 유럽의 작곡자들은 모두 비글로&메인 출판사 사무실에 들렀고 여러 주 동안 머무르기도 했다. 그들은 한결같이 그렇게 훌륭한 찬송가를 쓴 맹인 여류 시인을 만나고 싶어 했다. 그들 중 몇몇은 자신들이 아직 발표하지 않은 음악을 가지고 와서는 그녀가 음악을 감지하는 능력과 시를 쓰는 속도에 놀라기도 했다. 또한 패니는 곡을 가지고 오지 않은 이들에게 종종 찬송가 가사를 써주고 그들로 하여금 나중에 작곡하도록 배려했다.

패니는 시를 쓰는 작업의 대부분을 마음속에서 했다. 쓰는 방법을 알고 있었지만, 기억력이 아주 좋아 쓸 필요가 거의 없었다. 비글로&메인 출판사는 종종 서기 두 사람에게 그녀의 말을 받아 쓰도록 했다. 패니는 처음 서기에게 찬송가의 두 행을 암송해주고 나서 다른 시의 두 행은 두 번째 서기에게 받아 적게 했다. 그리고 다시 두 행을 첫 번째 서기에게 받아 쓰게 했다. 거의 단어를 바꾸지는 않았지만 찬송가가 완성되었을 때 그녀는 다른 시로 다시 시작하곤 했다.

사람들은 패니가 찬송가를 연달아서 그것도 동시에 하나도 빠짐없이 기억하고 말하는 능력에 놀랐다. 그러나 이 특별한 능력을 칭찬하려고 하면, 그녀는 그들을 꾸짖었다. 그리고는 하나님께서 우리 모두에게 기억력을 주시지만 볼 수 있는 대부분의 사람들은 게으름으로 그 능력을 상실하고 있다고 말했다.

윌리엄 브래드베리가 살아 있을 때, 그는 패니에게 40년 넘게 함께 일하게 될 사람들을 많이 소개했다. 그 한 사람이 목사인 로버트 로우리 박사(우리 찬송가에 그의 찬송가 11곡이 실려 있음)였다. 그는 시를 선택하기 전에 곡을 먼저 쓰는 브래드베리와 달리, 곡을 쓰기 전에 시를 부탁했다. 패니는 로우리와의 작업이 즐거웠는데, 왜냐하면 시를 쓸 때 박자에 대한 억압을 느끼지 않아도 되기 때문이었다. 그들이 만든 첫 번째 찬송가 중 하나인 '모든 길에서 나를 이끄는 내 구세주' (찬송가 434장/21세기 찬송가 384장 '나의 갈길 다가도록')는 최고의 작품 가운데 하나가 되었고, 지금도 많은 교회에서 불려지고 있다. 30년 후 로우리 박사는 그녀가 쓴 작품 중 가장 훌륭한 시와 찬송가를 뽑아 〈저녁 종소리〉라는 책을 발간하는데 도움을 주었고, 그 책은 현재 가장 훌륭한 찬송가 모음집 중의 하나로 남아 있다.

패니와 가까운 이들은 모두 그녀가 가장 많은 일을 할 때 곁을 떠났다. 브래드베리가 죽은 후에 다가온 로우리 박사의 죽음 역시 그녀의 마음을 아프게 만들었다. 30년 후 그가 뉴저지 주에 있는 플레인필드 집에 누워 있을 때, 패니는 유람선을 타고 강을 건너 그를 마지막으로 방문했다. 그들은 함께 사역했던 세월을 돌아보면서 오랫동안 이야기했다. 그리고 마지막 가는 길에 친구를 위한 시를 썼다.

곧 우리가 소중한 사람을 위해 울면,
하나 씩 하나 씩 그들은 강가로 다가오고;
곧 그들의 감미로운 확신을 알게 된다.
우리가 천국에서 각각의 깨진 고리를 찾게 될 것이라는 것을,

곧! 그리고 그렇게 영광스러운 새벽,
출렁이는 물결 너머 아름다운 아침의,
우리가 깨어났을 때 우리의 구세주가 기뻐하게도,
완전히 그리고 순전하게 우리는 만족하게 될 것임을.

크로스비에게 자주 시를 부탁했던
찬양 전도자 필립 필립스.

패니는 항상 윌리엄 브래드베리와 보낸 4년을 하나님께 감사했다. 특히 그는 그녀에게 중요한 사람들을 소개해주었다. 루시우스 비글로, 실베스터 메인, 필립 필립스, 로우리와 돈 박사 등 그녀의 사역에 있어 훌륭한 동역자들이었다. 브래드베리는 그녀에게 하나님을 위해 일하고, 노래로 끊임없이 하나님을 경배할 수 있는 커다

란 유산을 남겼다. 그리고 그 후 브래드베리가 원했던 것처럼 46년 동안 그녀의 사명은 결코 멈추지 않았다.

'사명 친구' 윌리엄 하워드 돈

브래드베리가 패니 크로스비에게 소개해주었던 많은 동역자 가운데 대표적인 한 사람을 꼽으라면 단연 윌리엄 하워드 돈(William Howard Doane: 1832~1915) 박사일 것이다. 패니는 절친한 친구처럼 그와 동역하면서 은혜의 찬송가를 많이 만들어냈다. 패니는 돈 박사와 모든 면에서 마음이 잘 맞았다. 특히 하나님을 향한 열정과 섭리에 따라 사역하는 것이 동일했다. 그래서 그녀는 그와 함께 사역하는 것을 더욱 좋아했다.

돈 박사는 1832년 2월 3일 코네티컷 주 푸트남에서 태어났으며, 1848년 우드스탁 아카데미를 졸업했다. 그리고 1857년 아버지의 동업자 딸인 프랜시스 트리트와 결혼했다. 그는 30세도 되기 전 '페이 컴퍼니'를 인수해 회사 사장이 되었고, 사업 수완이 좋아서 많은 단체의 회장을 맡으며 능력을 발휘했다. 하지만 그의 마음속에는 어릴 때부터 늘 좋아했던 교회 음악에 관한 관심이 남아 있었다. 그는 음악 실력도 뛰어나 12세에는 플루트 연주자로 정기 연주회를 가졌으며, 13세에는 바이올린과 더블 베이스 연주자가 되기도 했다.

돈은 경제적인 성공을 이루자 음악에 대한 열정을 분출했다. 보스톤에서 유명한 오르간 연주자에게 음악 교육을 받으면서 실력을 쌓아나갔다. 하지만 그가 찬송가 작곡에 본격적으로 뛰어들게 된 계기는 따로 있었다. 어느 날 그는 심하게 아프기 시작했고 오랜 기간 병원에 누워 있어야만 했다. 그리고 갑자기 앞이 보이지 않게 되면서 하나님을 찾기에 이르렀다. 그는 만일 하나님께서 눈을 뜨게 하신다면 죽을 때까지 주를 위해 살겠다는 서원 기도를 했다. 그 기도가 끝난 후 기적처럼 하루 만에 시력이 회복되었고, 하나님께 약속한 대로 주를 위해 살겠다고 결심했다. 남은 일생을 복음 전도에 힘쓰기로 마음먹은 돈 박사는 그가 벌었던 엄청난 물질을 모두 주님께 드리기로 했다. 그리고는 선교회와 교회에서 회중을 위한 찬송가를 작곡하기 시작했다.

돈 박사의 첫 찬송가집 〈주일학교 보석〉이 1862년에 출간되었고, 1864년에는 〈작은 광선〉이, 1867년에는 〈실버 스프레이〉가 뒤를 이었다. 돈 박사의 경우, 찬송가의 목적은 하나님을 찬양하거나 그분을 노래하는 것이어야 한다면서 무엇보다도 기도로 지어져야 한다고 주장했다. 그래서 그는 기도를 통해 마음이 감동되지 않는 찬송가는 발간하지 않았다.

크로스비의 유명한 찬송가를 많이 작곡한
부유한 사업가 윌리엄 하워드 돈.

어느 해 5월 도시축제 기간에 친구 목사가 돈 박사에게 '파이브 포인츠 선교회' 10주년 기념식에 쓸 새로운 시를 찾아달라고 부탁했다. 돈 박사는 새로운 시를 위해 작가 수십 명을 만나 검토했지만, 그가 원하는 시를 찾지 못하고 있었다. 그 소식을 들은 친구 로우리 박사는 돈 박사가 어려움에 처해 있다는 사실을 알고 패니에게 시 한 편을 보내보라고 권했다. 그때 패니는 돈 박사를 만난 적은 없었지만, 그녀가 작업하고 있던 '더욱 그리스도처럼' (찬송가 508장/21세기 찬송가 454장 '주와 같이 되기를')이라는 찬송가를 심부름꾼 소년을 통해 보냈다. 하지만 돈 박사는 친구 목사와 이야기하느라 바빴기 때문에 심부름꾼이 도착했을 때 그 찬송가를 옆으로 치워 놓았다. 나중에 그가 우연히 그것을 읽었을 때 흥분하며 소년을 추적했지만 찾을 수 없었다. 그 날 내내 그는 패니 크로스비가 사는 곳을 찾으러 다녔다. 마침내 저녁 늦게서야 그녀가 사는 집의 문을 두드렸다. 그리고 패니를 만나고선 기쁨에 넘쳤다.

"당신을 찾아서 너무 기쁩니다. 난 하루 종일 당신을 찾았습니다. 결국엔 성공했네요."

돈 박사는 자신을 소개했고, 그들은 잠시 이야기를 나누었다. 대화가 끝날 무렵 그가 말했다. "당신에게 찬송가 값을 지불하고 싶습니다."

그가 떠나면서 패니의 손에 무언가를 쥐어주었다. 패니는 늘 그랬던 것처럼 2 달러짜리 지폐라고 짐작했다. 그녀는 그 금액이 확실치 않았고, 그래서 물었다. "이게 뭐죠?"

"20 달러입니다." 그가 말했다.

"네? 그건 너무 많아요." 패니가 말했다.

"하나님이 내게 그 찬송가를 보냈습니다. 그리고 당신은 20 달러 이상을 받게 될 겁니다."

돈 박사는 다음날 저녁 새로운 제목을 가지고 와서 패니에게 찬송가를 쓸 수 있을지 물었다. 그녀는 동의했고 곧바로 일을 시작했다.

돈 박사는 즉시 돌아와 '더욱 그리스도처럼' (찬송가 508장/21세기 찬송가 454장 '주와 같이 되기를')의 찬송가 작업을 했고 좋은 곡조가 떠올랐다. 친구 목사가 좋은 찬송가 시를 찾았는지 물으러 왔을 때 돈 박사는 행복하게 대답했다. 그들은 함께 근처 교회까지 걸어갔고, 그곳에서 친구 목사는 돈 박사가 찬송가를 부르는 동안 오르간을 쳤다.

난 더욱 더 그리스도처럼,
내 구세주가 내게 사시도록
내 영혼은 평화와 사랑을 느끼고,
나를 비둘기처럼 온유하게 만드네.
난 더욱 더 그리스도처럼 갈 것이니,
이 세상 순례자로 있을 때
내 영혼을 불쌍히 여기사,

내 구세주가 내게 사시도록.

〈찬송가 508장/21세기 찬송가 454장〉
주와 같이 되기를 내가 항상 원하나
온유하고 겸손한 주의 마음 줍소서
세상에서 우리가 나그네로 있을 때
주의 형상 닮아서 살아가게 합소서

찬송가 연주가 반쯤 끝났는데, 그 친구 목사는 눈물을 흘리느라 오르간을 계속 치지 못했다. 친구 목사는 오르간 뒤에서 나와 돈 박사 목에 그의 팔을 얹으면서 소리쳤다. "돈 박사, 어디서 이걸 얻었나요?"

"패니 크로스비입니다. 난 그 시를 지금 곡으로 만들어 끝낸 겁니다."

돈 박사는 이후 그녀가 자신의 집에 머물도록 배려했다. 둘 다 하나님이 주관하신 섭리의 한 부분으로 생각했으며, 그들은 자신들의 관계가 하나님의 사역을 감당하기 위해 맺어준 주님의 크신 은혜라고 믿었다. 돈 박사는 패니에게 충분한 대우를 해주었다. 그는 패니에 대해 이야기할 때마다 "하나님께서 나에게 소중한 보석을 주셨습니다" 라고 말하기를 좋아했으며, 그녀를 통해 자신이 지금 이 자리에 있다고 감사하며 고백했다.

우리 찬송가에는 돈 박사와 패니가 함께한 찬송가 중 11편이 실려 있다. 살펴보면 '예수여, 나를 십자가 가까이 지키소서' (찬송가 144장 '예수 나를 위하여' 와 496장/21세기 찬송가 439장 '십자가로 가까이' 로 원 가사가 같음) '죽어가는 자를 구원하라' (찬송가 275장/21세기 찬송가 498장 '저 죽어가는 자 다 구원하고') '예수 품에서 안전한' (찬송가 476장/21세기 찬송가 417장 '주 예수 넓은 품에') '나를 지나치지 마소서, 오 온유한 구세주여' (찬송가 337장/21세기 찬송가 279장 '인애하신 구세주여') '내 삶보다 더한 구세주' (찬송가 424장/21세기 찬송가 380장 '나의 생명 되신 주') '오, 주님 저는 당신의 것입니다' (찬송가 219장/21세기 찬송가 540장 '주의 음성을 내가 들으니') '예수님께 오직 한걸음만' (찬송가 323장/21세기 찬송가 532장 '주께로 한 걸음씩') '이것이 바로 예수님을 위한 말' '예수님이 그의 종들을 상주시기 위해 오실 때' (찬송가 163장 '언제 주님 다시 오실는지') '축복받은 기도의 이 시간' (찬송가 480장/21세기 찬송가 361장 '기도하는 이 시간') 등이다.

돈 박사는 사업차 여행 중일 때 기차 안에서 곡을 쓰는 경우가 많았다. 1868년 4월 말께 그는 평소처럼 기차에서 곡을 쓴 후 뉴욕에 도착하면서 패니를 방문한 적이 있었다.

"패니, 당신은 어떻게 그렇게 아름다운 찬송가를 써왔는지 모르겠습니다. 내가 기차에서 막 작곡한 찬송가 곡에 붙일 가사를 부탁하려고 왔습니다. 다시 기차를 타고 떠나야 하는데, 단지 40분의 시간

밖에 없네요. 가기 전에 그 곡에 붙일 가사를 써줄 수 있겠어요?"

돈 박사는 허밍으로 그 곡을 불렀고 패니는 조심스럽게 듣고 있었다. 그 곡을 다 들었을 때, 그녀는 박수치며 외쳤다. "그 곡은 '예수 품에서 안전한' (찬송가 476장/21세기 찬송가 417장 '주 예수 넓은 품에')이에요! 15분이면 그 제목에 맞는 찬송가 시가 무엇인지 알 수 있을 것 같아요."

그리고 그녀는 서둘러 다른 방으로 들어갔다. 그곳에서 늘 해왔던 대로 무릎을 꿇고 주님께 도움을 구했다. 그리고 앉아서 머리를 끄덕이고, 입술을 움직이며 생각하고 또 생각했다. 그녀가 돌아왔을 때 웃으며 말했다. "돈 박사님, 떠날 시간이 얼마나 남았나요?"

"10분 정도요." 그가 대답했다.

"오, 좋아요. 그 시간이면 충분히 찬송 시를 적을 수 있어요!"

패니가 말하는 가사를 다 적자 돈 박사에게 물었다.

"다 마쳤나요?"

돈 박사는 거의 믿기지 않는다는 듯 말했다.

"어떻게 그렇게 할 수 있는 거죠?"

"축복의 성령님께서 저에게 말씀해주셨어요. 박사님께 3절을 적게 할 겁니다." 그리고 패니는 그 가사를 암송했다.

예수의 품에서 안전한

그의 온유한 가슴에서 안전한,

그곳에서, 하나님의 사랑은 그늘을 드리우고,
내 영혼은 달콤한 쉼을.
들어라! 이 천사들의 목소리를,
내게 노래로 태어나네,
영광의 들판을 넘어서,
푸른 바다를 건너서.

〈찬송가 476장/21세기 찬송가 417장〉
주 예수 넓은 품에 나 편히 안겨서
그 크신 사랑 안에 나 편히 쉬겠네
영광의 들을 넘고 저 푸른 바다 넘어
천사의 노래 소리 내 귀에 들리네

돈 박사는 그 찬송가를 즉시 주일학교에서 부르기 시작했다. 그리고 곧 찬송가집으로 출간했다. 지금 그 찬송가는 세계에서 가장 잘 불려지는 찬송 가운데 하나가 되었다.

사회활동 동역자, 피비 파머 냅

돈 박사와의 동역이 패니를 따뜻하고 가족적인 분위기로 이끌었다면, 피비 파머 냅(Phoebe Palmer Knapp: 1839~1908)과는 사회활동과 밀접한 연관이 있었다. 피비 파머 냅은 전형적인 감리교 가정에서 자라났다. 그녀는 16세에 23세 사업가이자 독실한 감리교인인 조셉 페어 차일드와 결혼했다. 피비의 남편은 사업으로 엄청난 성공을 이루어 '메트로폴리탄 생명보험회사' 를 소유한 백만장자가 되었다. 그들의 집은 각종 비싼 작품들이 걸려있는 예술실이 따로 있었고 음악실도 있었는데, 그 음악실에는 최고의 파이프 오르간이 설치되어 있을 정도였다.

피비는 음악에 재능이 있어 직접 노래하고 연주했으며 곡까지 썼다. 또한 '왕의 딸들' 이라는 단체를 비롯해 여러 단체에서 왕성하게 활동했다. 그리고 그녀의 엄마가 찬송가 가사를 쓰면 피비는 그 가사에 곡을 붙이곤 했다. 피비는 주일학교 곡도 많이 썼으며 주일학교 찬송집을 편집하기도 했다. 패니는 이 주일학교 찬송집에 가사를 보냈고, 피비가 편집한 찬송집의 반은 패니가 썼다. 이후 피비는 패니와 동역하면서 서로에게 도움을 주었다.

패니와 피비의 동역으로 유명한 곡이 탄생했는데, 그 찬송가는 '축복받은 확신' (찬송가 204장/21세기 찬송가 288장 '예수로 나의 구주삼고')이었다. 이 곡은 발표되자마자 인기를 끌었고, 미국 전역과 캐나다에 있는 대부분의 교단에서 찬송가로 포함했다.

축복받은 확신, 예수님은 나의 것이다!
오, 미리 보는 영광스런 거룩함!
구원의 후사와 하나님의 사심,

성령으로 태어나, 그의 피로 씻는다.

이것이 나의 이야기이며, 이것이 나의 노래다
항상 나의 구세주를 찬양하라
이것이 나의 이야기이며, 이것이 나의 노래다
항상 나의 구세주를 찬양하라
완벽한 복종, 모든 것이 쉼을 얻네.
난 구세주 안에서 행복하고 축복받았네
위를 바라보고, 기다리고 보라
그분의 선함으로 채워지고, 그분의 사랑 안에서 길을 잃는다.

〈찬송가 204장/21세기 찬송가 288장〉
예수로 나의 구주 삼고 성령과 피로써 거듭나니
이 세상에서 내 영혼이 하늘의 영광 누리도다

이것이 나의 간증이요 이것이 나의 찬송일세
나 사는 동안 끊임없이 구주를 찬송하리로다

주안에 기쁨 누리므로 마음의 풍랑이 잔잔하니
세상과 나는 간 곳 없고 구속한 주만 보이도다

피비는 자신의 생애를 모두 사회의 병폐 추방과 자애 운동에 쏟았다. 이 운동들은 그녀의 찬송가 곡과 가사에도 잘 나타나 있다. 그녀는 유럽에서 열린 회의에 참석한 후 1908년 7월 폴란드에 있는 한 휴양지에서 숨을 거두었다.

패니는 피비를 만나면서부터 사회에 눈을 뜨게 되었다. 후에 그녀는 하나님의 감동으로 만들어진 자신의 찬송가를 통해 가지지 못하고, 병으로 고통받는 어려움에 처한 많은 사람들을 위로하게 되었다. 피비와의 동역은 사회를 향한 하나님의 뜻이 무엇인지 배우는 좋은 계기였던 것이다. 그리고 사회 봉사와 사회 복지에 열정적으로 도움의 손길을 펼치는 피비를 보면서 패니는 자신의 찬송가를 통해 그들에게 다가갈 수 있는 소중한 시간들을 가질 수 있었다.

> **"우리는 하나님의 동역자들이요 너희는 하나님의 밭이요 하나님의 집이니라"**(고린도전서 3:9)

"찬송으로 보답할 수 없는"

4부

이것이 나의 간증이요, 이것이 나의 찬송일세

찬송으로 보답할 수 없는

(Glory to God, Hallelujah)

1 찬송가에 얽힌 소중한 이야기들

언젠가 패니 크로스비는, 아주 어렸을 때 알았던 오렌지 주에서 먼 길을 달려온 선교사를 만났다. 그녀가 쓴 수많은 찬송가를 중국어와 일본어로 번역해주었고, 한번은 한국에 있는 기독학교를 방문하고 돌아온 선교사였다. 그 선교사는 그녀를 '작은 맹인 패니 크로스비' 라고 불렀다. 사람들은 자주 이 '작은 맹인 패니 크로스비' 의 노래 소리를 듣기 위해 150 마일을 달려오곤 했다. 그것은 놀라운 일이었다.

그 선교사는 패니에게 '예수 품에서 안전한' (찬송가 476장/21세기 찬송가 417장 '주 예수 넓은 품에') '축복받은 확신' (찬송가 204장/21세기 찬송가 288장 '예수로 나의 구주 삼고') '죽어가는 자를 구원하라' (찬송가 275장/21세기 찬송가 498장 '저 죽어가는 자 다 구원하고') '나를 지나치지 마세요, 온유한 구세주여' (찬송가 337

장/21세기 찬송가 279장 '인애하신 구세주여')가 이 나라에서만큼이나 외국의 선교지에서도 잘 불려진다고 말해주었다.

패니는 다른 작가들의 찬송가를 경시하고 자신의 찬송가만을 사랑하는 사람이 아니었다. 그녀는 훌륭한 시인과 작가 들을 통해 더욱 배우려는 자세를 가지고 있었다. 그 결과 뛰어난 사람들의 작품이 늘 그녀의 머리 속에 있었다. 패니는 짧은 식사 시간조차도 찰스 웨슬리나 윌리엄 쿠퍼, 왓츠, 몽고메리, 보나르, 케블, 뉴턴, 헤버와 훼이버의 시를 들었다. 이 작가들은 그녀가 가장 좋아하는 찬송가에 쓰여졌다.

믿음의 조상들은 아직도 살아 있네
지하 감옥과 불과 검에도 불구하고;
아, 우리의 심장은 얼마나 기쁨으로 높게 뛰는지
우리가 그 영광스런 말을 들을 때마다!
믿음의 조상! 거룩한 믿음!
우리는 죽을 때까지 당신께 진실될 것입니다!

그밖에 또다른 사람들도 그녀에게 영향을 주었다. 그 중 스코틀랜드 목사에 의해 쓰여진 위대한 찬송가가 있는데, 그의 이름은 조지 매티슨(George Matheson: 1842~1906)이었다. 그는 놀라운 시들을 많이 썼으며, 그의 시는 패니에게 매우 매력적이었다. 그의 시는 패니를 감동시켰고, 그의 찬송가를 좋아하게 만들었다. 패니는 처음 그의 시를 읽은 후에 작가가 맹인 남자라는 사실을 알았다. 그래서인지 마음속 깊이 그를 배우기로 결심했다.

크로스비의 찬송시에 많은 곡을 붙였던 독실한 감리교인 윌리엄 커크패트릭.

1880년대에 패니는 비글로&메인 출판사, 생키(Ira David Sankey: 1840~1908), 커크패트릭(William James Kirkpatrick: 1838~1921)(우리 찬송가에 15곡이 실려 있으며 패니와는 43장/21세기 찬송가 40장 '찬송으로 보답할 수 없는' 과 446장/21세기 찬송가 391장 '오 놀라운 구세주' 를 함께 만들었음) 스웨니(John R. Sweney: 1837~1899)(우리 찬송가에 9곡이 실려 있음) 그리고 다른 이들과 함께 찬송가를 계속 썼다. 그 찬송가에는 마태복음 18장 3절(너희가 돌이켜 어린 아이들과 같이 되지 아니하면 결단코 천국에 들어가지 못하리라) 사도행전 8장 35절(빌립이 입을 열어 이 글에서 시작하여 예수를 가르쳐 복음을 전하니) 그리고 빌립보서 3장 8절(또한 모든 것을 해로 여김은 내 주 그리스도 예수를 아는 지식이 가장 고상함을 인함이라 내가 그를 위하여 모든 것을 잃어

At the Cross!

Written By. Fanny J. Crosby July 24/75

1.

At the cross I found my Saviour
Found him precious to my soul
By his grace through faith he saved me
In his blood he made me whole

Chorus:-
Still the healing tide is flowing
Oh, that all, its power might know
Though our sins may be like crimson
It will make them white as snow

2–

At the cross I lost my burden
Mercy rolled it all away
Oh, the joy and consolation
Jesus gives me every day
Cho:-

3.

At the cross he, now is waiting
Careless one he waits for thee
Throw thyself upon his mercy
He will save thee come and see
Cho:-

4

At the cross I love to linger
At the cross I love to rest
There I found a full salvation
There my longing soul was blest
Cho:-

사람들이 받아 적은 패니 크로스비의 찬송시.

버리고 배설물로 여김은 그리스도를 얻고)에서 영향을 받아 만든 '주 예수의 이야기를 말해주시오' 처럼 많은 사람들이 좋아하는 곡이 있었다. 그녀의 찬송가들은 대부분 성경 이야기를 기초로 했다. 특히 그녀는 '구속' (시편 107:2 '여호와께 구속함을 받은 자는 이같이 말할지어다 여호와께서 대적의 손에서 저희를 구속하사')의 시에서 많이 사용한 시편을 좋아했다. '오 놀라운 구세주' (찬송가 446장/21세기 찬송가 391장)에서 그녀는 다윗의 시인 시편 27:5(여호와께서 환난 날에 나를 그 초막 속에 비밀히 지키시고 그 장막 은밀한 곳에 나를 숨기시며 바위 위에 높이 두시리로다)과 시편 94:22(여호와는 나의 산성이시오 나의 하나님은 나의 피할 반석이시라)의 주제를 선택했고, '크신 일을 이루신 하나님께' 는 시편 126:3(여호와께서 우리를 위하여 대사를 행하셨으니 우리는 기쁘도다)에서 따왔다. 성경은 그녀에게 영감을 주었지만, 그렇다고 해서 단어를 그대로 따라 쓰지는 않았다. 대신 메시지에 집중했고, 그러고 나서 성령의 감동으로 찬송가를 이해하기 쉽고 즐겁게 만들었다.

1890년대에는 찬송가보다는 서정시를 많이 썼는데 하워드 돈과 크리스마스 칸타타 〈산타클로스〉를 작업했고, 하트 당스(Hart Pease Danks: 1834~1903)와 〈자니〉를 작업했다. 친구들 중 몇몇은 그녀가 찬송가를 고수해야 한다고 주장했지만, 패니는 악에 대항하는 선을 표현하는 방법으로 찬송가를 쓰는 것 외에 또다른 방법도 있다고 믿었다. 찬송가에 이르지 못하는 사람들이 있다면, 서정시

등을 통해 그들의 마음이 주님께 다가가도록 노력했다.

그러나 그때까지 너무 많은 찬송가를 썼던 그녀는 자신의 시 모두를 기억할 수가 없었다. 때때로 자신이 쓴 노래들을 들었을 때도 자기 작품이라는 것을 알지 못했을 정도였다. 그렇게 찬송가 하나만 더 쓰고자 하는 압박을 받으면서도 패니는 항상 기도했고 하나님이 주시는 영감을 기다렸다. 때로 그 감동은 그녀가 기대하지 못한 곳에서 나오기도 했다. 패니가 70대에 들어섰을 때에도 주님은 그녀의 재능을 낭비하지 않게 하셨고, 주님께 받은 사명은 계속되었다.

패니 크로스비의 서정시에 많은 도움을 주었던 펜실베이니아의 음악교수 존 스웨니.

존 스웨니(우리 찬송가에 10곡이 실려 있으며 패니와는 231장/21세기 찬송가 240장 '주가 맡긴 모든 역사' 385장 '군기를 손에 높이 들고' 두 곡을 작업했음)는 부드러운 것을 원했고, 그래서 그녀는 '무엇보다도 내 구세주'를 썼다. 그 찬송가는 곧 전 세계 사람들을 사로잡았다. 뒤이어 그녀는 세상을 뜬 사촌 하워드 크로스비 박사에 대한 헌시로 비글로&메인 출판사와 '은혜로 구원된' (찬송가 295장/21세기 찬송가 608장 '후일에 생명 그칠 때')을 작업했다. 비글로&메인 출판사는 다른 작품 수천 편과 함께 그 찬송시를 보관했다가 여러 해가 지난 후 출간하기도 했다.

패니가 쓴 찬송가들은 남녀노소 할 것 없이 많은 사랑을 받았다. 그중에서 패니가 애정을 가졌던 사람들은 경찰관과 철도원 들이었다. 그녀는 항상 어디를 가든지 그들을 '나의 소년들' 이라고 부르면서 반갑게 대하곤 했다. 언젠가 철도원들이 많이 참석한 집회에서 연설을 하게 되었는데, 그녀는 철도원들을 소년이라 부르면서 오래전 사역했던 이야기를 들려주었다.

"예전에 친구가 뉴욕 시에서 많은 철도원들을 맡았었습니다. 그들은 일주일 내내 일해야만 했을 정도로 힘들었습니다. 그때 나는 그들이 전차를 수리하기 위해 기다리는 방에 함께 머문 적이 있었습니다. 비록 그곳은 작고 냄새 나고 볼품도 없었지만 약간의 꽃과 식물 들이 뒤덮여 있어 상쾌했습니다. 당시 매주 주일 아침 예배 중 마지막 1시간은 열차 차장들과 운전기사들을 위해 배려되었습니다. 그래서 나는 '철도 소년' 들이 하나님을 잘 믿을 수 있도록 권면하고 위로했습니다. 그 후 YMCA 모임과 선교회에서 수많은 시간들을 그들을 위해 연설했습니다. 내가 쓴 찬송가를 부르는 강건한 그들의 음성을 들으면 마음이 항상 기뻤습니다."

패니의 찬송가와 복음성가들은 세계 모든 곳에서 사람들의 마음에 축복을 심어주었다. 그 간증들은 너무나 많아 말할 수 없을 정도였다.

"하나님은 나에게 놀라운 일을 하도록 하셨습니다. 그 일들은 나에게 헤아릴 수 없는 축복과 커다란 기쁨을 주었습니다. 때로 방황하는 영혼이 나의 찬송가를 듣고 회복되어 다시 주님의 품으로 돌아갈 때 나의 마음은 한량없는 기쁨으로 넘칩니다. 그리고 인간의 영혼을 구원하는 영광스러운 사역을 주신 것에 대해 항상 하나님께 감사드립니다. 나는 하나님과 동행하면서 그분의 일을 수행하고자 합니다. 나에게 맡겨주신 사명을 감당하는 것만큼 귀중한 일은 없으니까요."

패니가 비글로&메인 출판사에 보낸 찬송가만 해도 6천여 편에 이른다. 허버트 메인은 다른 출판사나 친구들에게 쓴 것과 일반 시까지 합하면 2천 7백 편이 넘을 거라고 추측했다. 그렇다면 그녀의 찬송가와 시 들이 모두 8천편이 넘는다는 것은 의심할 바 없다. 아마도 그렇게 많은 찬송가를 쓴 사람은 이 세상에 없을 것이다.

패니 크로스비가 쓴 시의 인기는 끝이 없었다. 광대한 땅을 넘어 바다를 가로지르는 나라에서도 달콤한 목소리의 가수들은 그녀의 복음을 노래로 옮겼다. 더욱이 수만 명의 성도에 의해 불려진 그녀의 시들은 전 세계를 넘나들었다.

한편 많은 찬송시 가운데 어떤 것은 어디론가 사라지기도 했다. 이채로운 것은 아이라 생키의 이름으로 알려진 것이 많다는 사실이다. 그것은 생키의 비글로&메인 출판사에서 그녀의 시들을 출간했기 때문이다.

모든 곳에서 기억하고 존경하는 시를 쓴다는 것은 쉬운 일이 아니다. 패니가 쓴 수천 편의 찬송가가 불려질 때 사람들은 하나님을 기억하게 되었다. 이 찬송가들은 모든 나라에서 오늘도 불려지며 사람들은 찬송을 통해 그들의 열정과 힘을 새롭게 한다. 그녀가 꿈꿨던 찬양의 메시지는 모든 곳으로 퍼져나갔다. 그리고 그 선포는 사람들에게 위로와 평화를 가져다주었다. 패니가 끝까지 놓지 않았던 믿음·소망·사랑의 사명을 통해서.

"온 땅이여 여호와께 즐거이 부를찌어다 기쁨으로 여호와를 섬기며 노래하면서 그 앞에 나아갈찌어다"(시편 100:1-2)

"자비한 주께서 부르시네"

자비한 주께서 부르시네

(Jesus Is Tenderly Calling Thee Home)

인애하신 구세주여

(찬송가 337장/21세기 찬송가 279장)

나를 지나치지 마세요, 온유한 구세주여,

제 초라한 외침을 들어주세요.

당신이 다른 사람을 부르고 있는 동안

나를 지나치지 마세요.

〈찬송가 337장/21세기 찬송가 279장〉

인애하신 구세주여

내 말 들으사

죄인 오라 하실 때에

날 부르소서

세계 여러 나라에서 가장 주목받았던 패니 크로스비의 찬송가

가운데 하나가 '나를 지나치지 마세요, 온유한 구세주여' (찬송가 337장/21세기 찬송가 279장 '인애하신 구세주여')이다. 이 찬송가는 전도 집회에서 주로 사용되었고, 많은 영혼의 회심을 가져왔다(또한 우리나라에서 많이 불린 찬송가 중 하나이기도 하다).

1868년 패니 크로스비는 브래드베리와 사역하는 동안 남편 밴과 함께 뉴욕의 서부 저지대에 있는 배릭 가로 이사 했다. 그곳은 35명이 살고 있는 공동 주택이었다. 패니와 밴은 3층에 있는 초라한 작은 방에 세를 들었는데, 물이 나오지 않았고 통풍도 잘 되지 않았다. 사실 그들은 더 좋은 곳에서 살 여유가 있었지만, 패니는 자신의 사명이 가난한 이들과 살면서 그들에게 도움을 주는 것이라고 믿었기에 남편을 설득했다. 그러던 어느 날 친한 동역자가 된 돈 박사가 그녀에게 곡의 제목을 부탁했고 그녀가 '인애하신 구세주여'로 결정했다.

이후 이 찬송가는 널리 알려져 많은 사람들이 좋아하는 찬송으로 자리 잡았다. 무디와 항상 대중 전도 집회를 가졌던 생키가 그녀에게 말했다.

"그 찬송가가 워낙 유명해 1874년 영국 런던 집회에서 이 찬송가보다 더 잘 불려진 찬송은 없었습니다. 그 찬송가는 집회에 참석한 많은 사람들의 영혼을 감동시켰으며, 집회 때마다 수많은 사람들이 은혜를 받았습니다."

패니를 알고 지내던 친구들이 어느 날 뉴저지의 뉴어크로 그녀를 초청했다. 그녀는 펜실베이니아 역에 도착해 그 도시에서 성공한 그리스도인 사업가들과 대화하는 시간을 가졌다. 그곳에 참석했던 한 남자가 패니에게 다가와 말했다.

"당신을 만나 매우 기뻐요. 꼭 한번 만나고 싶었지만 당신이 무디 생키와 함께 영국에 있었기 때문에 만날 수 없었습니다." 그러나 패니가 대서양을 한번도 넘은 적이 없다고 하자 그가 놀라며 말했다.

"그랬군요, 만일 내가 당신을 만나지 못했다면 나는 찬송가에 있는 당신의 영혼을 알지 못했을 겁니다. 나는 요크셔와 리즈에 살고, 좋은 부모님을 둔 젊은 사업가입니다. 내가 무디와 생키의 집회에 참석해서 그들이 노래하는 '인애하신 구세주여' 를 들었을 때 정말 마음 깊이 큰 은혜를 받았습니다. 그때 나는 마음을 다해 주님께 고백했습니다. 그리고 그분이 나를 그냥 지나치지 않기를 바랐습니다." 그가 계속 이야기했다.

"다음날 밤 집회에 또 갔습니다. 그 날 예배도 전날과 같은 찬송으로 시작되었습니다. 나는 더 이상 머뭇거리지 않았습니다. 그 후 전적으로 하나님께 나의 삶을 복종시켰습니다. 그리고 이듬 해 미국으로 건너갔습니다. 이 도시에서 사업을 시작해 크게 성공했는데, 이미 40년 전 일이군요."

그러고 나서 그는 주머니에서 무언가를 꺼내며 말했다.

"이것은 내가 40년 동안 은혜받았던 당신의 찬송가입니다. 지금까지 주머니에 그 찬송가를 복사해 넣고 다녔습니다."

이 말을 끝낸 후 그는 패니의 손에 감사의 표시로 10 달러짜리 지폐를 쥐어주고 떠났다.

"주님, 나의 기도에 귀를 기울여 주십시오. 나의 신음 소리를 들어 주십시오. 나의 탄식 소리를 귀 담아 들어 주십시오."(시편 5:1, 표준새번역)

"주께로 한 걸음씩"

주께로 한 걸음씩

(Only A Step To Jesus)

3 주 예수 넓은 품에

(찬송가 476장/21세기 찬송가 417장)

예수의 품에서 안전한
그의 온유한 가슴에서 안전한,
그곳에서, 하나님의 사랑은 그늘을 드리우고,
내 영혼은 달콤한 쉼을.
들어라! 천사들의 목소리를,
내게 노래로 태어나네,
영광의 들판을 넘어서,
푸른 바다를 건너서.

〈찬송가 476장/21세기 찬송가 417장〉
주 예수 넓은 품에 나 편히 안겨서
그 크신 사랑 안에 나 편히 쉬겠네

영광의 들을 넘고 저 푸른 바다 넘어
천사의 노래 소리 내 귀에 들리네
주 예수 넓은 품에 나 편히 안겨서
그 크신 사랑 안에 나 편히 쉬겠네

세계적으로 가장 잘 알려진 패니 크로스비의 찬송가 가운데 대표적인 작품이 '예수 품에서 안전한' (찬송가 476장/21세기 찬송가 417장 '주 예수 넓은 품에')이다. 이 찬송가는 1868년 4월 말께, 패니와 동역했던 돈 박사가 사업상 철도로 이동 중일 때 그녀를 방문하여 30분 만에 쓴 찬송가이다.

돈 박사는 당시 세계적으로 유명한 작곡가가 아니었으며, 특별히 뛰어난 음악가도 아니었다. 하지만 훌륭한 기독교 사업가였다. 그는 찬송곡 2천 3백여 편을 썼고, 그 찬송가의 반은 패니가 시를 썼다. 모든 말은 성령의 임재와 감동에서 온다고 믿었던 패니는 찬송가를 쓰기 전에 항상 무릎 꿇고 하나님께 영감을 구했다.

돈 박사가 어느 날 황급히 패니를 찾았다.

"기차 안에서 막 작곡한 찬송가 곡에 붙일 가사를 부탁하려고 왔습니다. 그 곡에 가사를 써줄 수 있겠어요?" 그리고는 말했다. "지금부터 정확하게 신시내티로 가는 기차를 타기 전까지 40분의 시간밖에 없습니다. 가기 전에 그 곡에 붙일 가사를 줄 수 있겠어요?"

돈 박사의 말이 끝나자마자 그녀는 제목을 '주 예수 넓은 품에' 로 생각했고, 15분 만에 돈 박사가 허밍으로 불러준 곡에 가사를 붙였다.

패니가 말했다. "축복의 성령님께서 저에게 감동으로 말씀하셨어요." 그리고는 그 가사를 암송했다. 시를 들은 돈 박사는 기뻐했으며 곧 찬송집으로 출간했다.

뉴욕에 있는 화이브 스트리트 장로교회의 유명한 목사였던 존 홀 박사는 어떤 다른 찬송가보다도 '주 예수 넓은 품에' 는 아이를 잃은 부모에게 특히 위로가 되었다고 말했다. 이 찬송은 모든 나라에서 유명해졌고 외국어로 번역된 미국 최초의 찬송가 가운데 하나였다. 그리고 이 찬송가에 대해서는 슬픔과 어려움에 처한 영혼들에게 큰 위로가 되었다는 수많은 간증들이 있다.

패니는 하나님이 이끄는 대로 살았다. 무엇보다도 많은 사람들에게 그리스도를 통한 구원을 주기 위해 찬송가를 썼다. 특히 선교 일을 감당하면서, 빈민가에서 방황하던 길 잃은 영혼들이 바뀌는 모습을 보았다. 언젠가 생키가 말했다. "당신은 인생의 고속도로를 기쁨으로 걸을 수 있게 만드는 사람이었어요." 나중에 그가 해외 방문에서 돌아온 후 그녀에게 '주 예수 넓은 품에' 찬송이 영국에 있는 교회로 수천 권이나 보내졌다고 말했다.

한편 뉴욕 빈민가 선교 시설에서 불려지는 그녀의 찬송가는 거리에 있는 많은 사람들에게 새로운 희망의 삶을 가져다주었다. 패니는 예배 중에 술 취해 비틀대던, 가난하고 배고픈 젊은이를 절대 잊을 수 없었다. 찬송이 끝나자 그가 패니에게 와서 말했다.

"난 죽을 준비를 하고 있었어요. 하지만 하나님의 은혜로 '주 예수 넓은 품에' 를 만났고 그 찬송가가 나를 구했습니다. 그 찬송가를 부를 때 마음은 감동했고 회개의 눈물을 흘렸습니다."

패니는 그 젊은이를 껴안은 후 선교 모임에 앉아 있는 사람들에게 이야기를 해달라고 부탁했다. 그가 체험한 이야기를 끝냈을 때쯤 그곳에 참석한 사람들은 모두 감동의 눈물을 흘렸다. 이와 같은 광경은 매일 밤 볼 수 있었다. 그리스도 안에서 사랑과 희망을 찾은, 길 잃은 영혼들이 주께로 돌아오기 시작했던 것이다.

패니는 수많은 영혼들을 그리스도께로 이끌었을 뿐만 아니라, 종종 그들이 주의 일을 감당하는 선교 일꾼으로 바뀌는 모습을 지켜보았다. 또한 선교 일을 새롭게 받아들인 사람들이 더 많은 신앙의 일꾼들을 이끌게 되었다. 구원받은 한 영혼이 수백 명의 다른 사람에게 감동을 주었고, 이로써 패니는 모든 사람들이 잠재적인 선교 일꾼으로 생각되었다.

1907년 9월에 한 부인이 패니 크로스비를 만나기 원했다. 이 부인은 영국의 프랜시스 리들리 해버갈(Frances Ridley Havergal: 1836-1879, 우리 찬송가에 10편이 실려 있음)과 같은 마을에서 태어났다고 말했다. 그녀는 2년 전 하나님의 품으로 간 아들 윌의 간증을 말해주었다.

"그 아이는 교회에서 정말 귀여운 성가대원이었습니다." 그녀가 말했다.

"그러나 병에 걸렸고, 병원에 갔지만 희망이 없다는 소리를 들었습니다. 그래서 2주가 지나 아들을 병원에서 집으로 데리고 왔습니다. 내 아들은 당신의 찬송가를 사랑했으며 병원에서 계속 그 찬송가들을 불렀어요. 그리고 함께 있던 환자들에게 '축복받은 확신' (찬송가 204장/21세기 찬송가 288장 '예수로 나의 구주삼고')이라는 찬송가를 통해 살아계신 예수 그리스도를 고백했습니다. 그 아이는 항상 침대 곁에 무디와 생키의 책을 놔두고 있었죠. 나의 아들은 멋진 황혼으로 물든 저녁이 지난 후 밤에 죽었습니다. 그 날도 윌은 하루 종일 건강하게 지냈어요. 마루에서 윌의 지팡이 소리를 들었을 때도 나는 집에 홀로 있었습니다. 내가 침대 곁에 이르자 그 아이가 말했습니다. '사랑하는 엄마, 내 곁을 떠나지 마세요. 저에게 찬송가를 주세요. '주 예수 넓은 품에' 를 부르고 싶어요.' 그 아이는 계속 찬양했고 '천사의 노래 소리' 에 이르렀을 때 사랑하는 아들은 책을 떨어뜨렸습니다. 그 아이의 얼굴은 '엄마 거기 천사가 있어요. 그곳에는 영광의 들판이 있어요. 그곳에는 빛이 있어요. 엄마, 그곳에는 푸른 바다가 있어요' 라고 말하면서 빛이 나고 있었습니다. 그러고 나서 영원히 주님과 함께 있기 위해 하늘나라로 갔습니다."

패니는 그녀를 위로하면서 눈가에 흐르는 눈물을 닦아주었다.

1910년 패니의 나이 90세가 되었을 때, 그녀의 친구 대부분이 죽었다. 심지어 친구의 아이조차 늙었고 그들 가운데 대부분이 역시 죽었다. 사람들은 패니가 곧 죽을 것이라고 생각했다. 그녀의 몸은 걷지 못할 정도로 구부러져 있었다. 그러나 그녀가 말할 때만큼은 젊은이처럼 목소리가 쉬거나 떨리지 않았다. 그래서인지 사람들은 그녀로부터 하나님의 사랑을 체험한 놀라운 이야기를 듣기 좋아했다. 어느 날 저녁 집회에서 패니는 '주 예수 넓은 품에' 와 관련한 이야기를 간증했다. 많은 군중들이 모여 그녀의 이야기에 귀를 기울였다.

"나는 언젠가 친구 목사와 마차를 타고 달렸습니다. 내가 탄 마차의 마부는 우리들을 못 알아본 것 같았습니다. 우리들은 예수님에 관해 토론했고, 앞으로의 사역에 대한 이야기를 나누었습니다. 한참을 달렸을 때 친구 목사가 마부의 어깨를 툭 치면서 말했습니다. '이 분이 바로 찬송가 작사가인 패니 크로스비이십니다.' 이 말이 끝나자마자 그 마부는 '패니 크로스비!' 라고 소리쳤고 곧 마차를 멈추었습니다. 그리고 마차에서 내려 모자를 벗고 정중하게 마차 문을 열었습니다. 그의 눈은 이미 눈물로 젖어 있었습니다. 그리고는 그가 말하기를 '크로스비 부인, 저는 결코 당신을 만나지 못할 것으로 생각했습니다. 하지만 당신의 찬송가가 나에게 얼마나 많은 걸 의미하는 지 모를 것입니다. 이 때문에 당신에 대해 늘 알기를 바랐습니다. 나의 아버지는 당신의 찬송가를 부르는 동안 예수님을 영접했고 술을 끊었습니다.' 나는 그의 손을 부드럽게 잡으면서 이렇게 말했습니다. '사랑하는 소년이여, 당신이 이렇게 고백하는 모습에 대해 사랑하는 주 예수님께 감사드립니다.' 그리고 그 마부는 기차 역에 도착하자마자 경찰관의 도움을 요청했습니다. '이분이 패니 크로스비이십니다. 이분들을 기차까지 안전하게 인도해주세요.' 그 말이 끝나자마자 경찰관은 놀라 소리쳤습니다. '패니 크로스비? 당신이 바로 '주 예수 넓은 품에' 를 쓴?' 그는 도저히 믿지 못하겠다는 듯이 말했습니다. 옆에 있는 친구 목사가 그렇다고 대답하자 곧 그의 눈에도 눈물이 고이기 시작했습니다. 그리고 자신이 겪은 일들을 고백하기 시작했습니다. '우리는 지난 주에 바로 그 찬송가를 불렀습니다. 사랑하는 내, 내 어린 사랑하는 딸의 장례식에서 그 찬송가를 불렀습니다.' 그는 아직도 그 슬픔을 잊지 못한 채 흐느끼고 있었습니다. 나는 그의 손을 잡아주며 우리 주 예수님의 이름으로 그를 위로했습니다. '당신의 마음에 하나님의 축복이 넘치기를 바랍니다. 그리고 사랑하는 아내에게 어린 딸이 주 예수님의 넓은 품에서 영원히 평안할 것이라고 말해주세요.' "

패니는 이 이야기를 수많은 군중과 또다른 사람들에게 말했다. 한번에 5천 명의 사람들이 그녀의 목소리를 듣기 위해 모이기도 했다. 많은 사람들은 그녀의 이야기에 감동받으며 소중한 은혜의 시간을 가졌다. 그리고 하나님의 영감이 임하는 그녀의 말 한마디 한마디에 그들은 눈물을 흘렸다.

언젠가 패니는 엄마에게 자신의 사역에 대한 편지를 보낸 적이 있었다. 그녀는 이같은 편지를 자주 보냈는데, 대부분은 하나님의 역사로 많은 사람들이 주님께 돌아왔다는 간증의 이야기들이었다. 이 편지는 그 가운데 하나이다.

1886년 5월

사랑하는 엄마,

엄마의 85주년 생신에 함께하지 못해 죄송해요. 저는 뉴욕 주뿐 아니라 다른 주도 여행하며 발표하느라 바쁘게 지냈어요. 이번에 만난 사람들은 저에게 특별한 의미가 있었어요. 주님께서 저의 찬송가를 통해 사람들을 예수님께 인도하신 것에 대해 얼마나 기쁜지 몰라요!

말씀드리는 것보다도 더 많이 제가 구원 사역에 동참하게 되어 항상 기쁘고 즐거워요. 주 예수님 앞에 나온 많은 사람들이 술 먹던 것도 끊기로 약속했어요. 이것이 힘들고 어려움에 처한 사람들에게 가장 좋은 길임을 알았고요. 사실 그들은 저에게 더 큰 의미이지만, 저는 그 남자들을 '나의 소년들' 이라고 불러요.

아마도 엄마는 '주 예수 넓은 품에' 찬송가가 그랜트 대통령의 장례식에 불려졌다는 이야기를 들으셨을 거예요. 그 찬송가는 내가 쓴 것 중 가장 유명한 찬송가가 되었어요. 그리고 그 찬송가가 어린 아이를 하늘나라로 보내 슬픔에 빠진 어머니와 아버지들에게 위로가 되고 있다고 해요. 지난번에 말씀드렸듯이 생키 씨조차 독일 사람들을 방문했을 때 이 찬송가를 불렀다는 말을 들었어요.

생키 씨는 지금까지 무디 씨의 설교 때 저의 찬송가를 많이 불러 왔어요. 그래서 사람들이 무디 씨의 설교를 들은 후에 쉽게 복음이 이해되었다고 말했고요. 제가 이 찬송가를 통해 가장 원하는 일은 많은 사람들이 사랑하는 주 예수님을 깨닫고 돌아오는 거예요. 저는 하나님의 도구이니까요.

사랑하는 엄마, 제가 집으로 돌아갈 때까지 이미 거의 모든 주에서 초청자로 부름받았어요. 그들은 제가 맹인이기에 호기심으로 보기 원한다는 것을 알아요. 그러나 그들은 많은 어려운 문제들과 근심, 걱정 때문에라도 저를 찾아오고 있어요. 그들은 저같이 늙은 맹인의 도움을 필요로 해요. 그것은 단지 제 육신 때문이 아니라 제 안에 하나님이 함께 하시고 역사하시기 때문이에요. 그 불쌍한 영혼들을 위해서 하나님의 말씀을 전할 때마다 그리고 하나님이 주신 은혜들을 간증할 때마다 힘이 넘쳐나고 있다는 걸 느껴요. 그건 분명히 주님께서 저에게 힘을 부어주시기 때문이라 믿고요. 또한 그것이 저의 사명이기도 해요.

엄마, 저는 지금 정말 행복해요. 부족한 저를 통해 그들을 위해 기도할 수 있고 예수님을 깨닫게 할 수 있어서 얼마나 기쁜지 몰라요. 그리고 진심으로 생일 축하해요, 사랑하는 엄마!

엄마의 사랑하는 딸,

패니

패니는 찬송가 가운데 '주 예수 넓은 품에' 에 특히 많은 애착을 가졌다. 이유는 무엇보다도 이 찬송가를 통해서 많은 사람들이 주께 돌아오는 역사가 일어났기 때문이었다. 이 찬송가는 여러 장소에서 풍성한 은혜 속에 불려졌다. 1890년 〈뉴욕타임스〉는 '어떤 다른 찬송가들보다 '주 예수 넓은 품에' 만큼 세계를 많이 항해한 찬송가는 없을 것이다' 라고 보도했다. 이 찬송가는 1881년 9월 25일 사망한 미국 가필드 대통령의 추도 예배 때 클리블랜드에 모인 수많은 군중에 의해 불려졌다. 그리고 1885년 8월 10일 그랜트 대통령의 장례 행렬이 지날 때도 이 찬송가를 연주했다. 이처럼 이 찬송가는 고난에 빠진 사람들을 위로했으며 죽어가는 영혼들을 주님께 이끌었다.

이 찬송가에 대한 간증은 바다 건너에서도 나오기 시작했다. 1887년 아프리카의 레이크 빅토리아 해안에서 열렸던 영국국교회 주교 제임스 해닝턴의 간증은 많은 사람들을 감동시키기에 충분했다. 해닝턴의 자서전에는 '주 예수 넓은 품에' 와 관련된 간증이 있었다. '그들은 순식간에 나를 땅으로 내던지고 때렸다. 그리고 나의 모든 것을 빼앗아갔다. 나는 땅에 다리를 질질 끌고 다녔다.… 결국 더 이상 항거할 수 없는 지경에 이르렀고 죽음의 문턱에 다다르게 되었다. 그러나 이런 처지에도 불구하고 내 마음과 입술은 '주 예수 넓은 품에' 찬송을 부르고 있었다. 그 찬송가는 내 영혼을 위로하였고, 그 순간에서도 미소를 짓게 했다.'

한편 1879년 뉴욕 사람들은 저지 시에서 살해된 남학생 조지 에

스티의 장례식에 감동했다. 주일학교 학생들로 붐빈 그의 장례식에는 찬송가 '주 예수 넓은 품에' 를 부르며 모두가 그의 마지막 가는 길을 추모하기도 했다.

이 찬송이 포함된 찬송집이 발행되자마자 많은 단체와 교파 들은 앞다투어 자신들의 찬송가에 이 찬송가를 실었다. 이 책이 발행된 지 얼마 되지 않았던 1900년 무렵 YMCA를 비롯해 북침례교회, 회중교회, 그리스도의 교회, 북과 남장로교회, 남감리교회, 아우구스타나 루터교회, 개혁감독교회, 캐나다 장로교회, 그리스도의 제자들 등의 찬송가에도 실렸다.

'주 예수 넓은 품에' 는 소망에 대한 기쁨의 내용 때문에 장례식에서 불리기도 했지만, 다른 곳에서 수많은 성도들에게 위로를 주었고 인생의 쉼과 휴식, 피난처로써 더 큰 의미를 주었다. 특히 패니가 언급한 대로 이 찬송가는 주님을 떠나 세상에서 방황하는 사람들을 주님께 인도하는 데 많은 기여를 했다. 그것은 하나님께서 그녀를 통해 찬송 가운데 역사하시는 성령의 감동으로 그들의 영혼을 움직였기 때문이었다.

"옛부터 하나님은 너희의 피난처가 되시고, 그 영원한 팔로 너희를 떠받쳐 주신다. 너희가 진격할 때에 너희의 원수를 쫓아내시고, 진멸하라고 명령하신다."(신명기 33:27, 표준새번역)

"기도하는 이 시간"

기도하는 이 시간

('Tis The Blessed Hour Of Prayer)

4 저 죽어가는 자 다 구원하고

(찬송가 275장/21세기 찬송가 498장)

'죽어가는 자를 구원하라' (찬송가 275장/21세기 찬송가 498장 '저 죽어가는 자 다 구원하고')는 찬송가는 패니가 49세였던 1869년에 쓰여졌으며, 패니 크로스비의 유명한 찬송집 〈당신이 알아야만 하는 100편의 찬송가〉 가운데 한 곡이다. 그녀가 쓴 찬송가 대부분이 뉴욕에서 사명을 감당하면서 쓰여졌는데, 이 찬송가는 그때 겪었던 일이 바탕이 되었다.

어느 날 패니의 마음속에 한 소년이 그 날 밤이 아니면 전혀 구원받을 수 없다는 생각이 강하게 밀려왔다. 그때 패니는 한 회사에서 강연을 하고 있었는데 일하는 사람들이 많이 모였다. 당시 그들은 뜨거운 여름밤에도 불구하고 일하고 있었다. 연설이 거의 끝났을 때 그녀는 청중 속에서 '어떤 엄마의 아들' 이 그리고 '오늘 밤 구조되지 않으면 안된다' 라는 느낌이 흘러나와 마음에 가득 차는 것을 감지했다. 그래서 패니는 혹시 이곳에 어머니의 집으로부터 멀리 떨어져 방황하고 있는 소년이 있는지를 물었다. 그리고 혹여라도 지금 있다면 집회를 마치고 나서 그녀에게 와달라고 절박한 심정으로 간청했다. 그녀의 말이 끝난 후 몇 분이 지나지 않아 한 젊은이가 다가와 물었다.

"그 말씀이 저를 의미하는 것인가요? 저는 하늘에 계신 어머니와 만날 것을 약속했습니다. 그러나 현재의 제 삶을 보면 불가능할 것 같아요." 패니는 그에게 무릎을 꿇으라고 말한 다음 모인 사람들과 함께 기도하기 시작했다. 마침내 하나님의 도우심으로 기도가 끝난 후 마침내 그의 눈에 새로운 빛이 임했다. 그리고는 승리의 함성을 외쳤다.

"감사합니다. 이제 저는 하나님을 찾았기 때문에 하늘에 계신 어머니를 만날 수 있습니다."

패니 크로스비는 이 소년을 통해 얻은 은혜의 체험으로 '저 죽어가는 자 다 구원하고' 라는 제목의 찬송시를 돈 박사에게 보낼 수 있었다. 패니는 그때의 일을 이렇게 회고했다.

"내가 그곳에서 체험한 '저 죽어가는 자 다 구원하고' 라는 제목의 가사가 마음 깊이 다가왔습니다. 나는 그 날 밤 다른 것들은 생각할 수 없었어요. 집에 도착하자마자 즉시 찬송가를 써내려갔죠. 그리고 잠자리에 들기 전에 끝냈습니다." 다음날 아침 그녀의 노래는 돈 박사에 의해 아름답고 감동스런 찬송가로 남겨졌다.

이 일이 있은 지 35년 후, 패니는 매사추세츠 린의 한 YMCA 기독인 모임에서 연설했다. 그녀는 그 젊은이와의 간증을 모인 이들에게 이야기했고, 어떻게 '저 죽어가는 자 다 구원하고' 가 쓰여 지게 되었는지를 말했다. 모임이 끝난 후 사람들이 다가와 그녀와 악수했지만, 한 사람만 멈추어서 말했다.

"패니 크로스비 부인, 제가 그때의 그 소년입니다." 부드럽게 패니의 손을 잡고, 그는 덧붙였다.

"전 그 날 이후 꾸준히 그리스도인의 삶을 살기 위해 노력했습니다. 앞으로 우리가 다시 만날 수 없다면 저 너머 하늘 위에서 만나게 되겠지요." 그러고 나서 그는 그녀의 손등에 입을 맞추었다. 그녀가 놀란 가슴을 진정하기도 전에 그리스도인이 된 젊은이는 가버렸다.

패니가 본격적인 찬송가 작사가로 사명을 감당하기로 결정했을 때, 그녀는 점점 더 많은 나라와 주변의 집, 교회에서 자주 초청을 받았다. 남편 밴이 죽은 후 그녀는 코네티컷에 살고 있는 자매들에게로 갔는데, 심지어 그곳에서도 많은 방문객들을 만났다. 1908년 겨울에 한 젊은 기자가 패니의 집을 두드렸고 동생 캐리가 문을 열어주었다. 그 기자는 패니 크로스비를 만나 인터뷰를 하고 싶어 했다. 작고 구부정한 한 노인이 거실로 들어오면서 그를 반갑게 맞이했다.

"나를 패니 부인이라고 불러도 됩니다. 지금 내가 88세인데 모두가 그렇게 부른다오. 거실로 들어와요, 젊은이. 여기 앉아요. 어쨌든 당신에게 도움을 줄 수 있어 행복하군요."

그 기자가 말했다. "패니 부인, 당신은 지금까지 살아 있는 가장 유명한 찬송가 작사가일 겁니다."

패니가 빙그레 웃었다. "하나님께서 당신의 마음에 축복을 주시기를, 나는 세상과 차단되었고 주님과도 단절되었던 적이 있었지요. 그때 주님은 내 영혼에 햇빛을 주셨습니다. 하나님께 영광을(크신 일을 이루신 하나님께)!"

" '하나님께 영광을' (우리 찬양의 제목은 '크신 일을 이루신 하나님께')은 당신이 쓴 찬송가 중 가장 좋아하는 찬송가지요?" 기자가 물었다.

패니는 잠시 동안 생각했다. "아마도. 하지만 당신도 알다시피 내가 가장 좋아하는 찬송은 시간에 따라 변한답니다. 그러나 이 찬송가는 내가 가장 좋아하는 찬송가 중 하나임은 분명해요." 그녀는 마른 두 손을 하늘로 높이 올리면서 낭랑한 목소리로 암송했다.

죽어가는 자들을 구원하라, 죽어가는 자들을 돌보아라.
그들을 죄와 무덤의 슬픔에서 건져내라.
죄를 범한 이를 슬퍼하고, 떨어지는 이를 들어올려라.
그들에게 예수, 구원하는 전능자를 이야기하라.

〈후렴〉

죽어가는 자들을 구원하라, 죽어가는 자들을 돌보아라.

예수는 자비롭고, 예수가 구원할 것이다

인간 마음의 아래 사단에 의해 짓눌려진

묻혀 있는 감정들을, 은혜로 복원시킬 것이다

사랑의 마음에 감동받고, 친절로 깨어난

끊어진 현이 다시 한번 진동할 것이다

〈찬송가 275장/21세기 찬송가 498장〉

저 죽어가는 자 다 구원하고 죄악과 무덤서 건져내며

죄인을 위하여 늘 애통하며 예수의 공로로 구원하네

〈후렴〉

저 죽어가는 자 예수를 믿어 그 은혜 힘입어 다 살겠네

"오, 젊은이, 이 찬송가에는 주님이 살아계시는 이야기들이 아주 많이 있어요." 그녀는 캐리가 가져온 차 한 잔을 들어 한 모금 마셨다.

"그 비밀이 무엇인가요? 당신의 찬송가들이 왜 그렇게 유명하고 힘이 있는 건가요? 당신이 쓴 모든 것이 말이에요!" 기자가 묻자 패

니가 웃으며 말했다.

"하나님께서 사랑하는 당신의 영혼에 축복을 주시기를. 젊은이, 주님은 나에게 언어를 주셨어요. 그리고 지금도 자주 사용합니다. 그러나 나는 그 언어들을 사용하기 전에 항상 기도해요. 바로 이것이 많은 사람들을 주님께 인도한 가장 큰 비밀입니다. 기도밖에 없지요, 내가 할 수 있는 일이 아니니까. 축복의 성령님께서 나에게 그 언어를 주신 거예요. 사랑하는 주님은 내 삶의 기쁨이랍니다."

"하지만 어떻게 당신이 맹인인데도 그렇게 행복할 수 있나요? 당신의 눈을 상하게 한 의사를 용서하기가 어려웠을 텐데요?"

패니는 몸을 앞으로 숙여 그 젊은이의 얼굴에 손을 저으며 말했다.

"과연 어떤 선이 다른 사람들에게 인색하게 할 수 있을까요? 어떤 선도 절대 그럴 수는 없어요. 나는 그 남자에게 나쁜 감정이 없습니다. 그리고 할머니는 나를 의자에 앉혀 놓고 하나님께서 내게 가장 좋은 것을 주시겠다는 약속을 가르쳐주셨지요. 결국 그분은 그렇게 하셨어요. 주님은 보이지 않는 나를 사용하셔서 그분의 뜻대로 하신 거랍니다. 그분은 전능하신 분이시라오!" 그녀는 강한 어조로 확신을 가지고 말했다.

"용서와 신뢰라…. 그들은 당신이 어떻게 그렇게 건강하게 장수하는 지의 비결을 말해주기 원합니다." 고개를 끄덕이던 그 기자가 다시 물었다.

"맞아요! 궁금할 겁니다. 행복하고 건강하게 사는 두 가지 비결은 입을 조절하는 것과 생각을 조절하는 것입니다. 나는 다른 사람들에게 불친절하게 말한 적이 없어요. 주님의 빛이 내 영혼을 늘 비추고 있습니다! 만일 당신이 나보다 더 행복한 사람을 찾았다면, 그 사람을 보여주세요. 내 행복의 잔은 사랑하는 주님의 은혜 가운데 항상 넘치고 있어요."

패니가 철도원과 버림받은 사람 들을 위해 사역하고 있던 어느 날, 저녁식사를 마치자마자 벨이 울렸다. 문을 여니 구세군 대표단이 교회 집회에 참석해줄 것을 요청하면서 들어왔다. 그리고는 브라스밴드와 함께 그녀의 찬송가 가운데 몇 곡을 연주해주기 원했다. 그녀는 흔쾌히 승낙했고 다음날 저녁 그 집회에 참석했다. 그곳에서 준비된 브라스밴드와 맞춰 그녀는 많은 노래를 연주했다. 연주가 끝난 후 그녀는 수백 명의 사람들과 함께 '저 죽어가는 자 다 구원하고' 를 부르며 마을 구석구석을 행진했다. 그들은 그녀에게 2천 명이 넘는 사람들이 교회에 들어오지 못하고 아쉽게 발길을 돌렸다고 말해주었다.

패니는 그 날 집회에 참석한 사람들이 모두 그분에게 인도되기를 바라면서 이 세상 모든 곳을 샅샅이, 충분히 가득 차게 만드실 사랑을 전했다. 그리고 이 세상에 다시 오실 예수 그리스도의 놀라운 이야기를 마음을 다해 말했다. 그리스도의 존재가 찬양과 말씀 속에 깊이 밴 놀라운 예배였던 것이다.

사실 '저 죽어가는 자 다 구원하고'는 처음 영국에서 더 유명해졌다. 패니는 가난한 이들을 구제하는 주제에 맞추어 1870년 이 찬송가를 썼다. 이후 매해 출판된 모든 찬송가에서 꾸준한 사랑을 받았다. 그리고 세계적으로 그리스도인들이 가장 좋아하는 찬송가 가운데 하나가 되었으며, 미국 개신교 찬송의 표본이 되기도 했다.

> "하나님이 세상을 이처럼 사랑하사 독생자를 주셨으니 이는 그를 믿는 자마다 멸망하지 않고 영생을 얻게 하려 하심이라 하나님이 그 아들을 세상에 보내신 것은 세상을 심판하려 하심이 아니요 그로 말미암아 세상이 구원을 받게 하려 하심이라"(요한복음 3:16-17, 개역개정)

"언제 주님 다시 오실는지"

언제 주님 다시 오실는지

(When Jesus Comes To Reward)

F. J. Crosby
W. H. Doane
1.언제다시다시 오실는지 아는이가없으 니
2.주오늘에다시 오신다면 부끄러움없을 까
3.주예수님맡겨 주신일에 모두충성다했 나
4.주예수님언제 오실는지 한밤이나낮이 나
등밝히고너는 깨어있어 주를반겨맞아 라
잘하였다주님 칭찬하며 우리맞아주실 까
내맘속에확신 넘칠때에 영원안식얻겠 네
늘깨어서주님 맞는성도 주의영광보겠 네
주안에서우리 몸과 맘이 깨끗하게되어 서
주예수님다시 오실때에 모두 기쁨으로 맞아라

5 예수로 나의 구주삼고

(찬송가 204장/21세기 찬송가 288장)

1873년 어느 날 그녀의 친구 피비 파머 냅이 패니를 집으로 초대했다.

"패니, 당신에게 들려주고 싶은 곡을 만들었어요."

그녀는 그 곡을 두세 번 피아노로 연주했다. 패니는 주의 깊게 들었다. 그리고 그녀가 행복할 때마다 그랬듯이 그 곡을 듣고 나서 박수를 쳤다.

"정말 아름답군요!" 그녀가 말했다. 냅은 패니에게 이 곡이 무엇을 말하고 있는지 물었다.

" '축복받은 확신' (찬송가 204장/21세기 찬송가 288장 '예수로 나의 구주 삼고')이라고 하고 싶어요!" 그러고 나서 재빨리 패니는 주님께 도움받기 위해 기도했다. 기도가 끝난 후 그녀는 친구에게 다음과 같은 가사를 적게 했다.

축복받은 확신, 예수님은 나의 것이다!
오, 미리 보는 영광스런 거룩함!
구원의 후사와 하나님의 사심,
성령으로 태어나, 그의 피로 씻는다.

이것이 나의 이야기이며, 이것이 나의 노래다
항상 나의 구세주를 찬양하라
이것이 나의 이야기이며, 이것이 나의 노래다
항상 나의 구세주를 찬양하라

완벽한 복종, 모든 것이 쉼을 얻네.
난 구세주 안에서 행복하고 축복받았네
위를 바라보고, 기다리고 보라
그분의 선함으로 채워지고, 그분의 사랑 안에서 길을 잃는다.

〈찬송가 204장/21세기 찬송가 288장〉
예수로 나의 구주 삼고 성령과 피로써 거듭나니
이 세상에서 내 영혼이 하늘의 영광 누리도다

이것이 나의 간증이요 이것이 나의 찬송일세
나 사는 동안 끊임없이 구주를 찬송하리로다

크로스비가 곡을 쓰고 냅이 작곡한 1873년 첫 출간된 찬송가 "예수로 나의 구주삼고".
(미국 게릿신학교 소장)

주안에 기쁨 누리므로 마음의 풍랑이 잔잔하니
세상과 나는 간 곳 없고 구속한 주만 보이도다

이 찬송가는 특히 무디와 생키의 복음전도단에 의해 많이 불려졌다. 쉬운 곡조와 소망이 담긴 가사 때문에 그들이 가는 곳마다 청중들의 마음속에 깊은 감동을 주었다. 복음전도자 생키는 그의 〈복음찬송가 이야기〉에서 이렇게 말했다.

"복음찬송가 가운데 가장 잘 알려지고 잘 불려지는 찬송가 중 하나가 '예수로 나의 구주 삼고' 입니다. 특히 그 찬송가는 몇 해 전 미니애폴리스로 가는 기차에서 규모가 큰 '그리스도 전도대표단' 에 의해 불려지기도 했습니다. 최근에도 수많은 승객들에게 복음을 전할 때마다 이 찬송가를 통해 놀라운 일들을 경험하곤 합니다. 그리고 얼마 전 전도대표단에 의해 미니애폴리스 사람들이 이 찬송가를 컨벤션 홀로 가는 길에 부르면서 그들과 함께 매우 기뻐한 것을 기억합니다."

"내가 그리스도와 함께 십자가에 못 박혔나니 그런즉 이제는 내가 사는 것이 아니요 오직 내 안에 그리스도께서 사시는 것이라 이제 내가 육체 가운데 사는 것은 나를 사랑하사 나를 위하여 자기 자신을 버리신 하나님의 아들을 믿는 믿음 안에서 사는 것이라"(갈라디아서 2:20)

"너희 죄 흉악하나"

너희 죄 흉악하나

(Though Your Sins Be As Scarlet)

6 후일에 생명 그칠 때

(찬송가 295장 / 21세기 찬송가 608장)

패니 크로스비는 천국에 관한 찬송가를 쓰기 좋아했다. 그녀 자신이 항상 하늘나라에 소망을 두고 살았기 때문에 소망의 찬송가를 쓰는 것은 당연한 일이었는지도 모른다. 특히 많은 찬송가 중 '은혜로 구원된' (찬송가 295장/21세기 찬송가 608장 '후일에 생명 그칠 때')은 그녀가 가장 좋아하는 소망의 찬송가 가운데 하나였다.

'후일에 생명 그칠 때' 는 패니에게 특별한 의미를 가지고 있다. 패니가 이 찬송가를 썼을 때 그녀의 나이는 71세였다. 그동안 그녀는 엄마, 사촌, 두 동생의 남편과 가깝고 사랑하는 친구들을 많이 잃었고, 언젠가는 자신도 그들과 함께할 운명임을 알았다. 이런 내용을 바탕으로 쓴 찬송가 가사를 패니는 비글로&메인 출판사에 보냈다. 그들은 이 가사를 받아서 다른 찬송가 수백 편과 함께 보관함에 넣어두었다.

패니가 이 찬송가를 쓰고 있을 때 남편 밴의 건강은 좋지 않았다. 하지만 그녀는 그를 돌볼 수 없었고, 그래서 좀더 편안한 아파트에서 남은 생을 보내도록 그를 '언더힐' 이라는 가족의 집으로 옮겼다. 패니는 남편 밴을 자주 방문했으며, 그들은 이제 부부에서 깊은 우정의 관계가 되었다. 밴은 항상 몸이 좋지 않았고, 그들의 아기가 죽은 이후에는 더욱 예전 같지 않았다. 그래도 그녀는 항상 그를 충실하게 돌보려고 노력했다.

패니와 많은 시간을 함께했던 사람 중 하나가 당시 최고의 복음 가수라고 불리는 아이라 생키였다. 그는 그녀의 노래에 깊은 영적 감동을 불어넣었고, 패니는 복음 전도에 열정을 가지고 있는 그에게 늘 존경심을 가지고 있었다. 얼마 후 사랑하는 남편 밴이 떠났고, 아이라 생키는 급속하게 변하는 도시에서 혼자 사는 패니를 걱정했다. 그래서 그는 많은 시간을 그녀와 보냈고, 어느 해 여름에는 자신의 초대 손님으로 매사추세츠 노쓰필드 성경 회의에 그녀를 데리고 갔다. 그러나 패니는 연설하는 것만은 피했다.

어느 날 집회 중에, 생키는 그녀에게 짧은 연설을 부탁했다. "무언가 말씀해 보시겠어요? 청중들은 당신의 연설을 듣고 싶어 해요." 패니는 그렇게 많은 유명 인사 앞에서 말할 준비가 안되었기 때문에 거절하려고 했다. 하지만 생키는 거절하는 그녀를 받아주지 않았다.

"제발 부탁이에요, 생키. 이렇게 재능 많은 사람들 앞에서 난 할 말이 없어요."

그때 예배를 이끌던 목사가 그녀에게 다가와 물었다.

"패니, 당신은 사람을 즐겁게 하기 위해 연설하나요 아니면 하나님을 기쁘게 하기 위해 연설하나요?"

그 질문은 그녀를 놀라게 했다. "아, 전… 물론 하나님을 기쁘게 하기 위해서지요."

"그렇다면 나가셔서 하나님께서 주신 사명을 다하세요."

그렇게 연단으로 이끌려가면서 패니는 생각을 정리할 시간이 거의 없었다. 그래서 하나님을 찬양하는 말을 몇 마디 했고, 그녀에게 마음의 노래였던 '후일에 생명 그칠 때' 를 암송했다.

언젠가 은현이 끊어지고,
더 이상 지금처럼 노래하지 않겠지
그러나 아, 깨어날 때 그 기쁨이란
왕의 궁전 안에서!

〈찬송가 295장/21세기 찬송가 608장〉
후일에 생명 그칠 때 여전히 찬송 못하나
성부의 집에 깰 때에 내 기쁨 한량없겠네

패니가 4연의 시를 모두 끝냈을 때 모임에 참석한 사람들은 감동의 눈물을 흘렸다. 생키가 그녀에게 와서 물었다.

"그렇게 아름다운 찬송가를 어디서 구했나요?"

"글쎄요, 저는 이미 3년 전에 그 시를 당신께 드렸는데요. 이 시를 낭독하기 위해 저는 이 시간을 기다렸지요." 생키는 그 시를 복사해 스티빈스에게 곡을 붙여줄 것을 요청했다. 이 시를 받은 스티빈스는 패니에게 2행의 합창 부분을 부탁했으며, 이후 그녀는 다음과 같은 행을 썼고 이 가사는 후렴이 되었다.

내가 그분의 얼굴을 맞대어 볼 때
은혜로 구원된 간증을 말하리라.

〈찬송가 295장/21세기 찬송가 608장〉
내 주 예수 뵈올 때
그 은혜 찬송하겠네

이 찬송가에 곡을 붙여준 조지 스티빈스(George Coles Stebbins: 1846~1945)은 그녀에게 가장 헌신적이고 귀중한 친구들 가운데 한 사람이었다. 그는 훌륭한 인격과 품성을 가진 사람이었고, 많은 선행으로 패니의 삶에 부족한 부분을 채워주었다. 또한 그는 그녀의 시에 날개를 달아주었는데, 그렇게 하여 탄생한 '후일에 생명 그칠 때' 는 가장 잘 알려진 유명한 찬송가로 남게 되었다.

이 찬송가는 수많은 간증을 만들어냈다. 많은 사람들이 주께 돌아왔으며 회심했다. 그 많은 간증 가운데 아래는 어느 신문사에서 쓴 기사였다.

'유니온 거리에 있는 '크라이스트 크리스천 성공회교회'의 오전 예배 중에 깜짝 놀랄 만한 일이 일어났습니다. 그 교회는 평소처럼 성도들로 가득 찼으며, 그들은 로버트 미치 담임목사의 말씀에 은혜를 받았습니다. 미치 목사가 설교를 마치고 교회 비전에 대해 막 말하려고 할 때였습니다. 늘 그래왔던 것처럼 엄숙한 예배의 틀에서 벗어나는 일이 갑자기 일어났습니다.

교회 앞 통로로부터 네 번째 좌석에 지적인 얼굴의, 단정하게 옷을 입은 여인이 앉아 있었고 그 여인은 이제 30세 정도 된 것 같았습니다. 그녀는 그동안 예배에 참석하지 않았던 새로운 사람이었기에 많은 이들에게 주목을 받았습니다. 특히 예배에 집중하면서 간혹 눈물을 닦는 모습에 사람들은 더욱 긴장했습니다. 바로 그때 그 여인이 자리에서 일어났습니다. 깜짝 놀란 성도들은 그녀의 행동에 집중했고 곧이어 그녀는 말하기 시작했습니다.

빠르면서도 간결하게 그녀는 자신이 이 교회의 성도였고, 교회를 떠났던 것과 지금 이 자리에 다시 돌아오게 된 배경에 대해 말했습니다. 그녀는 죄의 무서움과 진정한 삶의 기쁨에 대해서도 생생하게 묘사했습니다. 그리고는 그녀의 이야기를 숨죽이고 경청하던 그곳의 많은 남자와 여자 들에게 이렇게 말했습니다.

"페이지 박사님이 전에 담임목사로 계셨을 때 지하실에서 주일학교에 출석했었습니다. 저의 어머니는 이 교회의 독실한 성도였으며, 늘 저에게 올바른 길을 가르쳐주셨습니다. 저는 15세 되던 해 집을 떠나 배우와 결혼했습니다. 여러 해 동안 무대에 종사했으며 자연적으로 동료들과 바쁘게 살아가는 삶이 되었습니다. 그렇게 세상에서 바쁘게 지내는 사이 나는 하나님이 없는 삶을 보내야 했습니다."

그녀는 계속해서 말했습니다.

"약 2년 전에 저는 시카고에 있었습니다. 어느 날 오후 그레이스 감리교감독교회의 엡워쓰 연맹이 노쓰 파크 거리에서 야외 집회를 인도하고 있었을 때, 저는 늘 그랬던 것처럼 그 날 오후를 흥청망청 보내기 위해 페리 휠 공원으로 가고 있었습니다. 그런데 야외 집회 소리를 듣고 싶은 호기심이 생겨 발걸음을 멈추어 섰습니다. 그러나 지금 생각해보면 하나님께서 나의 발을 그곳에 붙잡아 놓으신 것이었습니다. 그들은 '후일에 생명 그칠 때' 를 부르는 중이었고 그 곡조는 저를 감동시켰습니다. 어린 시절의 추억이 영혼에 물밀 듯 몰려왔습니다. 그리고 9년 전, 돌아가시기 전까지 저를 위해 눈물을 흘리며 기도해주셨던 어머니를 생각했습니다. 지금까지 어머니가 계시지 않은 모든 세월을 회상했던 것입니다."

"저는 즉시 길 모퉁이에 무릎을 꿇고 지나온 세월 동안 지은 죄를 회개하며 아버지 하나님께 용서를 구했습니다. 그런 다음 그곳에서 주님을 다시 받아들였습니다. 하나님께서 나를 버리지 않았다는 사실을 확신하자 그제서야 진정한 평안이 찾아왔습니다. 저는 즉시 모든 일을 포기했습니다. 그리고 그때부터 지금까지 그분의 예배를 위해 살았습니다. 이 도시에서 며칠 있는 동안 어젯밤 '호프 선교회' 를 방문했습니다. 주님께서 저를 위해 하신 일을 증명하기 위해 이곳에 와야 한다고 말씀하셨기 때문입니다. 저는 오랫동안 이 교회에 나오지 않았습니다. 그러나 제가 이곳에 나오지 않았던, 잃어버린 시간들이 마치 어제 하루뿐이었던 것처럼 느껴집니다. 지금 저는 전에 어머니가 늘 앉아 계셨던 바로 옆 좌석에 앉아 있습니다. 그리고 저를 위해 그토록 애태우며 눈물로 기도하시던 사랑하는 어머니의 존재를 느낍니다. 저는 여러분께 간증하면서 심장이 뛰는 것을 억제할 수 없습니다."

숨죽이며 듣고 있던 성도들은 깊은 감동을 받았습니다. 목사는 눈물을 글썽이며 강단에서 내려가 그녀를 격려했습니다. 예배가 끝날 즈음에는 많은 성도들이 은혜를 받은 이야기를 나누며 이 낯선 이방인을 반갑게 맞았습니다. 극적인 광경이었습니다. 결국 그 여인은 자신의 사명을 다하고 떠나면서 말했습니다.

"저는 사랑하는 주 예수님과 어머니가 이곳에 있었다고 확신합니다."

'후일에 생명 그칠 때' 와 관련된 간증들은 넘쳐났다. 모든 교회에서, 집회에서 그리고 신문과 잡지에까지 실렸다. 몇 년이 지난 후 이 찬송가를 출판했던 생키가 몸져 누웠고 패니가 브루클린에 있는 그의 집을 방문했다. 이곳에서 그들은 하나님의 다양한 은혜를 체험했다. 하나님이 소중히 여기는 사람이 침대 위에 조용히 누워 있다는 것은 정말 측은한 일이었다. 그들은 손을 붙잡고 함께 울었으며 찬송하고 기도했다. 그는 패니보다 먼저 주님의 품으로 갈 것이라고는 생각하지 않았다. 언젠가 그가 그녀에게 아름다운 편지 한 통을 써서 보냈다. 그 편지에는 '후일에 생명 그칠 때' 의 내용이 들어 있었다. 얼마 후 생키가 죽었을 때, 마지막 합창 부분은 그가 말했던 마지막 말이었다.

"당신이 천국으로 갈 때, 동쪽 편에 있는 진주 문에서 내가 오는 것을 지켜봐주기를 바랍니다. 내가 그곳에 가서 하나님의 보좌까지 금으로 만든 길을 따라 당신의 손을 잡고 인도해줄 것입니다. 우리는 어린 양 앞에 서 있을 것입니다. 그리고 그분에게 말할 것입니다. '사랑하는 주님, 이제 우리가 당신의 얼굴을 직접 바라봅니다. 당신이 갖고 계신 비길 데 없는 무한한 은혜로 구원하옵소서. 그리고 우리를 받아주소서.' "

"만일 땅에 있는 우리의 장막 집이 무너지면 하나님께서 지으신 집 곧 손으로 지은 것이 아니요 하늘에 있는 영원한 집이 우리에게 있는 줄 아느니라"(고린도후서 5:1, 개역개정)

“주의 십자가 있는데”

주의 십자가 있는 데

(Nearer The Cross)

F. J. Crosby
P. P. Knapp
C G C G7 C G
1. 주 의십자 가 있 는데 더 가까 이 가 네
2. 성 도들상 을 받 을때 더 가까 이 가 네
3. 기 도할때 에 우 리가 더 가까 이 가 네
C G C G7 C G7 C
날 마다점 점 가 까이 더 가까 이 가 네
하 늘의떡 을 먹 을때 더 가까 이 가 네
날 마다사 랑 하 면서 더 가까 이 가 네
G7 C G7 C
예 수의상 한 허 리에 보 배론피 를 흘 려서
죄 인을대 속 하 신주 내 맘에항 상 계 시니
괴 로운일 이 끝 나고 즐 거운일 이 오 리니
F C G C G7 C
날 위해돌아 가셨 네 더가까이 가 네 더가까이 가 네
성 령의감화 받아 서 더가까이 가 네 더가까이 가 네
면 류관쓰는 자리 에 더가까이 가 네 더가까이 가 네

7 그밖의 찬송가들

1874년, 패니 크로스비의 동역자인 돈 박사가 그녀에게 '내 삶보다 더한 구세주' (찬송가 424장/21세기 찬송가 380장 '나의 생명 되신 주')의 곡과 제목을 보내왔다. 그리고 찬송가에 그 제목을 써줄 것을 요청했다. 나중에 이 찬송가는 그녀가 가장 슬픈 순간에 기쁨과 위로를 주었는데, 패니는 그 찬송가를 들을 때마다 자신의 믿음이 더 강건해지고 소망이 타오르며 주를 향한 사랑이 넘침을 느꼈다.

내 삶보다 더한 구세주여,
나는 당신께로 가까이 매달리고 있습니다.
당신의 보배로운 피를 통해서,
나를 당신의 편에 언제나 지켜주소서

날마다 매 시간마다,
당신의 정화를 느끼게 하소서
당신의 부드러운 사랑으로
나를 주님께 더 가까이 묶으소서.

〈찬송가 424장/21세기 찬송가 380장〉
나의 생명 되신 주
주님 앞에 나아갑니다.
주의 흘린 보혈로
정케 하사 받아주소서

(후렴)
날마다 날마다
주를 찬송하겠네
주의 사랑의 줄로
나를 굳게 잡아매소서

만일 '주 예수 넓은 품에' 가 돈 박사의 요청으로 써서 그녀의 능력을 보여주었다면 '오 주님, 저는 당신의 것입니다.' (찬송가 219장/21세기 찬송가 540장 '주의 음성을 내가 들으니')는 패니가 깊은 사색 가운데 만든 체험의 찬송가이다. 그녀가 말한 대로 '깊은 곳에서 넘쳐나는 느낌과 감동' 으로 쓴 고백의 찬송가이다.

언젠가 패니 크로스비는 돈 박사가 살고 있는 신시내티의 저택을 방문하여 하나님과 가까이하는 문제를 놓고 의견을 나누고 있었다. 그들은 자신들의 사명을 통해 조금 더 하나님께 나아가기를 고백하면서 서로를 격려했다. 돈 박사와 대화를 나눈 그 날 저녁은 따뜻했고, 패니는 베란다에 앉아 있었다. 가족은 그녀로부터 조금 떨어진 곳에 있었으며, 그녀는 해가 지는 것을 바라보고 있었다. 바로 그 때 패니는 어둠 속으로 떨어지는 강한 햇빛을 얼굴에 느꼈다. 다른 때와는 다른 감동스런 빛이었다. 갑자기 거룩한 존재에 대한 경이를 느꼈고 즉시 방으로 돌아와 찬송시를 썼다.

오 주님, 저는 당신의 것입니다. 당신의 목소리를 들었습니다.
그리고 당신의 사랑이 내게 들렸습니다.
그러나 저는 믿음의 품 안에서 일어나기를
그리고 당신에게 더 가까이 끌려지기를 갈망합니다.

(후렴)
축복의 주님, 저를 당신께 가까이 더 가까이 이끄소서,
당신이 죽으신 십자가로.
축복의 주님, 저를 당신께 가까이 더 가까이 이끄소서,
당신의 귀중한 피로써.

주님, 이제 저를 당신의 일에 헌신하게 해주시기를 원합니다.
귀하신 은혜의 힘으로
저의 영혼이 확고한 소망을 바라보게 하시고
저의 의지가 당신 안에서 약해지게 하소서.

〈찬송가 219장/21세기 찬송가 540장〉
주의 음성을 내가 들으니 사랑하는 말일세
믿는 맘으로 주께 가오니 나를 영접하소서

(후렴)
내가 매일 십자가 앞에 더 가까이 가오니
구세주의 흘린 피로써 나를 정케 하소서

주여 넓으신 은혜 베푸사 나를 받아주시고
나의 품은 뜻 주의 뜻같이 되게 하여 주소서

비글로&메인 출판사와 대부분의 출판업자들은 1 달러나 2 달러를 각각의 찬송가에 대한 인세로 패니에게 지급했다. 아무리 찬송가가 성공해도 그녀는 다른 돈을 받을 수 없었다. 찬송가 가사는 작곡가의 재산이 되었고, 그들은 패니보다 더 많은 돈을 벌었으며 출판사가 모든 이익을 가졌다. 패니의 찬송가가 유명해지면서 그녀

찬송가 작사가였던 에리자 하윗 여사와 함께 인디언 마을을 방문했을 때 그곳 추장과 함께.

를 아는 친구들은 그녀에게 더 많은 돈을 요구하라고 권고했다. 찬송가 '주 예수 넓은 품에' 는 매우 유명해져서 세계의 모든 교회에 자기 나라 언어로 번역되었다. 생키가 쓰고 무디가 출간한 '예수로 나의 구주 삼고' 는 여전히 불려졌으며 '인애하신 구세주여' 도 마찬가지였다. 그러나 패니는 여전히 가난을 면치 못했고 이후에도 결코 돈을 위해 시를 쓰지는 않았다.

"그것은 하나님의 일이고 나의 사명일 뿐입니다." 그녀가 자주 하던 말이다. 그녀는 자신이 쓴 찬송가를 통해 길 잃은 영혼을 주께 이끌었다면, 그것으로 보답은 충분하다고 믿었다. 그것이 하나님께서 자신에게 주신 축복의 사명이기 때문이다.

브래드베리가 소개한 많은 작곡가 가운데 사일러스 존스 베일(Silas Jones Vail: 1818~1884)이 있었다. 뉴욕 브루클린 출신인 그가 언젠가 패니를 방문하였다. 그는 자신이 작곡한 곡에 붙일 가사를 생각하던 중에 패니가 떠올랐다고 말했다. 그리고 그녀에게 알맞은 시를 써줄 것을 간청했다. 패니는 그에게 피아노로 그 곡을 연주해 달라고 부탁했다. 베일이 연주했을 때 아름다운 선율이 울려나왔고, 거의 끝나갈 즈음에 그녀는 손뼉을 치면서 말했다.

"베일 씨, 그 찬송가에는 가사가 그대로 담겨 있습니다. 바로 그 곡이 '주께로 더 가까이' (찬송가 492장/21세기 찬송가 435장 '나의 영원하신 기업')라고 말하고 있어요." 패니는 그 자리에서 기도한 후 가사를 써 내려갔다. 곧 3절이 완성되었다.

나의 영원한 기업이신 당신이여,
내 생명과 친구보다 더 소중합니다.
내 순례 길을 다 가는 동안,
구세주여, 당신과 동행하게 하옵소서.
당신께 가까이, 당신께 가까이, 당신께 가까이, 당신께 가까이,
내 순례 길을 다 가는 동안,
구세주여, 당신과 동행하게 하옵소서.

〈찬송가 492장/21세기 찬송가 435장〉
나의 영원하신 기업 생명보다 귀하다.
나의 갈 길 다가도록 나와 동행하소서.
주께로 가까이 주께로 가오니
나의 갈 길 다가도록 나와 동행하소서.

생애를 통틀어도 패니는 항상 가난했다. 돈이 생길 때마다 그것을 남에게 주었다. 자신이 살고 있는 집세를 못 내는 어려움을 겪기도 했다. 한번은 집세를 내는 날이 되었는데 돈이 없자 늘 그랬던 것처럼 기도하기 시작했다. 그때 알지 못하는 어떤 한 사람이 집으로 들어왔고, 그 달 집세인 '10 달러' 를 정확히 그녀 손에 쥐어주고 아무 말도 없이 가버렸다. 그 날 밤 패니는 자정 헌신 기도에서 오늘 일어났던 일에 감사하는 기도를 올렸다. 그러고 나서 잠이 들기

전에 '모든 길에서 나를 이끄시는 구세주' (찬송가 434장/21세기 찬송가 384장 '나의 갈 길 다가도록')를 하나님께 대한 감사의 마음으로 썼다. 1875년 추운 겨울이었다.

모든 길에서 나를 이끄시는 구세주여,
제가 더 무엇을 요구하리요?
그분의 온유한 자비하심은 의심할 수 없으며,
내 모든 삶을 인도하셨네.
그분 안에 믿음으로 거할 때
하늘의 평화와 거룩한 위로가 있으며!
내게 무슨 일이 생길지라도
예수님은 그 모든 것들을 잘 해결하실 것이네
내게 무슨 일이 생길지라도
예수님은 그 모든 것들을 잘 해결하실 것이네

〈찬송가 434장/21세기 찬송가 384장〉
나의 갈 길 다가도록 예수 인도하시니
내 주 안에 있는 긍휼 어찌 의심하리요
믿음으로 사는 자는 하늘 위로 받겠네
무슨 일을 만나든지 만사형통 하리라
무슨 일을 만나든지 만사형통 하리라

“그러면 어떻게 할꼬 내가 영으로 기도하고 또 마음으로 기도하며 내가 영으로 찬미하고 또 마음으로 찬미하리라”(고린도전서 14:15)

"주와 같이 되기를"

5부

영혼 구원을 위하여 마지막까지

주와 같이 되기를

(More Like Jesus Would I Be)

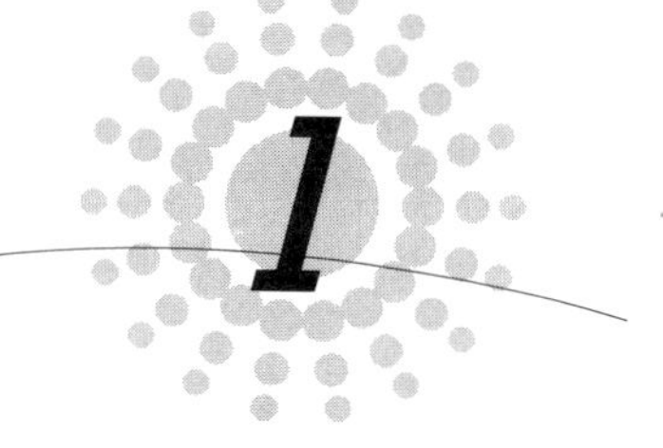

복음 전도자 패니 크로스비

무디와 생키

1870년대 초반 패니 크로스비는 미국에서 가장 유명한 찬송가 작사가로 자리잡고 있었다. 그녀는 돈 박사와 계속 동역했고, 그는 그녀에게 평생 친구가 되었다. 그리고 재능이 많은 작곡가들이 그녀의 아파트를 찾았다. 그들은 다른 누구도 아닌, 패니의 찬송가를 원했다. 1875년에 복음 전도자 드와이트 무디와 아이라 생키를 만난 패니는 복음 전도자가 되었고, 본격적인 영혼 구원의 사역에 뛰어들었다.

시카고에서 YMCA 복음 전도사가 된 평신도 설교자 무디는 다양한 도시에서 복음을 전파하기 위해 영국으로 갔다. 수천 명의 사람들이 그의 집회에 왔고, 그들 중 많은 이들이 그리스도를 영접했다. 무디가 설교하는 곳이면 어디든지 생키는 훌륭한 바리톤 솔로로 공연하면서 함께했다. 또한 그는 패니의 찬송가를 많이 불렀는데, 곧 '인애하신 구세주여' 와 '주 예수 넓은 품에' 는 영국의 가정에서 가장 인기 있는 찬송가가 되었다.

1870년에 무디는 인디애나폴리스에 있는 YMCA 컨벤션에서 우연히 생키와 만났다. 무디는 훌륭한 바리톤 목소리를 가진 생키에게 펜실베이니아 서부에서의 일을 그만두고 자신과 함께 복음 전도 사역을 감당할 것을 제안했다. 1875년 뉴욕으로 돌아왔을 때 그들은 이미 국제적인 인물이 되었고 가는 도시마다 폭풍이 일었다. 그런데 그때 무디의 동역자 생키가 목소리를 잃어가기 시작했다. 그런데도 여러 해 무디와 함께 사역하면서 훌륭한 오르간 연주자로 자리를 지켰다.

한편 패니는 이스트사이드로 이사오면서 비글로&메인 출판사와 더 가까이서 일할 수 있게 되었다. 일주일에 며칠을 사무실에서 보냈지만, 그녀의 삶은 변하고 있었다. 저녁이 되면 그녀는 각 선교 센터와 빈민가, 감옥을 방문했다. 그렇게 멀리서 그녀를 부르는 초청이 잦아졌고, 하나님이 자신을 부르는 곳이면 어디든 달려갔다. 맹인이라는 이유로 패니를 멈추게 할 수는 없었다.

무디와 생키가 브루클린에 왔을 때 패니는 그들이 설교하며 노래한다는 사실을 처음으로 알았다. 그녀는 그들을 만나지 않았지만 생키의 작품은 익숙했다. 비글로&메인 출판사는 생키와 필립 블리스(Philip Paul Bliss: 1838~1876, 우리 찬송가에 모두 11곡이 실려 있

〈YMCA〉

YMCA는 'Young Men' s Christian Association' 의 약자로, 세계적인 기독교 평신도 운동단체이다. YMCA는 1844년 6월 6일 영국 런던의 히치콕로저스 상점의 점원이던 조지 윌리엄스(George Williams)가 12명의 청년들과 함께 산업혁명 직후의 혼란한 사회 속에서 젊은이들의 정신적·영적 상태의 개선을 도모하고자 설립하였다.

그 후 유럽 각국으로 급속히 전파되어 1855년 프랑스 파리에서 세계 YMCA 연맹(The World Aliance of YMCAs)을 결성하였다. 제1차 세계대전과·제2차 세계대전을 치르면서 전쟁포로를 위한 사업과 난민구호 사업을 펼쳤다. 1955년 YMCA 창립 100주년을 기념하여 주체성 재확립을 위한 노력을 다짐하였고, 1973년 우간다캄팔라 세계대회에서 캄팔라 원칙을 채택하여 YMCA의 새로운 시대적 사명을 감당할 수 있는 사회적 관심과 책임을 강조하였다.

회원들은 YMCA 운동의 정신인 독일 경건주의에 따라 정신적 각성, 만인사제론에 입각한 평신도성의 자각, 선교에 대한 정열과 기독교 정신으로의 일치를 기본 원칙으로 하여 봉사정신을 발휘하고 있다. 제3세계 나라들로도 확장되어 오늘날 세계 120여 개국에 1만여 조직과 회원 3,000만 명, 2만여 명의 전문사역자, 70여만 명의 자원지도자가 있다.

한국에서는 1903년 10월 28일 정회원 28명, 준회원 9명으로 '황성기독교청년회' (서울 YMCA의 전신)로 창설되었다. 일제강점기 때는 2. 8 독립선언의 산실로써 독립운동에 큰 영향을 끼쳤다. 1980년대부터 고교 Y, 중학Y, 대학Y, 청년Y, 와이즈멘 클럽 등 양적 성장을 이루었다. 그동안 물산장려운동, 계몽운동, 농촌운동, 전쟁구호운동, 청소년운동, 부정부패추방시민운동, 한강물되살리기시민운동 등을 전개해 왔다.

음)가 쓴 복음 찬송가, 성가, 솔로 곡을 발표했고 그 곡들은 기록적인 판매량을 남겼다. 패니는 블리스와 일하고 싶었지만 안타깝게도 그 작곡가는 무디 전도 집회를 돕기 위해 시카고로 가다가 열차 사고로 죽었다. 블리스의 죽음은 패니의 영혼에 어두운 그늘을 만들었지만, 주님은 그녀에게 여전히 무디와 생키를 도와주는 일을 계획하고 계셨다.

비글로&메인 출판사는 블리스의 완성되지 않은 작품에 대해 패니의 도움을 받아 무디 생키와 함께 찬송가를 출간하려고 했다. 그래서 무디와 생키가 뉴욕에 오자 비글로는 그들을 사무실에 초대했다. 무디와 생키는 그곳에서 패니를 발견하고 매우 기뻐했다. 전에 만난적은 없었지만 생키는 그녀의 찬송가를 불렀고 그녀의 작품을 알았으며, 무디의 경우 뉴욕에 있었을 때 사람들이 그에게 패니 크로스비를 빨리 만나라고 이야기했다. 결국 그들은 함께 일하기 시작했고, 그 관계는 평생 지속되었다.

생키는 패니를 살아 있는 복음성가 작사가 중에 가장 훌륭하다고 생각했다. 그는 그녀에게 새 찬송가 수백 편을 쓰도록 격려했고, 복음 찬송가와 성가와 독창곡을 그녀의 작품으로 채우기 시작했다. 비글로&메인 출판사로부터 생키는 그녀가 쓴 초기 작품 가운데 상당 부분에 대한 권리를 얻었고 그 곡들을 유명하게 만들었다.

생키는 패니가 옆에 있을 때 그녀의 복음 찬송가에 맞는 곡을 작곡했다. 그때쯤 그는 목소리를 잃었고, 노래를 거의 부를 수 없었다. 그는 오르간 연주법을 스스로 배웠고 곡 쓰는 법도 배웠다. 예전에도 패니는 자신의 시에 곡을 붙이기도 했기 때문에 같이 일하는 것은 흥미로운 일이었다. 그들은 복잡한 음악을 만들려고 하지 않았고, 그 결과 종종 그들의 곡은 훌륭하고 은혜로운 복음 찬송가가 되었다.

어떤 사람들은 패니를 '복음 찬송가의 여왕' 이라고 불렀지만, 그녀는 자신을 성가에만 가두지 않았다. 그녀는 다방면에 걸쳐 시를 썼고 서정시와 심지어 사랑에 관한 시도 썼다. 또한 설교할 때 그녀의 메시지는 찬송가처럼 흘러넘쳐 인기가 더욱 많아졌다. 그래서 많은 사람들이 그녀의 연설과 간증을 듣기 위해 길게 줄을 서 있기도 했다.

패니는 설교할 때마다 인생의 기쁨과 하나님의 큰 사랑, 그리스도의 축복을 통한 구원 등에 대해 말했다. 연설할 때 그녀는 항상 "하나님이 당신의 소중한 마음에 축복을 주시기를 바랍니다! 전 당신과 있게 되어 너무 행복합니다" 로 말문을 열었다. 그녀는 청중을 볼 수 없었지만, 그들을 가슴으로 느꼈고 그들의 마음을 알 수 있었다. 사실 그녀는 조그만 성경이나 소책자를 항상 가지고 다녔다. 어떤 이들은 그녀의 말이 들어 있는 점자책일거라고 생각했지만, 그것은 다만 버팀목일 뿐이었다. 패니는 단지 자신의 깊은 마음으로부터 말했던 것이다.

패니는 만나는 모든 사람들, 특히 가난한 자, 병든 자 그리고 하나님의 용서를 구하는 자들에게 깊은 영감을 주었다. 그녀는 눈이 먼 사실에 대해 세상으로부터 차단된 것이라고 말하곤 했다. 그리고 "난 최선을 다해 주님의 사명을 감당했습니다" 라고 자신 있게 고

패니 크로스비의 오랜시절 동역자였던 아이라 생키와 생키의 브루클린 집에서.

백했다.

그녀는 자주 자신에게 성경을 가르쳤던 할머니의 축복을 말했다. 그리고 함께, 얼마나 오랜 시간 동안 낡았지만 멋진 흔들의자에 앉아 있었는지 기억했다. 거기서 "주님은 내 영혼의 햇빛입니다" 라고 고백하곤 했다. 또한 그녀는 자신의 사명에 대해 말하는 것을 좋아했다. "내 자신을 위한 삶이 아니라 하나님을 위한 삶을 원합니다." 그녀에게 실명은 단순히 잃어버린 것이 아닌, 새로운 것을 얻은 하나님의 위대한 선물이었던 것이다. 그래서 그녀는 청중의 대부분이 어떤 도움을 필요로 하는지 알았다. "난 항상 내가 원하는 일을 하는 게 하나님의 뜻이라고 믿었습니다. 물론 그때마다 그렇게 했지요. 그러나 내가 아무리 원한다고 할지라도 주님이 그렇게 하는 것을 원하지 않으면, 하지 않는 것이 가장 좋았습니다." 청중 가운데 누구도 패니가 시력을 원하지 않는다는 사실을 믿을 수 없었다. 그러나 그녀는 행복했으며 성령으로 가득 차 있었다.

사람들은 빗속에서 또는 추위에 떨면서도 패니의 이야기를 듣기 위해 한 시간 두 시간씩 은혜 속에 서 있곤 했다. 그리고 점점 더 멀리서 그녀와 은혜의 시간을 나누려고 몰려왔다. 솔직히 그녀는 청중이 많은 것보다 적은 것을 더 좋아했지만, 인원에 상관없이 모두 받아들였다. 처음부터 그럴 의도는 없었지만, 패니는 당시 가장 영향력 있는 복음 전도자 중 하나가 되었던 것이다.

주님은 패니의 시력을 앗아 갔을지 모르지만, 그녀에게 끝없는 에

너지를 주었다. 그 충만한 성령의 에너지는 그녀가 사명을 감당하고도 남음이 있었다. 그녀는 20~30 년 어린 사람들보다 오래 살았다. 생키도 그녀를 결코 바쁘게 하지 못했고, 비글로&메인 출판사는 그녀의 찬송가보다 더 많은 찬송가를 만들 수 없었다.

한번은 그녀가 뉴저지의 오션 그로브에 있는 감리교 캠프 집회에 참석하기로 결정했다. 평상시처럼 그녀는 혼자 여행했고, 캠프 기간 내내 해변가 작은 텐트에서 살았다. 무릎으로 기어야 들어갈 수 있었지만, 패니는 기쁘게 받아들였다. 매일 많은 찬양과 말씀과 집회가 열렸다. 그녀는 종종 연설해 달라는 요청으로 거의 쉴 수 없었지만, 은혜가 충만한 시간을 보냈다. 방문 기간 동안 그녀는 두 작곡가를 만났다. 존 스웨니와 윌리엄 커크패트릭이었다. 그들은 그녀에게 함께 일하자고 간청했다.

패니는 스웨니의 평판을 이미 알고 있었고, 그는 캠프에서 찬양을 이끌었다. 또한 필라델피아에 있는 펜실베이니아 음악아카데미에서 음악을 가르쳤고 밴드를 조직하기도 했다. 그리고 많은 음악을 작곡했고 때로는 찬송가를 썼다. 여름 동안 그는 캠프에서 캠프로 이동하면서 밝고 행복한 곡들을 연주했다. 비글로&메인 출판사처럼 그 역시 찬송가를 발표했고, 그의 노래 가운데 일부는 패니의 시를 사용하고 있었다(우리 찬송가에는 두 곡 231장/21세기 찬송가 240장 '주가 맡긴 모든 역사' 와 385장 '군기를 손에 높이 들고' 가 실려 있다).

커크패트릭은 스웨니와 일했지만, 노래·하모니·파이프 오르간이 포함된 작품에서는 매우 훌륭했다. 사실 '커키' (패니가 부르는 이름)는 훌륭한 음악가였다. 그리고 유머 감각도 가지고 있고 그녀도 그 점을 좋아했기 때문에 같이 있는 것이 즐거웠다. 그래서 그들과 사역하는 것에 동의했다. 패니가 뉴욕으로 돌아온 후, 스웨니와 커키는 새로운 시로 찬송가를 쓰도록 해 그녀를 바쁘게 했다. 그들의 관계가 지속되는 동안 패니는 스웨니와 커크패트릭이 편집한 찬송가의 시를 1천 편 넘게 썼다.

그녀는 여전히 여유가 있었고, 생키가 더 많은 복음 찬송가를 출간할 것이라는 것을 알렸을 때도 매주 하루를 그와 함께 사역했다. 1870년대와 1880년대에 복음 전도자가 되면서 패니는 가장 훌륭한 작품들을 만들어냈고, 결국 이 도움으로 생키는 복음 찬송가와 성가, 솔로 곡 6권을 출판했다. 그러나 이것이 끝이 아니었다.

무디는 사람들을 주께 인도하는 복음 전도자의 사명을 감당하며 여러 나라를 여행하고 있었다. 무디와 함께 사역하는 사람들 중에 독학한 음악가로 훌륭한 성가대 지휘자였던 조지 스테빈스가 왔다. 그는 커크패트릭이나 생키 같은 기술은 없었지만, 그의 음악은 순수했다. 무디는 그에게 패니 크로스비를 소개해주었고, 음악적 역량이 부족했지만 함께 많은 곡을 만들었다. 패니가 쓴 가장 유명한 작품 가운데 두 편은 스테빈스와 함께 썼다. 우리 찬송가의 '후일에 생명 그칠 때' (295장/21세기 찬송가 608장)와 '자비한 주께서 부르시네'

〈무디와 생키〉

D. L. Moody(1837-1899) & I. D. Sankey(1840-1908)

초등학교 졸업 학력 소유자인 대중 전도자 무디와 대학출신의 공무원, 목사인 생키 두 사람이 처음 만난 것은 1870년 인디에나 폴리스에서 열린 기독교 청년회 국제대회에서였다. 이 대회에서 한 젊은이가 나와 '보혈의 샘' 이라는 찬송을 열창했다. 그 찬송은 참으로 감동적이었고 사람들의 마음을 사로잡는 묘한 힘이 있었다. 무디는 바로 그 젊은이를 찾아가 대중전도의 동역자로 제안하였고 이에 생키는 안전한 생활수단인 공무원직을 버리고 복음전파에 나서게 됐다.

생키가 시카고로 와서 합류하면서 무디의 대중전도 집회는 본 궤도에 오르기 시작했다. 그리고 집회가 열리는 곳마다 생키의 감동적인 찬송은 시작 전 분위기를 뜨겁게 고조시켰으며, 마지막부분 그의 찬송은 많은 영혼들을 주께로 이끄는 결실을 맺곤 했다. 1871년 초 시카고의 기념비적인 신앙부흥 대전도집회로 가장 큰 규모의 대중 집회를 처음 치러내기도 했다.

생키는 무디로 하여금 힘차게 날아오를 수 있도록 아름다운 찬송을 불러서 사람들의 마음을 감동시켰고, 무디는 힘찬 설교를 통하여 복음의 씨앗을 뿌렸다. 무디 만큼 하나님을 위해서 이 세상을 뒤흔든 사람도 없을 것이다. 그는 40년 동안 백만 명의 죄인들을 그리스도께로 인도했으며 신학교 3개와 출판사, 크리스천 센터를 세웠다.

*** 드와이트 무디 (Dwight L. Moody 1837~1899)

드와이트 무디는 1837년 2월 5일 매사추세츠 주 노스필 드에서 석수였던 에드윈 무디의 여섯 번째 자녀로 태어났다. 그의 나이 4세 때 아버지께서 갑작스럽게 돌아가심으로 그의 가정은 심한 어려움에 처하게 되었다. 무디의 YMCA 가입은 그를 개신교 복음주의의 세계로 들어가게 공헌하였다. 무디는 구두 소매점을 운영하던 외삼촌 사무엘 홀턴과의 인연으로 구두 세일즈를 시작하였고 구두 세일즈맨으로나 전도 등 모든 일에 열정적이었다. 그는 처음 주일학교 교사로서 신입생 및 구제불능으로 보이는 어린이들을 끌어 모으는 일부터 시작하였다. 일단 그의 가르침을 받은 아이들은 놀랍게 변화되는 역사가 일어났다.

1873년 제3차 영국방문 때 요크에서부터 부흥사로서의 그의 삶이 열리게 되었다. 무디의 솔직한 설교와 생키의 가슴에서 우러나오는 찬송은 곳곳에서 많은 회심자들을 낳았으며 무디는 전도자로서의 탁월성을 인정받게 되었다. 영국뿐 아니라 미국에서도 부흥 집회는 대성황을 이루었고 많은 영혼들이 회심하는 놀라운 역사가 일어났다. 무디는 단순히 그의 이름을 D. L. 무디라고 서명하고 목사 안수받기를 거절하였다. 그는 단지 평범하게 무디 씨 혹은 부흥사로 불러주기를 원했다. 1899년 11월 22일 무디는 미주리 주 캔자스 전도 집회 도중 심장 질환으로 62세를 일기로 주님의 품에 안겼다.

*** 아이라 생키 (Ira David Sankey 1840~1908)

아이라 생키는 미국 펜실베니아 주 에딘버그 태생으로 뉴카슬로의 감리교회 주일학교, 성가대장으로 활동했으며 30세에 전도자 무디와 만나 그의 음악 지도자로 합류해 복음전도여행을 다니며 노래로 그의 설교를 도왔다. 미국에서 가장 영향력 있는 복음 성가 가수로 1874년 성가집 '성가와 독창' 을 출판했으며 1975년에는 '복음 찬송가와 성가' 등을 출판했다. 수많은 찬송가를 작곡해 '복음성가의 아버지' 라 불린다.

우리 찬송가에는 그가 작곡한 8곡 191장/21세기 찬송가 297장(양 아흔 아홉 마리는), 342장/21세기 찬송가 543장(어려운 일 당할 때), 349장/21세기 찬송가 214장(나 주의 도움 받고자), 391장/21세기 찬송가 353장(십자가 군병 되어서), 397장/21세기 찬송가 357장(주 믿는 사람 일어나), 412장/21세기 찬송가 290장(우리는 주님을 늘 배반하나), 478장/21세기 찬송가 419장(주 날개 밑 내가 평안히 쉬네), 535장/21세기 찬송가 487장(어두운 후에 빛이 오며)이 실려 있다.

(321장/21세기 찬송가 531장)가 그 곡들이다.

그리스도께서 온유하게 당신을 부르시네,
오늘도 부르시네, 오늘도 부르시네,
왜 사랑의 햇빛에 시들어 당신은
방황하는가?
더 멀리 더 멀리?

그리스도께서 지친 자를 평안하게 부르시네,
오늘도 부르시네, 오늘도 부르시네,
당신의 무거운 짐을 그에게 주고 당신은
축복을 받았으니
그분은 당신을 버리지 않을 것이네.

〈찬송가 321장/21세기 찬송가 531장〉
자비한 주께서 부르시네
부르시네 부르시네
사랑의 햇빛을 왜 버리고
점점 더 멀리 가나

고달파 지친 자 쉬라시네

쉬라시네 쉬라시네

무거운 짐 진 자 다 나오라

쉬게 해주시리라

60세가 넘으면 대부분 사람들은 쉬려고 하지만, 패니는 그러지 않았다. 이때 많은 찬송가를 썼고 그것은 그녀에게 새로운 일이 아니었다. 그래서 또다른 일을 찾았다. 열정이 그녀의 심장을 끊임없이 고동치게 했던 것이다.

"우리가 알거니와 하나님을 사랑하는 자 곧 그의 뜻대로 부르심을 입은 자들에게는 모든 것이 합력하여 선을 이루느니라"(로마서 8:28)

고통은 하나님의 선물

패니 크로스비는 특별히 헬렌 켈러의 삶에 깊은 관심을 가지고 있었다. 헬렌 켈러가 자신보다 60여 년이나 늦게 태어났지만 많은 고통을 이겨내고 승리하는 모습에 패니는 세대를 뛰어넘어 절친한 친구 같은 감동을 받았다. 그녀는 〈내 삶의 이야기〉 〈내가 사는 세계〉 〈암흑 속에서 벗어나〉 그리고 작은 책 〈낭만주의〉 등 헬렌 켈러와 관련된 책은 모두 읽었다. 패니는 헬렌 켈러가 그렇게 장애를 많이 가졌는데도 그것들을 극복하고 위대한 일들을 이룬 것에 대해 감탄했다. 그리고 그녀를 교육시킨 선생님은 우리 모두를 부끄럽게 하는 최고의 선생님이라고 칭찬했다.

헬렌 켈러의 수필집 〈낭만주의〉 가운데 '나는 세계의 시민입니다. 그리고 나는 영적인 시대를 보다 밝게 봅니다…. 그곳에는 영국도 프랑스도 독일도 미국도 없습니다. 그러나 가족, 인간 종족, 법, 평화, 필요, 조화, 절제, 노력, 감독… 그 무엇보다 하나님이 계십니다' 라는 부분을 접했을 때, 패니는 평소 그녀가 감동받을 때의 행동처럼 자리를 박차고 일어나 박수치며 말했다.

"놀라운 비전이다. 그녀는 이 시대의 드보라(하나님께서 세우신 이스라엘 최초의 여성 사사. 후에 국모로 추앙받았다.– 편집자 주)이다."

패니는 헬렌 켈러로부터 받은 감동에 대해 자서전에 이렇게 기록했다.

'나는 1년 전에 그녀를 만났습니다. 가을이 다가올 무렵 뉴욕에서 그녀와 함께 일하고 있었습니다. 나는 그녀를 가르쳤던 선생님의 영적인 영향력을 깊이 느꼈습니다. 그녀는 이 시대의 가장 위대한 재능을 가진 사람 중에 하나였습니다. 그녀가 행한 일과 과정에 대해 생각하노라면 도저히 어느 누구도 이루어낼 수 없는 일이었습니다. 이 세상의 모든 아름다움으로부터 차단되어 어둠에 갇힌 그녀는 자신에게 주어진 행복을 지켰을 뿐만 아니라 다른 사람을 행복하게 했으며, 오히려 그들을 돕기 위해 애썼습니다. 그녀는 스스로를 송두리째 모든 사람에게 던져준 빛과 같은 존재이며, 역경을 극복한 위대한 승리 그 자체입니다. 그리고 그것은 영적인 승리입니

〈헬렌켈러 Keller, Helen Adams,(1880-1968)〉

헬렌 켈러는 미국 앨라배마 주의 터스컴비아에서 출생하였고, 보이지 않고 듣지 못하며 말할 수 없는 '삼중고(三重苦)의 성녀' 라고 불린다. 19개월 되던 때 열병을 앓은 후, 볼 수도 없고 들을 수도 없으며, 따라서 말을 할 수 없는 장애자가 되었다. 헬렌의 나이 7세 때, 설리번이라는 가정교사를 맞이하였고, 설리번은 헬렌을 위해서 헌신적으로 노력했으며 손바닥에 글자를 써서 알파벳을 가르쳤다. 이리하여 헬렌은 글을 쓸 수 있었고, 10세 때부터는 말도 할 수 있었다.

1894년, 헬렌 켈러는 뉴욕의 라이트 해머슨 농아 학교에 입학하여 2년 동안 공부하였고, 1900년 하버드대학교 래드클리프 칼리지에 입학하여, 세계최초의 대학교육을 받은 맹농아자로서 우등생으로 졸업하였다. 맹농아자가 대학에서 공부한 사람은 역사상 헬렌이 처음이었다. 물론 항상 헬렌을 따라 다니면서 통역을 해준 설리번의 힘이 매우 컸다. 마크 트웨인은 그녀에게 "삼중고를 안고 마음의 힘, 정신의 힘으로 오늘의 영예를 차지하고도 아직 여유가 있다." 는 찬사를 보냈다.

대학을 졸업한 헬렌은 자기처럼 고통을 받고 있는 사람들에게 용기와 힘을 주기 위해서 강연하며 책을 썼다. 그녀는 "구원" 이라는 영화의 주인공으로 출연하기도 하였고, 맹농아자의 교육, 사회복지시설의 개선을 위한 자선모금운동 등 맹농아자복지사업에 크게 공헌하였다. 그녀는 폴리 톰슨의 도움을 받아 미국뿐만 아니라 온 세계의 장애자를 위로하고 격려하기 위해서 세계 각국을 돌아다녔으며, 1937년 한국을 방문한 바 있다. 그녀의 노력과 정신력은 전 세계 장애인들에게 희망을 주었고, 다양한 활동으로 '빛의 천사' 로도 불렸다. 1906년에는 매사추세츠 주 맹인구제과 위원에 임명되었고, 1924년부터는 미국맹인협회에도 관계하였다.

미국 및 해외로 다니며 하나님의 사랑, 섭리와 노력을 역설하여 저서에 "나의 생애," (1902) "암흑 속에서 벗어나," (1913) "나의 종교," (1927) "신앙의 권유" (1940) 등이 있다. 80세가 넘어서도 행복을 전하는 파랑새로, 빛의 천사로 장애자를 위해 헌신적인 삶을 산 헬렌은 1968년 6월 1일, 웨스트포트에서 88세로 생애를 마쳤다.

다.'

그 날 밤 패니는 헬렌 켈러의 책 네 권을 다 읽었고, 다음날 아침 그녀를 위해 이 시를 암송했다.

제 영혼을 당신께 묶는 사슬이 있습니다.
전 당신의 부드러운 손을 꽉 쥘 수 없을 것입니다.
그러나 우리가 서로 만날지도 모른다는 생각을 합니다.
그리고 순수하고 달콤한 대화를 하며 그 날을 보내는 생각을.

전 당신을 한번 만났습니다. 오래전이었습니다,
그러나 샘물처럼 그 기억이 흐르고,
전 당신의 목소리를 듣습니다, 그때 들었던 당신의 모든 말에,
사랑스런 애정이 녹아 있었습니다.

하나님은 여전히 소중한 관심으로 당신을 지킵니다,
그리고 당신의 길에 귀중한 새싹과 꽃들을 뿌립니다,
다른 이들이 당신께 선물을 가지고 올 때,
아, 저의 것도 받아주실 런지요.

언젠가 극심한 폭풍이 지나간 아침이었다. 전날 밤 잠자리에 들기 전에 바람이 윙윙거리며 불었고 밀물이 둑과 다리와 배를 부서뜨렸

다. 새벽에 매우 성난 손이 맹렬하게 모든 것을 산산조각 낸 것처럼 보였다. 패니는 폭풍이 막 잠에서 깨어난 상황을 다음과 같이 묘사했다.

'폭풍, 그것은 점점 더 나빠질지 모릅니다. 그러나 물에 빠진 사람은 아무도 없습니다. 내가 '참아야만 하는 것과 치료할 수 없는 것은 무엇인가' 를 알기까지는 오랜 시간이 흘렀습니다. 어떤 날은 좋고 어떤 날은 나쁩니다. 그러나 머뭇거릴 수 없으며, 걱정하는 것은 무의미합니다."

패니는 오래전부터 모든 일에 최선을 다하기로 마음먹었다. 그리고 자신이 앞을 보지 못한다고 할지라도 항상 긍정적으로 생각하며 살았다. 지금 주어진 현실은 걱정으로 해결되는 문제가 아니었기 때문이다. 그녀는 자서전에서 이렇게 말했다.

'맹인이었을 때 나는 그것이 좋은 것이라는 것을 알 수 없었습니다. 하지만 내가 맹인이 아니었다면 이 세상에서 어떻게 다른 사람에게 도움을 주면서 살 수 있었을까 생각해 봅니다. 지금의 나는 매우 만족스럽습니다. 하늘에 계신 아버지의 선하심 안에서 그분을 향한 절대적인 믿음과 신뢰를 가질 수 있었기 때문입니다. 그리고 그분은 결코 내게 어떤 어려움도 허락하지 않으셨습니다. 내가 좋은 건강 속에서 오랫동안 살 수 있었던 이유도 모두 하나님의 큰 은혜였습니다. 하루를 실패했을 때 나는 좌절하지 않았고 오히려 내 일을 승리하려고 마음먹었습니다. 또한 내가 잘하지 못하고 일이 좋게 이루어지지 않았을 때, 나는 하나님께서 더 좋은 것으로 합력하여 선을 이루어주실 거라고 확신했습니다. 내가 앞을 보지 못하는 것은 보는 것보다 더 위대한 일을 이루시려는 하나님의 뜻이 있었기 때문입니다. 나는 그분께 늘 감사했습니다. 비록 나에게는 소중한 것이 없지만 하나님은 나에게 더 소중한 것을 주셨습니다. 그것이 그분의 뜻이며, 그것이 하나님의 사명입니다. 능력의 하나님께서 시력을 다시 주실 수도 있었지만 그분은 그냥 내버려두셨습니다. 그리고 하나님께서 내게 말씀하신 음성을 들었습니다. "네가 지금 알지 못하는 것은 곧 하늘나라에서 알게 될 것이다."'

패니는 모든 고통과 역경을 하나님의 섭리로 받아들였다. 그녀의 많은 시는 하나님의 섭리와 우리가 깨닫고 이겨내야 할 하나님의 뜻을 잘 표현하고 있다. 여기 그녀의 마음을 잘 나타낸 시가 있다.

그분의 목적은 빨리 이루어질 것이니,
매 시간 그것이 펼쳐지면서,
씨앗은 쓸 것이나,
그 열매는 달 것이므로.

오랜 삶 동안 패니는 먹고 사는 일과 관련해 힘든 싸움을 벌여왔다. 그러는 가운데서도 하나님께서 약속하신 믿음만은 결코 잃지 않았다. '네게 빵을 줄 것이며 네게 물을 확실히 줄 것이다.' 그녀는 항상 모든 삶에서 그분의 말씀을 기억했다.

"그러므로 내가 너희에게 말한다. 목숨을 부지하려고 무엇을 먹을까 또는 무엇을 마실까 걱정하지 말고, 몸을 감싸려고 무엇을 입을까 걱정하지 말아라. 목숨이 음식보다 소중하지 아니하냐? 몸이 옷보다 소중하지 아니하냐? 공중의 새를 보아라. 씨를 뿌리지도 않고, 거두지도 않고, 곳간에 모아들이지도 않으나, 너희의 하늘 아버지께서 그것들을 먹이신다. 너희는 새보다 귀하지 아니하냐? 너희 가운데서 누가, 걱정을 해서, 자기 수명을 한 순간인들 늘일 수 있느냐? 어찌하여 너희는 옷 걱정을 하느냐? 들의 백합화가 어떻게 자라는가 살펴보아라. 수고도 하지 않고, 길쌈도 하지 않는다. 그러나 내가 너희에게 말한다. 온갖 영화로 차려 입은 솔로몬도 이 꽃 하나와 같이 잘 입지는 못하였다. 오늘 있다가 내일 아궁이에 들어갈 들풀도 하나님께서 이와 같이 입히시거든, 하물며 너희들을 입히시지 않겠느냐? 믿음이 적은 사람들아! 그러므로 무엇을 먹을까, 무엇을 마실까, 무엇을 입을까, 하고 걱정하지 말아라. 이 모든 것은 모두 이방사람들이 구하는 것이요, 너희의 하늘 아버지께서는, 이 모든 것이 너희에게 필요하다는 것을 아신다. 너희는 먼저 하나님의 나라와 하나님의 의를 구하여라. 그리하면 이 모든 것을 너희에게 더하여 주실 것이다. 그러므로 내일 일을 걱정하지 말아라. 내일 걱정은 내일이 맡아서 할 것이다. 한 날의 괴로움은 그 날에 겪는 것으로 족하다." (마태복음 6:25~34, 〈표준새번역〉)

패니가 변하지 않고 일생 동안 하나님께 간구한 기도는 '나에게 부도 가난도 주지 마소서' 였다. 이 기도는 그대로 응답되었다. 60여 년을 거래했던 비글로&메인 출판사는 그녀에게 규칙적으로 적당한 양의 인세를 주었다.

그녀는 참새를 돌보시는 그분이 자신을 결코 잊지 않으실 것이라고 믿었다. '오늘 날씨가 어두컴컴하지만, 내일은 태양이 환히 비칠 것입니다.' 패니는 밝은 면을 바라보는 것이 이 세상을 살아가면서 가장 가치 있는 일이라고 생각했다.

물론 슬픔이 자신과 친구 들에게 다가올 때마다 마음은 아팠다. 그리고 내가 왜 이런 슬픔을 겪어야 하는지 스스로에게 묻기도 했다. 하지만 그녀가 조금 깊게 이 문제를 들여다보면서 슬픔이란 단지 '존재의 실들을 짜야만 하는 삶의 엉킨 실타래 중 꼬인 것 하나'라는 사실을 깨달았다. 그리고 자신의 힘으로 감당할 수 없는 고통의 문제들은 오직 하나님의 손에 맡겨야 한다고 생각했다. 그녀가 70세에 썼던 가사는 이같은 생각을 잘 보여주고 있다.

결코 슬퍼하거나 낙심하지 마라
만일 당신에게 믿음이 있다면
당신의 사명을 위하여 은혜를,
당신의 하나님께 묻고 받으라.
결코 슬퍼하거나 낙심하지 마라,

당신을 위한 아침이 있으며
곧 당신은 찬란함 속에 살 것이니,
그곳에서 하나님과 함께 있을 것이다.

패니가 그 가사를 썼을 때는 많은 세월이 지나갔다. 생각이나 말을 바꿀 때마다 일어날 수 있는 위협이나 위험이 그녀에게는 오지 않았다. 빛과 어둠에서, 질병과 건강 속에서 그리고 삶의 모든 발걸음마다 하나님은 그녀에게 은혜와 영광을 주셨다. 그것은 절대 놀라운 일이 아니었다. 그분의 약속에 따라 모든 것이 은혜 가운데 이루어졌고, 그녀를 도와주시는 구세주 하나님은 그녀와 약속을 이루어나가셨던 것이다.

그녀의 삶은 차라리 죽는 게 낫다고 생각하는 사람들보다 더 부족했을지 모른다. 그러나 그들은 불행을 선택했고 그녀는 행복을 가졌다. 바로 그 차이이다. 사람들이 생각하는 불행은 그녀에게 더 이상 불행이 아니었다. 그것은 오히려 그녀가 매일 가졌던 기쁨의 한 부분이었다. 단지 어떻게 느끼느냐의 문제일 뿐이었다. 패니는 자신의 삶과 사역을 통해서 그것을 생생히 증명했고 하나님과 동행하는 삶이 어떤 것인가를 몸소 보여주었다.

하나님이 너를 돌볼 것이니, 두려워하지 마라,
그분은 햇빛과 그늘을 지나는 너의 호위병이니

패니 크로스비의 찬송가가 불렸던 예배당으로 그녀는 이곳에 자주 참석했다.

부드럽게 바라보며, 그분의 것을 지키신다,
그리고 그분이 너를 혼자 방황하게 하지 않을 것이다.

패니가 좋아하는 학문은 역사와 철학 그리고 과학이었다. 특히 그녀가 어려서부터 철학에 관심이 많았던 이유는 사람들의 고난에 대해 가끔 혼란스러워했기 때문이었다. 오랜 시간 동안 그 문제는 그녀가 풀기 어려운 숙제였다. 패니는 그것에 대해 고민하였고 심지어 꿈을 꾸기도 했으나 소용없는 일임을 깨달았다. 마침내 그녀는 이것이 하나님의 문제임을 깨달았다. 하나님은 이 모든 것을 알고 계실 것으로 믿었고, 그분의 섭리 가운데 우리의 모든 계획들이 이루어지고 있음을 알게 되었다. 그녀는 사람들이 이 세상에서 어려움과 고난이 없다면 아마도 하찮은 사람이 되어갈 것이라고 생각했다. 우리가 당한 역경과 고난은 우리를 만들어가는 하나님의 뜻임을 믿었다. 이런 확신이 마음 깊이 자리잡는 순간 모든 고민은 멈췄다. 그녀는 이 문제를 해결했고 자신의 삶을 최고의 삶으로 만들어냈다.

삶의 고통은 패니에게 걱정거리도 아니었다. 아픔이 다가올 때면 슬픔들을 저 멀리 떨쳐버렸다. 그녀는 고통받는 사람과 불우한 사람 들에게 연설할 때 이렇게 말하곤 했다.

"역경은 하나님이 노여워해서 우리가 받는 벌이 아닙니다. 그것은 단지 하나님의 섭리 가운데 우리에게 주신 삶의 본질 중 하나일 뿐입니다."

"다만 이뿐 아니라 우리가 환난 중에도 즐거워하나니 이는 환난은 인내를, 인내는 연단을, 연단은 소망을 이루는 줄 앎이로다"(로마서 5:3-4)

패니 크로스비의 삶의 다섯 가지 특징

패니 크로스비의 삶에는 특별한 특징 다섯 가지가 있었다.

첫째로 그녀는 매우 부지런한 일꾼이었다. 패니는 열심이 있는 사람이었다. 그녀는 어느 곳에 있든지 간에 그냥 앉아 있던 적이 없었다. 늘 움직이거나 말을 하거나 무언가를 했다. 그리고 친구의 집을 방문할 때마다 작은 가방과 뜨개 바늘을 선물로 주었다. 그녀는 뉴욕 맹인학교 시절 배운 능숙한 솜씨로 친구들에게 목욕용 수건을 짜주기 좋아했다. 그리고 앞이 보이지 않는 불편함이 있었지만, 장애를 핑계로 절대로 게으르거나 나태하지 않았다. 심지어 가만히 있는 시간에도 누군가에게 시를 읽도록 부탁하거나 뜨개질을 해야 했다. 또한 밤에 일찍 자는 것도 피할 정도로 그녀는 삶이 자신의 것이 아니라고 생각한 순간부터 시간을 낭비하는 법이 없었다. 시간이 남으면 성경을 암송했으며, 하나님과 동행하는 삶을 위해 골방에 들어가 기도했다.

둘째로 그녀는 모든 면에서 뛰어난 기억력을 가지고 있었다. 자신이 원하는 시를 어느 부분에서나 거의 틀리지 않고 암송할 수 있었다. 교회에서 예배를 드릴 때 악보를 보는 다른 사람들보다 찬송을 더 정확하게 불렀으며, 성경을 읽을 때에도 모든 장과 절을 외울 수 있었다. 그렇게 그녀의 기억력은 타의 추종을 불허할 만큼 탁월했다. 언젠가 그녀는 머리 안에 거대한 자신만의 서랍이 들어 있다고 말한 적이 있었다. 그 서랍에 시들을 넣어 두었다가 필요로 할 때면 언제든지 꺼내어 쓸 수 있다는 것이었다.

셋째로 그녀는 이타적인 마음씨를 가지고 있었다. 그녀는 절대 이기적이지 않았고 자신이 소유한 것들을 남을 위해 철저히 썼다. 그녀는 부자가 아니라 부유한 영혼을 가진 여인이었다. 사실 마음만 먹었으면 얼마든지 부유한 삶을 살 수도 있었다. 그러나 그것이 하나님이 원하는 삶이 아님을 깨닫고는 늘 검소하게 살려고 노력했다. 오히려 다른 사람들이 더 잘되고 행복하기를 어느 곳에서나 바랐다. 또한 조금이라도 수입이 생기면 기부하기 좋아했으며, 자신보다 더 필요로 하는 사람들을 위해 받았던 모든 것들을 아낌없이 주었다. 심지어 평생 가재 도구가 거의 없었으며, 죽을 때는 재산도 거의 남아 있지 않았다. 말년에는 세를 낼 수 없을 정도로 경제적 고통을 겪었는데 그녀는 불쌍한 고아들만을 생각했다. 그리고 그녀는 자신이 가지지 못한 것들에 대해서도 불평하지 않았다. 오히려 하나님께서 자신을 통하여 많은 사람들에게 힘을 주는, 귀한 재능을 주신 것에 대해 늘 감사했다. 무엇보다도 그녀가 가장 기뻐한 일은 자신의 시를 듣고 사람들이 회개하고 주님께 돌아왔을 때였다. 그때마다 몸과 마음은 생기가 돌았고 힘이 넘치는 것을 느끼곤 했다.

넷째로 패니는 가는 곳마다 모든 사람에게 태양빛과 같은 변함없는 기쁨을 주었다. 그녀는 슬퍼하거나 후회하는 말을 한 적이 없었다. 어린아이처럼 항상 기쁨으로 살아 있었다. 패니의 구름 속에는 항상 밝은 빛이 있었다. 그녀가 가장 좋아하는 표현 가운데 하나가 "당신을 알게 되어서 매우 행복합니다" 였다. 그녀 마음속에 넘치는 기쁨은 가난한 사람과 부유한 사람 들에게 그리고 늙은 사람이나 젊은 사람이나 그 누구에게든 뿌려졌다. 그 기쁨은 전염성이 있었다. 사람들은 기쁜 영혼을 통해 행복해했으며 마음에 그 기쁨을 간직하고자 노력했다.

마지막으로 그녀에게는 놀라운 평안함이 있었다. 그 평안은 영혼의 고통이나 무거운 짐들을 가볍게 했다. 그녀가 지은 수백 편의 찬송가에는 약함을 강하게 만드는 놀라운 힘이 있었는데, 그 힘은 주님이 주시는 평안에서 나왔다. 혹여라도 친구들이 어려움에 처하고 상처 입은 것을 그녀가 알았다면, 그 고통에서 벗어나는 일은 참으로 간단했다. 그녀가 그들을 만나기만 하면 모든 고통이 해결되었던 것이다. 또한 어려움을 당한 영혼들을 위해서는 메시지를 준비할 때까지 결코 잠자리에 들지 않았고, 단 하루도 자신의 사역을 감당하며 기쁨을 잃어버린 적이 없었다.

한번은 모든 사람에게 평안이 되었던 그녀가 40년 동안이나 앞을 보지 못했던 맹인학교 친구 앨리스 홈즈가 고통 속에서 지낸다는 소식을 들었다. 패니는 무척 마음이 아팠고 그녀를 돕고 싶다는 생각이 끊임없이 일어났다. 그녀는 홈즈를 만나기 위해 친구와의 오랜 여행 끝에 집을 방문했다. 앨리스 홈즈는 맹인이기도 했으나 약간 귀머거리였다. 패니가 방문했을 때 그녀는 옛 친구를 알아보았다. 패니는 홈즈에게 입맞춤하고 그녀를 껴안았다. 그리고 두 사람은 한참 동안 안고 울었다. 패니는 마음을 다해 고통받고 있는 친구를 위로했다. 패니가 떠날 때 홈즈가 말했다.

"패니, 당신의 방문으로 나의 마음이 위로받았습니다. 나의 영혼은 당신을 만나는 순간 평안해졌어요. 당신을 곧 볼 수 있기를 고대해요. 안녕, 패니. 우리는 언젠가 더 좋은 곳에서 다시 만날 수 있을 거예요."

그녀는 많은 초청을 거절하지 않았으나 특히 위로가 필요한 곳에는 어떤 일이 있어도 반드시 가려고 애썼다. 언젠가 패니는 아버지가 병으로 죽은 가정을 방문한 적이 있었다. 그 집의 가족은 가장의 죽음으로 끝없는 빈곤의 그림자에 드리워져 있었다. 패니는 이들에게 아무 말도 할 수 없을 것 같았다. 그러나 하나님은 패니를 통해 그 가정을 돕고 계셨다. 그녀가 집에 들어섰을 때 천사가 이야기하는 것처럼 그들을 보면서 눈물을 흘렸다. 그리고 그들의 영혼을 위로하며 간절히 기도했다. 그리고는 이렇게 말했다.

"여호와 이레의 하나님을 기억하세요. 그 의미는 '주님이 예비하신다' 입니다. 나는 앞으로 어떻게 될지 모릅니다. 당신들 또한 앞으로 무슨 일이 일어날지 모릅니다. 우리는 내일 일도 모르고 삽니다. 그러나 그분은 우리의 모든 앞길을 알고 계시고 우리가 가장 원하는 길로 인도하실 것입니다. 우리가 그분을 사랑한다면 말이에요."

그리고 그들에게 교회가 부탁했던 약간의 돈과 함께 자신이 준비한 돈을 주었다.

패니의 발길이 머무는 곳이면 어디든지 그녀는 불쌍하고 어려운 사람들을 위로했다. 그녀가 가는 곳마다 평안이 가득했다. 하나님께서 함께하셨기에 그녀의 손길이 닿는 곳마다 하나님의 음성이 들렸고 위로가 임했다. 그녀의 이야기는 사람들의 마음을 더 강건하게 만들어주었을 뿐만 아니라 교회에도 생기를 주었고 활력이 넘치게 만들었다. 그녀가 연설하는 교회는 모두 축제의 도가니였다. 그렇게 사람들은 울고 웃으며, 그녀의 말 한마디에 평안을 얻고 위로를 받았다.

"대답하여 가로되 네 마음을 다하며 목숨을 다하며 힘을 다하며 뜻을 다하여 주 너의 하나님을 사랑하고 또한 네 이웃을 네 몸과 같이 사랑하라 하였나이다"(누가복음 10:27)

"저 죽어가는 자
다 구원하고"

저 죽어가는 자 다 구원하고

(Rescue The Perishing)

F. J. Crosby　　　W. H. Doane

2 영혼 구원이 목적

거리의 천사

패니 크로스비는 댄스 홀과 술집의 술주정꾼, 거리의 여자들, 난폭한 사람들, 불결한 사진을 파는 작은 가게 사이에 살았다. 그곳은 소매치기와 흉측한 건달들이 강탈로 생계를 유지하고 있었고, 남북전쟁에서 버림받은 팔과 다리 또는 눈이 없는 사람들이 거리에서 구걸하고 있었다. 존경받을 만한 이들의 경우, 거의 보디가드 없이는 지나가지 못할 정도였다. 그러나 패니는 거기서 사는 것을 택했다.

이스트사이드 저지대가 빈민가로 변하기 오래전에, 패니는 존 스트리트 감리교회를 다녔다. 여러 해 동안 그녀는 가난한 이웃과 가까이 살았지만, 지금처럼 불결하지는 않았었다. 비글로&메인 출판사 근처로 이사온 후에도 여전히 이스트사이드 저지대로 말씀을

패니 크로스비가 영혼 구원을 위해 전도하던 당시의 한 선교 건물.

전하러 다녔다. 그녀는 죄악의 거리로 다시 돌아가 그리스도 품에 안길 사람들을 인도해야 하는 사명을 받았던 것이다.

패니는 특히 제리 매컬리와 가까워졌는데, 그는 워터 스트리트 선교회를 설립했다. 과거에 그는 거리의 갱으로 삶을 시작했고, 교육을 전혀 받지 못했으며 심지어 강도로 5년 형을 선고받았던 사람이었다. 그는 존 스트리트 감리교회에 전도될 때까지 건달로 떠돌아다녔다. 10년 후 매컬리는 웨스트의 32번가 3층 건물에 선교 시설을 크게 열었는데, 집과 직장이 없는 사람들에게 음식과 옷, 은신처를 제공하고 교회를 통해 하나님을 만나게 했다.

당시 거리에는 많은 선교 시설들이 생겨났다. 어떤 곳은 교회가, 또 다른 곳은 패니처럼 개인이 헌금을 기부해 문을 열기도 했다. 평신도인 앨버트 룰라프슨의 바워리 선교 시설 그리고 휘트모어가 세운 '희망의 문' 은 오갈 곳 없는 '거리의 여성' 을 위한 집이었다. 패니는 이곳에서 말씀을 전했다. 모든 사람들은 그녀가 맹인이라는 것을 알았는데도 그녀는 '빛 속을 걸어가는 기쁨' 에 대해 말했고 사람들로 하여금 그들의 삶을 그리스도께 헌신하게 만들었다. 한편으로는 술 취한 사람들이 바워리 거리에서 소동을 자주 일으켰기 때문에, 선교사들이 금주(禁酒)서약에 서명하게 하는 일도 빈번했다.

한번은 선교 시설에서 연설할 때 한 알코올 중독자가 자신이 바로 돌아와야 할 사람이라고 인정하며 연단 앞에 앉아 있었다. 패니는 그에게 '그리스도의 삶을 살 수 있는지' 물었다.

"오, 그게 무슨 상관이죠? 난 친구가 없어요. 아무도 나를 좋아하지 않아요." 그 남자가 대답했다.

"당신의 생각은 옳지 않아요. 왜냐하면 예수 그리스도는 당신을 좋아하고, 다른 사람들도 역시 당신을 좋아합니다. 내가 당신의 영혼이 행복해지는 일에 깊은 관심이 없다면, 난 분명 여기서 이 문제에 관해 당신과 이야기하지 않을 거예요."

패니가 그에게 성경을 암송해주었을 때, 그 남자가 물었다. "내가 내일 이 모임에 온다면 그리고 서약에 서명한다면, 나와 함께 있어 줄 건가요?"

"그럼요, 난 여기에 다시 올 겁니다. 그리고 당신이 서약에 서명하는 것을 말리지 않겠지만, 당신이 할 수 있는 가장 좋은 서명은 자신을 하나님께 맡기는 것임을 아셔야 해요. 그렇게 해주시겠어요?"

다음날 저녁 그가 다시 왔다. 패니는 그의 손을 잡고 주님께 인도했다. "그 날 밤, 우리는 그의 눈에서 새로운 빛을 보았고 그의 목소리에서 변화를 느꼈습니다."

패니는 술을 마시는 것을 결코 죄로 부르지 않았다. 그러나 그들이 그리스도 앞으로 인도되어 헌신한다면 금주할 것이라고 믿었다. 그 문제에 대해서는 패니가 부드럽게 접근했기 때문에 술 중독자들을 치료하는 데 큰 성공을 거둘 수 있었다. 비글로&메인 출판사가 알코올 중독과 싸우기 위해 찬송가를 출간했을 때, 그녀는 그 경험들을 금주 찬송가로 채우기도 했다.

그렇게 거리에서 그리스도께 영혼을 인도하는 일이 그녀 생애의 큰 사명이 되었다. 패니는 그 일을 찬송가와 목소리, 손 그리고 보이지 않는 눈을 가지고 해냈다. 그녀는 매일 밤 선교 시설에서 일했고, 하나의 일을 하면서 또다른 일을 했다. 길 잃은 영혼이 다가와 그리스도를 받아들일 때마다 다른 사람들도 그것을 따랐다. 패니가 말씀을 전하는 밤이 되면 수십 명의 사람들이 그녀의 겸손한 메시지에 사로잡혔다.

"친절은 많은 사람들을 빛 안으로 들어오게 할 뿐만 아니라 은혜

속에서 그들을 자라게 할 수 있습니다. 아침 저녁으로 우리는 수줍은 영혼들을 무심코 지나칩니다. 우리의 친절한 말한 마디에 혹 그들이 주님을 받아들일 수 있을지도 모릅니다."

그녀는 자신의 시간을 자유롭게 헌신했고 선교 일에 대한 보수는 한 푼도 받지 않았다. 그러나 보상은 여러 방법으로 왔다. 그녀는 인류를 사랑했고, 특별히 하나님의 커다란 은혜를 필요로 하는 자들을 더욱 사랑했다. "그들에게 죄 지은 자라고 말하지 마세요." 그녀는 다른 사람들에게 이렇게 말하곤 했다. "그의 죄를 지적함으로써 그 사람을 구원할 수는 없습니다. 그는 자기 자신이 그렇다는 걸 이미 알고 있어요. 그에게는 용서와 사랑이 필요합니다. 당신이 그 사람을 절대로 놓지 않겠다는 믿음에 대해 그가 확신할 때까지 최선을 다하세요."

패니는 자신이 말한 것들을 실천했다. 그녀는 어둠 속에 숨어 빛을 구하는 영혼들을 매일 찾았다. 어느 날 밤 거리 집회에서 그녀는 앞에 앉은 사람이 인생의 교차로에 서 있다는 것을 감지했다. 예배가 끝났을 때, 그녀는 그의 어깨를 만지며 속삭였다.

"초청하면, 당신은 결단을 할 건가요?"

그는 주저했지만, 이렇게 되물었다. "그러면 저와 함께 해주실 건가요?"

패니는 주님께 또다른 '구원 받은 영혼' 을 허락해주신 것에 대해 감사했다.

1870년대 후반과 1880년대 초반에 패니는 바워리 거리 그리고 워터 스트리트 선교회에서 유명한 인물이 되었다. 그녀는 거리를 걷고 설교 예배당에 앉아 있을 때마다 술, 담배 그리고 해충이 들끓는, 세탁하지 않은 옷의 냄새를 맡아야 했다. 그러나 그녀는 타락한 영혼들을 사랑했고, 그 거리를 걸었던 여러 해 동안 "그들 가운데 어느 누구도 내게는 추하지 않았습니다" 라고 고백했다.

뉴욕에 있는 '서피스카 운송회사' 사장인 윌리엄 락이 패니의 선교사역을 알게 된 후 그녀를 집에 초대했다. 그의 직원 대부분은 어려운 삶을 살고 있었다. 그들은 일주일 내내 일하는 고단한 삶이었고, 승객들에게 욕설을 퍼부었으며, 인생의 기쁨을 거의 찾지 못했다. 몇 시간의 여가가 주어지면 그들 중 많은 이들이 바워리 거리에 있는 싸구려 술집으로 몰려갔고, 다음 날 일을 할 수 없을 정도로 술을 마셔댔다. 락은 그들의 영혼이 돌아오는 것만이 그들을 회복하는 길이라고 생각했고, 패니에게 요청했다.

패니는 물론 동의했다. 락은 그의 차장과 운전사 들을 주일예배에 참석하도록 했고, 그들을 위해 차고에 공간을 만들었다.

"처음엔 극소수가 왔어요. 그러나 마침내 그 작은 방은 '철도 소년' 들로 가득 찼습니다." 그녀의 예배는 성공적이었고 '소년' 들은 YMCA 철도 지부를 만드는 일을 도왔다. 그들은 뉴저지의 호보켄에 사무실을 냈고 이 소식은 곧 나라 전체로 퍼졌다. 패니는 활기찬 여생 동안 동부 해안에 위치한 YMCA의 정규 연설자가 되었다. 그녀는 그 '철도 소년' 들을 항상 마음에 품었고 그들에게 바치는 시를 쓰기까지 했다.

당신의 손을 얼마나 잡고 싶은지,
당신들에게 하나씩 하나씩 얼마나 인사하고 싶은지
그러나 우리는 지금 너무 멀리 떨어져 있네,
이루어질 수 없는 일.
그러나 난 바라고 바라고 또 기도하네
하늘의 영원한 기쁨이
이슬처럼 당신의 머리에 떨어지기를,
내 고귀한 철도 소년들.

"소망 중에 즐거워하며 환난 중에 참으며 기도에 항상 힘쓰며 성도들의 쓸 것을 공급하며 손 대접하기를 힘쓰라 너희를 핍박하는 자를 축복하라 축복하고 저주하지 말라 즐거워하는 자들로 함께 즐거워하고 우는 자들로 함께 울라"(로마서 12:12-15)

영혼 구원을 위해서라면

여러 해 동안 패니는 거리에서의 선교 사역을 잘 감당했고, 비글로&메인 출판사와도 일을 계속했다. 종종 그들은 어려운 요구를 그녀에게 했는데, 영감을 주지 않는 주제에 관한 시를 부탁하곤 했다. 그러나 공식적인 초청과 그밖에 사회적인 일 때문에 자정까지도 찬송에 관한 일을 시작할 수 없었다. 그래도 최선을 다해서 마음속에 떠오르는 시들을 썼지만, 비글로&메인 출판사가 원하는 것을 항상 제 시간에 대줄 수 있었던 것은 아니었다.

매일 매 시간 복음을 전하는 바쁜 와중에도 패니는 침묵의 시간을 소중히 여겼다. 하루하루 복음을 전하면서 주께 돌아온 영혼들을 생각하면 참으로 감사했다. 그녀는 이 시간을 통해 그리스도의 임재와 성령의 감동을 마음속에 충만히 느낄 수 있었다. 하늘에서 노래하는 '하늘 합창단' 의 훌륭한 화음을 들을 수 있었고, 그녀의 영혼이 주님이 주신 감동 가운데 밖으로 움직이려 하는 것을 몸소 체험할 수 있었다. 때때로 그녀는 할머니의 존재를 느꼈고, 하늘나라에 계신 어머니와 대화했으며, 커다란 영감의 시들이 넘쳐나기도 했다. 또한 그것들은 꿈길에 나타나 인생의 어려움이 거처하는 침묵의 계곡으로부터 흘렀다. 영혼을 구원하기 위한 사역을 하면 할수록 그녀의 마음은 시적 영감으로 가득찼다.

그렇게 거리의 영혼들을 위해 사역하던 어느 늦은 밤, 패니는 기도 후에 다시 어머니의 존재를 느꼈다. 시의 조각들이 마음에 모아졌고 곧 잠이 들었다. 아침에 깨어났을 때, 시는 그녀 기억으로 와서 정리되었다. 패니는 비글로&메인 출판사 사무실에 도착하자마자 서기에게 이 시를 암송해주었다. 그녀의 어머니께 바치는 시였다.

그녀의 인생 항해는 끝이 나고,

그녀의 닻은 굳건히 던져졌네.
많은 폭풍에 용감했던 그녀의 돛단배는
마침내 항구에 안전하게 정착했네.
그녀의 소중한 것에 둘러싸여,
우리의 어머니는 사라졌네.
황금 일몰 아래
여름 찬란한 그 날,
오, 어머니, 우리는 갑니다.
오래 걸리지 않을 거예요
우리가 다시 당신의 손을 잡을 때까지,
그리고 축복의 노래를 부를 때까지
밀 더미를 모아
낫으로 베어내고
영원한 영광을
그리스도를 통해 그녀의 영혼이 승리하기를.

패니의 이같은 환상은 계속되었다. 낮에는 거리에서 복음을 전하며 영혼 구원에 힘썼고, 밤에는 집으로 돌아와 영감어린 시들을 써나갔다. 몸이 두 개라도 모자랄 지경이었다. 아침인가 싶으면 바로 밤이 되었고 잠깐 집에 들어온 뒤 다시 거리로 나가는 생활이 계속되었다.

한편 워터 스트리트 선교회에서 사역을 열심히 감당했던 제리 매컬리가 젊은 나이에 결핵으로 죽었다. 이후 샘 해들리가 워터 스트리트 선교회를 맡았고, 패니는 이때 샘의 동생인 헨리 해리슨 해들리를 만났다. 헨리는 남북전쟁 때 뛰어난 대령이었고 전쟁이 끝난 후에는 변호사로 일했다. 하지만 술로 인해 변호사를 그만두었고, 그 후 뉴욕에서 신문을 제작하기 시작했다. 패니는 그에게 알코올 중독에 반대하는 설교를 담은 시 수 십 편을 보냈다. 대령은 그것들을 신문에 실었지만, 그에게는 거의 소용이 없었다. 형이 운영하는 워터 스트리트 선교회에서 헨리는 패니로부터 음주가 얼마나 나쁜지 귀가 닳도록 설교를 들었고, 마침내 그로 하여금 금주에 대한 기도를 하게 만들었다. 치료는 성공적이었다. 그는 어느 날 아침 일어나 한 방울의 술도 건드리지 않았던 것이다. 이후 헨리는 거리의 가난한 자와 병든 자 들을 돕는 구제 선교회를 설립했고 20년도 안되어 1백여 곳으로 늘어났다. 그 결과 그는 위대한 기독교 지도자가 되었고, 그리스도의 종이 되었다.

패니의 뛰어난 친구들 중 하나인 독일인 게르하르트 쉴링은 선교사역을 위해 버마에 갔었다. 뉴욕에 도착하면서 그는 신학교에 들어갔고, 곧 거리 선교회 가운데 한 군데에서 패니를 만났다. 비록 쉴링이 패니보다 마흔 살이 어렸지만 함께 거리에서 영혼 구원 사역을 하며 훌륭한 동역자로 변했다. 그는 주일과 수요일마다 그녀를 자신의 마차에 태워 교회에 갔다. 그는 그녀의 찬송가를 사랑하는 것만큼 그녀의 사역 또한 사랑했다.

1894년에 쉴링은 선교사로 버마에 다시 돌아가기로 했고, 그의 갑작스런 결정을 패니에게 설명했다. "버마로 돌아가라는 성령의 감동이 당신으로부터 왔습니다." 그리고 그는 버마에 머물면서 성경과 기독교 찬송가를 버마 토착어로 번역하는 위대한 영혼 구원의 사명을 감당하기도 했다.

볼 수 없었기 때문에 신체적인 접촉은 패니에게 매우 중요한, 또 다른 언어였다. 그녀는 여동생인 캐리와 줄리처럼 또는 그녀가 품은 많은 친구들처럼, 거리의 술주정뱅이와 바워리의 건달 들을 쉽게 껴안았다. 그녀의 찬송가는 '주 예수 넓은 품에' 와 '인애하신 구세주여' 처럼 신체적인 접촉과 감정으로 가득 차 있었다. "오, 주님. 저는 당신의 것입니다" (찬송가 219장/21세기 찬송가 540장 '주의 음성을 내가 들으니')에서 그녀는 다음과 같이 썼다.

그러나 저는 믿음의 품 안에서 일어나기를
그리고 당신에게 더 가까이 끌려지기를 갈망합니다.
축복의 주님, 저를 당신께로 가까이 더 가까이 이끄소서,
당신이 죽으신 십자가로.

〈찬송가 219장/21세기 찬송가 540장〉
믿는 맘으로 주께 가오니 나를 영접하소서,

내가 매일 십자가 앞에 더 가까이 가오니

심지어 그녀의 초기 시에서도 이같은 접촉의 중요성을 강조했다. '할머니의 흔들의자' 에서 그녀는 이렇게 썼다.

사랑스런 팔로 그녀는 나를 안고,
그리고 그녀의 참을성 있는 보살핌 아래,
나는 꿈의 나라에 태어났네,
그녀의 소중하고 낡은 흔들의자에서.

패니 크로스비에게 접촉은 중요했다. 버림받은 많은 사람들을 그녀의 팔로, 가슴으로 안아주는 것만큼 더 큰 위로와 소망은 없었기 때문이다. 패니는 거리에서 그리고 빈민가에서 남들이 돌보지 않는 버려진 사람들에게 마음을 다해 다가갔다. 그리고 수많은 선교회와 교회에서 그녀가 할 수 있는 것은 무엇이든 최선을 다해 사역했다. 물론 70세를 넘긴 이후에도 빈민가의 거친 거리는 그녀의 육신을 힘들게 했지만, 그래도 여전히 그녀의 마음과 영혼은 살아 있었다. 오를 산이 더 있었고 구원할 영혼이 더 있었기 때문이었다.

"이 천국 복음이 모든 민족에게 증거되기 위하여 온 세상에 전파되리니 그제야 끝이 오리라"(마태복음 24:14)

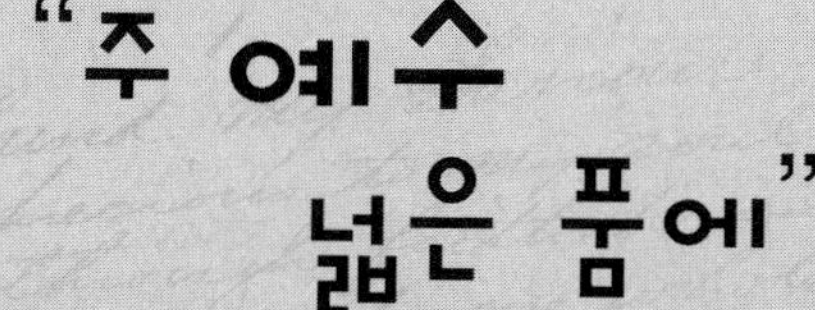
“주 예수
넓은 품에”

주 예수 넓은 품에

(Safe In Arms Of Jesus)

3 인생의 황금기

까마귀와 가스펠의 여왕

1884년 3월 24일. 비글로&메인 출판사는 패니 크로스비가 20년 동안 헌신한 공로로 첫 번째 파티를 열었다. 그동안 그녀는 3천 곡이 넘는 찬송가를 썼다. 많은 친구들이 참석해 그녀의 사역을 축하해주었다. 파티에 참석하지 못한 사람들은 재치가 넘치는 시들을 보냈는데, 모두 복음 찬송가로 노부인에 대한 사랑과 애정을 표현하고 있었다. 그들은 패니가 자기들보다 더 오래 살 것이라는 사실을 알지 못했다.

얼마 후 패니의 친구인 그루버 클리블랜드가 뉴욕으로 돌아왔다. 그가 돌아오자 그녀는 활기가 넘쳤다. 대통령 임기를 끝내고 메디슨으로 돌아온 그는 패니를 집으로 초대했다. 그들은 뉴욕 맹인 학교에서 지냈던 시절을 회상하며 행복한 시간을 가졌다. 패니는 아직도 클리블랜드를 키 크고 마른 장난꾸러기로 기억했다. 하지만 그는 가는 머릿결에 덩치가 큰, 강건한 남자로 변해 있었다. 그녀는 그의 훌륭한 유머 감각과 함께했던 행복한 순간들을 생각하면서 더 새로워진 우정을 맘껏 즐겼다.

이러한 인기에도 불구하고 패니는 여전히 가난했다. 엄마가 죽은 이후 남은 약간의 재산은 캐리와 줄리에게 넘겼다. 뉴욕의 거리에서 모든 이들이 알아볼 정도로 그녀는 등이 굽은 채 여전히 낡은 옷과 1840년대부터 써온 넝마 같은 모자를 쓰고 다녔다. 그런데 그녀는 꾸준히 바워리 거리 근처에 있는 많은 선교 시설에서 설교했고, 그녀의 옷 일부는 기부 물품에서 얻은 것이었을 것이다. 그녀는 또한 비글로&메인 출판사와 계속 일을 했고 가끔 스웨니와 커크패트릭과도 일했다. 80세를 바라보는 나이에도 불구하고 자신보다 20년이나 젊은 사람들보다 더 활동적이었고, 예배를 수행하면서 YMCA 철도 지부에서도 강연을 했다.

패니는 긴 생애의 대부분을 열정적으로 주님께 봉사했다. 그녀는 자신의 안위는 결코 생각하지 않았고, 항상 하나님이 채워줄 것이라고 믿었다. 기도할 때 그녀는 더 큰 필요를 위해 사사로운 필요는 생각지도 않았다. 패니는 누구에게도 도움을 청하지 않았고 아무리 어려워도 돈을 빌리지 않았다. 그래서 주님이 그녀를 돕기 위해 친구들을 불렀다. 아이라 생키, 하워드 돈, 존 스웨니, 로버트 로우리 그리고 비글로&메인 출판사는 모두 패니의 찬송가 때문에 부유한 음악가나 출판업자가 되었다. 하지만 그들 중 건강이 좋은 사람은 거의 없었다. 그러자 하나씩 그들은 스스로에게 왜 패니가 자신들처럼 편안하고 부유하면 안되는지 물어보기 시작했다. 그리고 각각의 방법으로 그녀를 돕기 시작했고 가급적이면 눈에 뜨이지 않게 도왔다.

무디는 또다른 '영적 대각성' 을 열기 위해 뉴욕으로 돌아왔다. 그런데 그들은 이제 기독교의 부활에는 관심이 없었다. 거리의 선교시설은 여전히 사회에서 낙오된 사람들로 가득 찼지만 지원이 떨어져 일부 선교 시설은 폐쇄할 수밖에 없었다. 무디는 이 지경까지 되도록 방치한 도시의 교회들에게 불만을 나타냈으나 소용이 없었다. 그는 자신을 위로하기 위해 오르간 앞에 몇 시간 동안이나 앉아서 패니 크로스비의 찬송가 '후일에 생명 그칠 때' 를 눈물이 그의 뺨을 타고 흐를 때까지 불렀다.

언젠가 은현이 끊어지고,
더 이상 지금처럼 노래하지 않겠지
그러나 아, 깨어날 때 그 기쁨이란
왕의 궁전 안에서!

〈찬송가 295장/21세기 찬송가 608장〉
후일에 생명 그칠 때

여전히 찬송 못하나
성부의 집에 깰 때에
내 기쁨 한량없겠네.

복음 전도자로서 무디의 생은 그 끝이 다가오고 있었지만, 패니에 대한 큰 사랑이 다시 한번 비글로&메인 출판사로 가게 했다. 그는 비글로&메인 출판사에게 그녀에게 각각의 찬송가에 대해 2 달러를 지급하는 대신, 1주일에 8 달러의 월급을 주자고 제안했다. 패니는 1년에 4백 달러 이상을 벌어본 적이 없었으므로 만일 그렇게 한다면, 그녀에게 항구적인 수입이 될 것이라고 말했다. 그때 패니는 건강이 매우 좋지 않아 보였다. 이 기간에도 그녀는 한번 심장마비를 겪었고, 부분적인 혼수 상태에 빠지기도 했다. 이에 비글로&메인 출판사는 무디의 의견에 동의했고 그녀가 살아 있는 동안 1주일에 8 달러씩의 월급을 지속적으로 주기로 했다. 패니는 곧 회복되었고 이후 18년을 더 살았다.

이 기간 동안에 이제 늙고 귀가 먼 로우리 박사도 패니의 노후를 걱정하게 되었다. 그는 비글로&메인 출판사 창고에 그녀가 쓴 시 수 백 편이 있다는 것을 알았다. 그리고 그녀가 오래전에 펴낸 시집 세 권도 알고 있었다. 사실 새 찬송가는 잘 팔리지 않았다. 그래서 로우리는 비글로&메인 출판사에게 패니의 시가 있는 서류함을 찾아보도록 권했다. 이전에 그녀가 쓴 책에 몇 개의 엄선된 곡을 추가

함으로써 비글로&메인 출판사는 〈저녁 종소리〉라는 패니의 시집을 출간했다. 그것은 모두 224페이지로 한 권당 50센트에 팔렸다. 이후 여러 해에 걸쳐 비글로&메인 출판사는 쇄를 거듭했고, 모든 이익을 패니에게 주었다.

또다른 사람들이 그녀를 도우러 왔다. 가장 오래되고 부유한 친구 가운데 하나인 피비 파머 냅은 종종 그녀에게 돈을 주려고 했지만 패니는 극구 사양했다. 피비는 세상의 모든 사람들이 패니의 이야기를 알아야 한다고 생각했다. 그래서 피비는 책의 저자이며 〈에브리 웨어〉 잡지사 편집자인 윌 칼리톤에게 갔고, 그에게 패니를 만나 그녀의 초기 삶을 이야기로 써보라고 촉구했다. 칼리톤은 패니를 평소 존경해왔기 때문에 그녀에 관한 이야기를 연재물로 싣기로 결정했다. 브루클린 근처에 그녀가 살고 있는 아파트를 방문했을 때, 유명한 찬송가 작사가가 사는 곳이라고는 믿을 수 없을 정도로 그 집은 초라했다. 그는 그 자리에서 그녀에게 각각의 기사에 대해 10 달러를 지급하는 데 동의했고, 〈에브리 웨어〉는 기사를 실었다. 1903년에 칼리톤은 〈패니 크로스비의 삶의 이야기〉를 책으로 냈고, 가능한 최대 분량을 인쇄했다.

패니의 이야기를 쓰면서, 칼리톤은 비글로&메인 출판사가 그녀에게 돈을 충분히 지급하지 않았다는 결론을 내렸다. 이러한 칼리톤의 이야기를 듣고 피비도 같은 결론을 냈다. 이후 그들은 패니의 시를 출간하는 출판사들에 항의하기도 했다. 사실 패니가 자신의 선택으로 가난하게 산다는 것을 이해하는 친구는 거의 없었다. 패니는 아무리 돈을 많이 벌어도 그 돈을 소유하지 않았다. 물론 도움의 손길들을 통해 여생에 쓰고도 남을 만큼 돈을 가진 적도 있었다. 하지만 대부분을 선교 시설로 보냈다.

1898년에 패니는 폐렴에 걸렸고 건강은 위기에 다다랐다. 그러자 그녀의 여동생인 줄리와 캐리가 브루클린으로 달려와 그녀를 브리지포트의 집으로 데리고 갔다. 그 후 줄리는 패니의 남은 생을 돌보았고, 캐리는 비서가 되었지만 오래 살지는 못했다.

패니는 건강이 조금 회복되자 쉼 없이 찬송가를 쓰고 전도하며 강연하는 사역을 다시 시작했다. 사람들은 항상 그녀의 강한 목소리와 침착한 영혼에 감동받았다. 비록 등이 굽고 많이 늙었지만 '가스펠의 여왕' 에게는 뭔가 젊은 빛이 있었다. 패니의 존재와 태도, 음악적인 목소리 그리고 감동스런 영적 메시지는 그녀를 세상에서 가장 인기 있는 연설자 가운데 하나로 만들었다. 평소에도 그녀는 할 일이 있고 바쁘게 일하는 한 늘 젊게 살 수 있을 것이라고 믿었다. 그리고 하나님의 사명을 다하는 날 하늘나라로 데려가실 것으로 생각했다. 그러므로 생명이 있다는 사실은 그녀에게 사명이 여전히 있다는 증거이기도 했다. 만약 일을 포기한다면, 그녀는 1년도 살지 못할 것이다. 그녀가 다시 활기차게 돌아다니는 모습은 많은 친구들을 놀라게 만들었고, 그녀가 슬픔에 잠겨 있을 때에는 많은 사람들 또한 상심했다.

아이라 생키가 시력을 잃었을 때, 그는 그 사실을 사람들에게 숨기려 했지만 그것은 오히려 일을 더 악화시키고 말았다. 그는 깊은 우울증에 빠져들었고 더 이상 일하려고도 하지 않았다. 패니는 자주 방문해 그의 영혼을 위로하며 즐겁게 만들어주려고 노력했다. 그는 오르간을 연주할 수 있었고, 그들은 함께 앉아 화음을 맞추며 행복했던 시절을 추억했다. 그러나 패니가 떠나면 그는 의자로 돌아가 죽음을 기다리기 시작했다.

결국 그녀의 동역자들도 하나 둘 세상을 떠났다. 존 스웨니는 발작으로 고통받다가 1899년 4월에 사망했다. 로우리는 같은 해 11월에 사망했고, 무디도 한 달 뒤 사망했다. 그리고 시력을 잃어가던 생키는 완전히 시력을 상실했다. 한 세기가 바뀌면서 사랑하는 친구들은 떠나갔지만, 여전히 패니 크로스비는 살아 있었다.

> **"여호와는 너를 지키시는 이시라 여호와께서 네 오른쪽에서 네 그늘이 되시나니 낮의 해가 너를 상하게 하지 아니하며 밤의 달도 너를 해치지 아니하리로다 여호와께서 너를 지켜 모든 환난을 면하게 하시며 또 네 영혼을 지키시리로다"**(시편 121:5-7, 개역개정)

포기하지 마라, 결코 포기하지 마라

동역자들이 대부분 하늘나라로 갔지만 패니는 아직도 힘이 남아있었다. 몇 번의 고비가 있긴 했어도 하나님은 그녀의 생명을 데려가지 않으셨다. 아직도 그녀에게 주어진 사명과 할 일이 이 세상에 더 남아 있었다. 마침 그때 새로운 작곡가들이 나타났는데, 경쾌한 리듬의 음악을 추구하는 찰스 가브리엘(Charles Hutchinson Gabriel: 1856~1932)이나 아이라 알렌 생키 같은 이들이었다. 아이라 알렌 생키는 평생 친구였던 생키의 아들로 비글로&메인 출판사를 아버지로부터 물려받았다. 패니는 이 두 사람과 찬송가를 만들었다. 그리고 다른 작곡가와도 일했는데, 그들 중 몇 사람은 선교 시설에서 연주하던 오르간 연주자로서 그녀가 전에 만났던 사람들이었다. 알렌 생키가 비글로&메인 출판사를 맡으면서 패니는 다시 한 번 찬송가 작업에 몰두하기 시작했다. 그는 패니가 쓴 일부 가사에 깊은 감동의 선율을 붙였다.

패니의 찬송가는 그녀가 인생을 어떻게 보는지를 반영했다. 알렌 생키와 함께 그녀는 마지막으로 잘 알려진 찬송가 '결코 포기하지 마라' 를 썼다. 패니는 몇 년 전 한 교회에서 알렌 생키가 곡을 붙인 '할머니의 흔들의자' 를 독창곡으로 들었었다. 그 곡을 들은 패니는 그에 대해 달콤한 가락과 곡을 표현하는 방식, 조화에 있어 아버지를 능가하는 아들로 인정했다. 같은 날 밤 집회에서 그는 그녀의 찬송 '결코 포기하지 마라' 를 노래했는데 그의 능력이 잘 나타나 있는 곡이었다. 패니는 그 날 밤 사람들이 아버지와 마찬가지로 훌륭한 능력을 가진 아들을 바라볼 수 있어서 기뻤다.

결코 슬퍼하거나 낙담하지 마라

만약 당신이 믿음이 있다면,
은혜를, 당신의 의무를 위하여,
당신의 하나님께 묻고 받으라.

(합창)
결코 포기하지 마라, 결코 포기하지 마라,
당신의 슬픔에 결코 굴복하지 마라,
예수 그리스도가 그것들을 벗어나게 할 것이니.
주를 믿으라, 주를 믿으라,
당신의 시련이 가장 클 때 노래하라,
주를 믿고 마음을 다하라.

이 가사에는 위대하고 놀라운 진실이 숨어 있다. 삶의 완전한 승리가 그곳에 있는 것이다. '주를 믿고 마음을 다하라' 는 우리들의 존재보다 더 크고 강한 분에게 의지케 하는 용기를 의미한다. 기쁨을 유지하며 항상 밝게 살아갈 수 있는 소망을 주는 이 찬송은 단지 입술의 노래가 아닌, 패니의 마음속 깊이 있는 영혼의 찬양이었다.

패니는 결코 포기하지 않았다. 어린 아기였을 때부터 맹인이었고, 성인으로서 그녀가 본 유일한 빛은 하나님이었다. 그것이 지금까지 그녀를 지탱해왔다. 1905년 3월 24일에 그녀는 85세가 되었고, 뉴욕의 교회들은 그 날을 '패니 크로스비의 날' 로 지정했다. 이틀 뒤 주일, 미국 전역에 있는 수백 만의 사람들이 그녀가 만든 찬송가를 부르기 위해 교회로 몰려들었다. 그 날은 패니의 음악이 교회의 문을 통해 거리로 울려 퍼졌으며, 교회로 들어오지 못한 많은 영혼들을 은혜로 감동시켰다. 모든 교회에서 그녀를 존경하는 뜻으로 기부금을 모았고, 수천 달러에 달하는 사랑의 선물이 뉴욕의 그녀에게로 보내졌다. 이번에는 받아들여야 했지만 그 돈은 그리 오래가지 못했다. 패니는 그 돈의 일부를 자신을 보살피는 여동생에게 주었고, 나머지는 선교 시설과 복지 시설에 기부했다.

1905년에 그녀는 자서전을 쓰기 시작했다. 〈80년의 기억들〉이었다. 다음해에 그 책이 출간되었는데, 안타깝게도 행복과 함께 비극이 찾아왔다. 자신을 돌보던 여동생 캐리는 암으로 죽었고, 몇 달 후 주님은 줄리의 딸인 이다를 데리고 가셨다. 패니는 계속 자신에게 말했다.

"결코 포기하지 마라, 결코 포기하지 마라."

그때 패니의 나이 86세였지만, 이후에도 마음을 다잡고 1년에 약 50 편의 찬송가를 썼다.

패니는 여생을 브리지포트 웰 거리에 사는 친구들인 헨리, 플로렌스 부스와 보냈다. 그녀는 여전히 선교 여행을 다녔고 거리의 선교 시설에서 일했으며, 1914년 다시 심장마비로 고통받을 때까지 그 사역을 지속했다. 의사가 그녀에게 더 이상 살 가망이 없다고 말했을 때, 그녀는 오히려 기쁨으로 그 소식을 환영했다. 사랑하는 주님을 만날 수 있었기 때문이었다. 패니의 오랜 친구인 하워드 돈도 역시 죽어가고 있었다. 그들은 60년이 넘는 시간을 동역했다. 그들은 다시 이 땅에서 찬송가를 만들 수는 없겠지만, 주님이 더 좋은 곳에서 그들의 재능을 사용하실 것이라고 믿었다.

패니는 죽음을 준비하면서 줄리에게 자신의 묘지에 비싼 묘석을 절대 사지 말고 그 돈을 브리지포트 기독교 단체에 모두 기부하도록 했다. 만약에라도 나중에 친구들이 자신을 추모해 기금을 모은다면, 기독교 병원을 짓거나 노인들을 위한 집을 구하도록 부탁했다. 그녀는 이렇게 말했다.

"내가 죽고 나서 돈이나 그 무엇이든지 나를 위해 쓰지 말고 모든 것을 가난한 사람들에게 돌려주기 바랍니다. 나는 내가 할 수 있는 일을 했을 뿐입니다."

그리고 변호사에게 부탁해 이와 같은 내용으로 유언장을 만들었고, 약간의 남은 재산은 줄리와 자신을 12년간 돌봐준 플로렌스 부스에게 주었다. 결국 그녀의 유언대로 보통의 묘비만을 만드는 데 아주 약간의 돈이 지불되었을 뿐이었다.

패니는 죽기 전 집 가까이에 있는 작은 교회에서 메시지를 전했다. 그 건물은 제비꽃과 사람들로 가득 찼다. 패니가 힘 있고 분명한 목소리로 말했다.

"사랑하는 사람들이여, 나는 당신들을 진심으로 사랑합니다. 나는 여러분 모두가 시련과 슬픔이 닥쳤을 때 기도로 승리하여 하나님께 가기를 바랍니다. 그분은 당신의 기도를, 당신이 생각하는 것보다 더 많이 응답해주실 겁니다. 나는 아직도 나를 위해 역사하심을 믿습니다. 나는 아직 죽는 것을 원하지 않습니다."

우리가 조금 지체하는 동안
그전에 우리는 여행의 끝에 도착하고,
우리가 조금 일하는 동안
그전에 저녁 그림자는 내려 앉네.
우리는 잠을 자기 위해 눕고
그러나 밤은 곧 끝이 나니,
밝게, 영원히 밝게
우리는 결코 더 이상 잠을 자지 않을 것이라네.

강 너머 강둑에서
우리는 다만 섬기는 사람으로 만날 것이며,
밝게, 영원히 밝게,
여름이면 노래의 나라.

오, 영원한 삶의 축복!
오, 오랜 시간 끝없는 안식

기쁨의 황금 들판에서
축복의 지역에서!
그러나 우리의 그리스도를 보아라.
그의 왕관 앞에 조아려
그의 은혜로운 환영의 말을 들어라,
그 어떤 것보다 더 감미로운,

강 너머 강둑에서
우리는 다만 섬기는 사람으로 만날 것이며,
밝게, 영원히 밝게,
여름이면 노래의 나라.

패니는 평생을 셀 수 있는 것보다 더 많은 시와 찬송가를 썼다. 비글로&메인 출판사와 47년 동안 일하면서 그녀는 —비록 약 2천 편은 발표되지 않았지만— 찬송가 6천여 편을 썼다. 이러한 경우는 종종 그녀가 같은 제목으로 여러 편의 시를 썼는데, 작곡가들이 단지 한 편만 골랐기 때문에 발생하는 일이었다.

아이라 생키, 조지 스티븐스 그리고 존 스웨니와 작업하면서 패니는 적어도 4천 편이 넘는 시를 썼다. 그녀는 또한 다른 사람들과도 곡을 만들었기 때문에 평생에 걸쳐 1만2천 편의 찬송가를 썼을 가능성이 높다. 계산을 더 어렵게 만드는 이유는 그녀가 서정시와 오

〈패니크로스비의 필명〉

패니 크로스비는 많은 필명을 가지고 있었다. 특히 브래드베리 출판사와 일할 때부터 만든 그녀의 필명은 다른 출판사를 거치면서 점점 늘어났다. 그녀는 1905년에 80개의 이름으로 곡을 썼다고 말했으며, 노년에 어떤 이들은 그 숫자가 200개에 가깝다고 주장했다.

이 이름들은 그녀가 결혼한 후의 이름인 '패니 J. 밴 앨스틴 여사(Mrs. Fanny J. Van Alstine)' 부터 'N. 드 플럼 여사(Mrs. N. de Plume)' 에 이른다. 대부분의 그녀의 작품에서는 다음과 같은 여성의 이름이 등장했다. '빅토리아 프랜시스(Victoria Frances),' '리지 에드워즈(Lizzie Edwards),' '그레이스 프랜시스(Grace Frances),' '로즈 애써튼(Rose Atherton),' '엘라 데일(Ella Dale),' '바이올라(Viola)' 등.

거의 모든 그녀의 출판사들은 '라이먼 슐러(Lyman Schuyler)' 나 '제임스 애플(James Apple),' '차알스 에드워즈(Charles Edwards),' 그리고 '프랭크 굴드(Frank Gould)' 혹은 첫 자를 딴 'W. H. D.,' 'F. J. V.,' 'C.,' 'V. A.' 와 같은 남성의 별명을 선택했고, 아니면 그들은 '###' 이나 '어린이들의 친구(The Children's Friend)' 를 사용했다. 대중들에게 그녀는 '패니 크로스비' 로 가장 많이 알려져 있다. 반면 그녀와 가까운 사람들과 친한 친구들은 그녀를 단순하게 '패니' 라고 불렀다.

그러나 이것 때문에 그녀가 쓴 찬송가의 수를 헤아리기 어렵게 되었다. 당시 기독교 음악을 하는 모든 이들이 패니 크로스비의 이름을 알게 되었고 그녀의 찬송가를 원했지만, 그녀의 여러 필명은 그들을 어렵게 만들었다.

페레타까지 1백개가 넘는 필명을 사용했기 때문이었다.

아주 어렸을 때부터 시를 쓰기 시작했지만, 패니의 시가 음악과 조화를 이루게 될 줄은 전혀 생각하지 못했다. 그녀는 첫 시집을 뉴욕 맹인 학교에서 교사로 일하면서 펴냈다. 24세에 〈맹인 소녀와 여러 시들〉(1844)을 처음으로 출간했던 것이다. 이 작은 책에는, 그녀의 모든 시는 아니지만, 가장 훌륭한 시들이 들어 있다. 31세에는 〈몬테레이 만과 다른 시들〉(1851)을 출간했고, 8년 후에는 〈콜롬비아의 꽃 화환〉을 출판했다. 그리고 이후 그녀는 찬송가에만 집중했다. 그러나 찬송가는 또다른 시였다. 그녀가 쓴 가장 훌륭한 작품 가운데 일부는 1897년 출간된 마지막 시집인 〈저녁 종소리〉에 있었다. 결국 패니는 기록되지 않아 발견하지 못할 수도 있는 시 수 천 편을 썼던 것이다.

패니는 또한 자신의 찬송가 일부에 곡을 붙이기도 했다. 그녀가 피아노로 곡을 치는 동안 서기가 옆에 앉아 곡조를 기록했다. 패니가 무언가를 '썼다' 라고 말하는 것이 전적으로 정확하지는 않았다. 왜냐하면 그녀가 펜을 들고 적는 일이 거의 없었기 때문이었다. 그녀는 마음으로 시를 생각해 그것을 적게 했다. 서기들은 그녀가 망설이거나 바꾸지도 않고 계속 시를 암송하는 능력에 놀라워했다.

패니가 인생에 둔 한 가지 목표는 1백 만의 영혼을 하나님 앞으로 데리고 가는 것이었다. 오늘날 세계는 복음 전도자들이 그리스도를 위해 축구 경기장을 가득 채우고, 모든 교파의 목사들은 교회에 참석할 수 없거나 참석하려 하지 않는 사람들에게 구원의 메시지를 전하려고 텔레비전을 사용한다. 이에 비하면 앞을 보지 못하는 패니는 그런 시설에 대한 기술적인 이점이 없었다. 대신 그녀는 1백 만의 영혼을 찬송가와 선교 사역을 통해 사로잡았고, 그녀의 94년의 생애 대부분을 이 땅에서 발로 뛰며 감당했다.

"주님의 진노는 잠깐이요, 그의 은총은 영원하니, 밤새도록 눈물을 흘려도, 새벽이 오면 기쁨이 넘친다."(시편 30:5, 표준새번역)

"후일에 생명 그칠 때"

후일에 생명 그칠 때

(Some Day The Silver Cord Will Break)

마지막 불꽃

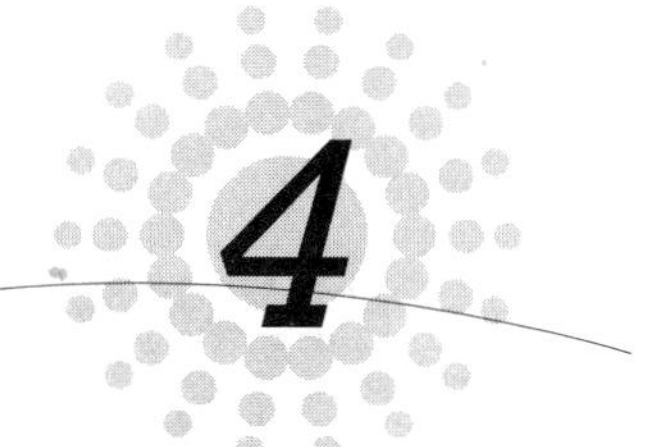

모래톱을 건너며

우리의 삶은 앨범
좋은 것과 나쁜 것, 그른 것과 옳은 것이 쓰여진,
그리고 은혜로운 천사가
우리 세월의 페이지를 넘기네,
천사가 좋은 일을 읽으면 하나님은 미소로 답하고,
나쁜 일을 읽으면 눈물이 번지네!

90세에 들어서면서 활동을 거의 하지 않고 쉬는 세월이 대부분이었지만, 패니 크로스비의 90세는 영적인 삶에 있어 최고의 해였다. 기쁨과 즐거움의 진실한 포도주가 넘치는 풍부한 시간들이었던 것

86세의 패니 크로스비(손에 늘 들고 다녔던 책자가 보인다).

이다.

같은 해 10월 패니는 지난 90년간 살아온 세월을 정리하는 시간을 가졌다. 패니의 이야기를 듣기 위해 교회에는 수많은 군중들로 가득 찼다. 그녀는 장미꽃이 가득한 작은 탁자에 섰고 그 꽃들을 만지면서 말했다.

"삶의 마지막 때에 당신들을 만나게 되어 주님께 감사드립니다. 지금도 나는 황혼이 아닌 영원한 일출 안에서 살고 있습니다. 소망의 별들이 지난 50년보다 더 선명하게 지금 내가 가는 밤길을 환하게 비추고 있습니다. 그것은 결코 시든 꽃이 아니며 오히려 부유함과 아름다움을 보여줍니다. 소망은 항상 내 노래와 함께 해왔으며, 내 인생의 빛은 오늘 밤에도 여전히 비추고 있습니다. 그 빛은 나의 아침을 밝혔고, 낮의 왕성한 활동을 뿜어내게 했으며, 그늘진 저녁 시간을 비추고 있었습니다. 그동안 나는 변함없이 어렵고 힘든 인생을 위해 소망의 시를 써왔습니다. 그리고 지금까지도 그랬지만 '예루살렘' ('the Celestial City' : 존 번연의 '천로역정' 의 주인공인 Christian의 목적지- 편집자 주)에 들어갈 때까지 소망의 사역을 수행할 것입니다.

나는 지난 세월 동안 동역자들을 많이 만났습니다. 그리고 그들과 함께 하나님의 사명을 이루어갔습니다. 앞을 볼 수는 없었지만 손의 접촉과 목소리의 음색을 통해 그 사람을 알 수 있었습니다. 이 때문에 나는 친구와 동역자를 선택하는 데 있어 거의 실수하지 않왔습니다. 이건 하나님이 주신 전적인 은혜였습니다.

아름다움에 대한 사랑은 나이와 함께 발전해갔습니다. 큰 호수의 일몰이나 큰 파도의 출렁임은 나에게 놀라움을 주었습니다. 오늘 밤 여기 달처럼 빛나는 아름다운 장미꽃 향기는 깊은 감동을 줍니다. 가볍게 부는 바다 바람은 내 마음에 삶의 의욕을 불러일으킵니다. 또한 도시나 농촌에서 예술가들과 만나는 일은 항상 즐거웠습니다. 성탄절이 되면 나의 방은 성탄절용 나무와 가지가 있었음에 틀림없습니다. 그리고 부활절에는 백합화, 장미와 함께 지냈을 것입니다.

90년 동안 나는 사람들과 사이좋게 지내는 것이 쉽지 않고, 또 그런 체험을 많이 했기 때문에 항상 밝은 모습을 만들어가는데 주의를 기울였습니다. 여러 해 전에 나는 언제 어디서나 모든 사람과 사귈 수 있는 밝고 좋은 성격의 사람이 되어야겠다고 다짐했습니다. 나이가 들수록 성숙하고, 여유롭고, 거룩해지는 것이 목적이기도 했습니다. 사실 나는 두려움보다 사랑하고 감사할 것이 많았습니다. 가슴이 터질 것 같았던 많은 슬픔들이 내 인생의 여정을 가로질러왔습니다. 그러나 겟세마네 동산 너머에서 들리는 천사의 목소리가 영원한 빛의 땅인 올리브(Olivet: 마태복음 26:30 감람산- 편집자 주)에 도착하도록 했습니다. 나는 50년 전보다 지금 더 어린이들을 사랑합니다. 이 녀석들이 아주 편해요. 그래서 오늘 이곳의 많은 어린이들을 알게 되어 행복합니다. 나는 항상 말합니다. '어린이들을 데리고 오세요. 패니 아주머니는 어린이들을 위한 무언가가 있습니다' 라고요.

나는 단지 하나님의 도구가 되기를 바랐습니다. 그래서 내 시에 대한 대가로 첫 번째 수표를 받았을 때 나는 도울 것이 필요한 사람들에게 손을 넓게 열기로 마음먹었습니다. 90년 동안 나는 사례를 위해 봉사한 적이 한번도 없습니다. 재정적인 결과에 구애받지 않고 하루 종일 일하기를 원했을 뿐입니다. 그저 사례를 위해 일하는 사람은 결국 아무것도 아니니까요. 사랑하는 친구들이여, 돈은 합당한 자리여야 좋은 것입니다. 그러나 돈이 우리의 주인이 되었을 때, 그것은 땅에 강하게 쳐박히는 가시 면류관으로 변합니다. 사람이 없는 돈보다 돈 없는 사람이 더 나은 것입니다.

하나님의 선하심 안에서 내가 '신뢰와 복종' 의 교훈을 배우고 난 후, 그분은 오랜 세월동안 실패하지 않게 했습니다. 주님은 나의 진실한 목자셨습니다. 주님이 보내주신 두 천사, 자비와 진실은 오랜 삶 가운데서도 결코 부족하지 않게 하셨습니다. 나는 주님의 집에 영원히 거할 것입니다. 참새가 떨어지는 것조차 아시는 하나님의 보살핌으로 나는 항상 주님과 동행할 수 있었습니다. 믿음은 하나님 아버지의 손으로부터 나에게 좋은 선물을 공급해주십니다. 나의 삶은 이 가사와 같습니다.

믿음을 가져라, 저녁 구름이 어느덧 사라져가니,

그리고 하루의 고요한 그림자를 남긴다.
곧 네 고대하는 눈을 하나님의 영광이 볼 것이다,
비록 구름을 통해 오지만, 그러니 그대로 두어라.

나는 오래 살고 싶은 욕망으로 가득 찼었습니다. 하나님께 '오랜 삶을 통해 당신을 만족시키고 나의 구원을 당신께 보일 것입니다' 라고 약속했습니다. 기쁘게도 모든 길에서 하늘의 아버지는 약속대로 해주셨고, 혹 그렇지 않아도 실망할 필요는 없습니다. 그것은 모두 주님의 일이니까요. 나는 강둑에서 밀물을 기다리고 있습니다. 그때 나는 내 조종사와 함께 영원한 삶이 있는 항구로 들어갈 것입니다. 친애하는 친구들이여, 나는 로드 테니슨의 시를 매우 좋아합니다. 그러나 그의 '모래톱을 건너며(Crossing the Bar)' 라는 시 가운데 연 하나가 마음에 들지 않습니다. 그가 이렇게 말합니다. '내 모래톱을 건널 때 수로 안내자(절대자)의 얼굴을 마주하고 싶어라.' 지금 나는 이렇게 말하고 싶습니다. '내가 그 모래톱을 건널 때 내가 그 안내자를 만날 것임을 알고 있습니다.'

나는 사람들이 나에게서 더 오래 살고 더 잘사는 것이 무엇인지 듣기 원한다는 사실을 압니다. 어렸을 때부터 지금 이 시간까지 나는 세 사람의 작은 천사 감시인을 가졌었습니다. 첫 번째 감시인은 미각입니다. 나는 항상 먹는 것을 주의했습니다. 물론 먹고 싶은 것이 많이 있었지만, 그럴 때마다 첫 번째 감시인은 말했습니다. '너는 그렇게 하지 않는 게 좋다.' 나는 단순한 이 방법을 따랐습니다. 그래서 신선한 달걀, 과일, 야채, 어린 닭 그리고 차 한 잔을 좋아했습니다. 다음 천사 감시인은 기분을 조절했습니다. 나는 사람들이 기분을 상하게 하고 웃음거리로 만들 때 되도록이면 빨리 마음먹었습니다. 그리고 항상 내 자신을 지키기로 결심했습니다. 다음 천사 감시인은 입술을 제어했습니다. 나는 변함없이 기도합니다. '내 입에 파수꾼을 세워주세요. 오 주님, 내 입술을 제어해주세요. 나의 입술의 문을 지켜주세요.' 어렸을 때 나는 시편에서 여러분들도 잘 아는 이 말씀을 배웠습니다.

생명을 사모하고 장수하여 복 받기를 원하는 사람이 누구뇨
네 혀를 악에서 금하며 네 입술을 궤사한 말에서 금할지어다
악을 버리고 선을 행하며 화평을 찾아 따를지어다(시편 34:12~14)

나는 일생 동안 주님의 뜻에 따라 살려고 노력했습니다. 어느 때는 내 뜻대로 안되기도 했지만, 그때마다 주님의 뜻을 구했습니다. 그리고 내 뜻을 버리고 주님의 뜻을 따랐습니다. 바로 그것이 나의 단순한 삶이 지금까지 인도될 수 있었던 유일한 길이었습니다."

예배가 끝난 후 패니는 그곳에 참석한 수백 명의 사람들과 악수한 후 집으로 갔다. 그녀는 평소와 마찬가지로 차 한 잔을 마시고 방에 들어갔다. 주님께 오늘의 삶에 감사하며 무릎을 꿇었다. 그리고 그곳에서 평화스럽게 잠들었다.

여기에서 나 기다리게 해주시오 참을성 있게,
밤이 끝날 때까지 기다릴 수 있도록
아침을 볼 때까지
황금빛 해변에 부서지는 아침을.

"보좌 한가운데 계신 어린 양이 그들의 목자가 되셔서, 생명의 샘물로 그들을 인도하실 것이고, 하나님께서 그들의 눈에서 눈물을 말끔히 씻어 주실 것입니다."(요한계시록 7:17, 표준새번역)

왕의 궁전 안에서

언젠가 은현이 끊어지고,
더 이상 지금처럼 노래하지 않겠지
그러나 아, 깨어날 때 그 기쁨이란
왕의 궁전 안에서!

〈찬송가 295장/21세기 찬송가 608장〉
후일에 생명 그칠 때
여전히 찬송 못하나
성부의 집에 깰 때에

내 기쁨 한량없겠네.

1915년 2월 12일 금요일 아침에, 금세기의 가장 뛰어난 찬송가 작사가인 패니 크로스비가 조용히 하늘나라로 갔다는 소식이 전 세계에 타전되었다. 목요일 밤 그녀는 평상시와 같았다. 그 날 밤 9시에 그녀는 딸의 죽음으로 슬픔에 잠겨 있는 친구에게 편지와 위로의 시 한 편을 받아쓰게 했다.

목요일 밤.

나의 친한 친구에게,

내가 무엇을 말해야 할지 모르겠다. 딸을 잃은 것에 대해 내가 어떻게 위로해야 할지 모르겠구나. 나는 지금 너의 집에 흰 옷을 입은 천사와 너 혼자만이 쓸쓸하게 남았다는 사실을 도저히 믿을 수 없다. 그러나 네 귓가에 속삭이고 있는 모든 것에 영적인 메시지가 있다는 것을 알기 바란다. 그렇기 때문에 그건 하나도 슬픈 것이 아니란다.

네가 지금은 알지 못하지만 조금 있으면 이 모든 것을 알게 될 것이라고 생각한다. 너의 소중한 딸 룻이 예수의 품에서 평안하게 있다는 사실을 곧 알게 될 것이다.

너는 강의 낭떠러지에 닿을 것이니.

달콤했던 날들은, 안녕, 안녕
너는 네 깨진 고리를 알게 될 것이니.
달콤했던 날들은, 안녕, 안녕
오, 저기 기다리고 있는 사랑스런 이들
아름다운 삶의 나무 옆.
그들의 기쁨을 나누러 네가 올 때 까지
달콤했던 날들은, 안녕, 안녕.

95세가 되기 바로 직전인 1915년 2월에 패니는 드디어 이 땅 위에서 잘 수 있는 가장 긴 잠에 들었다. 그녀를 돌보며 함께 사는 부스 부인이 아침에 문을 세 번 두드릴 때까지 방에서는 아무 소리도 나지 않았다. 그녀는 재빨리 패니에게 갔고 의식이 없는 것을 안 후에 그녀를 안았다. 두 의사가 즉시 달려왔고 그들 중 한 사람이 말했다.

"패니 크로스비는 죽은 지 10분이 지났습니다."

"오, 이럴 수가." 부스 부인은 눈가에 눈물이 맺히기 시작했다. 그들은 패니를 살릴 방법을 찾았으나 소용없었다. 그녀의 영혼은 떠났고 몸은 그 수명을 다했던 것이다.

94세의 나이로 패니는 하나님의 큰 은혜 속에 평화롭게 하늘나라로 갔다. 땅에서 이루어지던 그녀의 사역은 끝이 났지만, 명성은 아직 끝나지 않은 듯했다. 패니가 살았던 브리지포트의 작은 마을에

코네티컷 주 브리짓포트에 있는 패니 크로스비의 기념관.

서 열린 장례식은 브리지포트 역사 이래 가장 큰 규모였다. 수많은 사람들이 겹겹이 에워쌓았고, 옛 친구와 동역자 들이 마지막 존경을 표하기 위해 모여들었다. 그들은 마지막으로 패니를 보기 바랐다.

애도의 편지가 원근 각지에서 쇄도했다. 장례식 날 패니와 교류했던 많은 사람들은 제비꽃 침대에서 자는 것처럼 관속에 누워 있는 그녀 옆에 조용하게 섰다. 패니는 꽃을 좋아했는데, 그녀가 가장 좋아하는 꽃은 교회 안 모든 곳에서 보일 정도였다. 그리고 여행할 때마다 지니고 다녔던 실크 성조기가 그녀의 오른손에 들려있었다.

장례식에서 조지 스티븐슨이 말했다. "패니 크로스비는 사람들의 영혼을 위해 시를 썼습니다. 그녀는 우리가 알고 있는 것보다 더 많이 감동의 시를 썼습니다. 그녀는 자비로운 하나님의 영으로, 은혜로운 감동으로 모든 것에 영혼을 불어넣었습니다."

아이라 앨런 생키, 허버트 메인, 조지 스티븐스 그리고 트레비나 잭슨은 명예롭게도 관을 메게 되었다. 예배가 시작되기 전 오랫동안 교회는 초만원을 이루었고 들어오지 못한 사람들이 교회 주위에 가득했다. 교회의 목사와 선교사 들 그리고 패니를 아는 친구들이 각 도시와 먼 시골에서 몰려왔고, 수많은 단체와 기관에서 참석했다. 사람들은 브리지포트에서 행해진 장례식 가운데 가장 큰 규모의 장례식이 될 것이라고 말했다.

교회 구석구석이 패니가 어린아이 때부터 지금까지 좋아했던 꽃들로 가득 찼다. 꽃은 그녀가 살았던 삶의 아름다움을 그대로 보여주었다. 4 그루의 키 큰 종려나무는 제단을 따라 치장되었다. 첫 번째 종려나무는 흰 장미와 흰 카네이션으로 장식되었고, 첫 번째와 두 번째 종려나무 사이에 꽃 일부가 꾸며졌다. 두 번째 종려나무는 빨간색 튤립과 흰 장미로 수를 놓았다. 제단 중앙에는 프리지아와 로마 히아신스 꽃 액자로 잘 만들어진 수선화와 제비꽃 들로 덮여 있었다. 세 번째 종려나무는 분홍색 장미와 부활절 백합 들로 장식되었다. 이것과 네 번째 종려나무 사이에는 프리지아, 제비꽃, 목련

꽃 화환이 놓여졌다. 흰 카네이션과 수선화는 중심부에 자리잡았다. 네 번째 종려나무는 흰 장미와 부활절 백합으로 장식되었고, 패니의 오랜 운전기사가 보내준 제비꽃과 밀 다발이 가까이 있었다.

그곳에 모인 사람들과 찬양대는 패니가 가장 좋아했던 찬송가인 '우리 선조들의 신앙' 을 불렀다. 피플스 장로교회 데이븐포트 목사가 기도를 했고, 찬양대는 찬송가 '주 예수 넓은 품에' 와 '후일에 생명 그칠 때' 를 잇달아 불렀다. 그녀의 찬송가를 사랑했던 수많은 사람들은 찬송가가 울려 퍼지자 울면서 그녀의 소중한 사역을 추억했다.

패니가 다녔던 제일감리교 감독교회의 담임인 지오 브라운 목사는 다음과 같이 말했다. "당신은 많은 친구들에게 찬사를 받았습니다. 찬송가의 여왕이 죽음의 사슬을 끊어버리고 하늘의 영광으로 통과되었을 때는 당당한 환영이 있어야만 합니다."

패니가 생애 말년에 쓴 '아주 잠시 동안' 이라는 제목의 찬송시에는 그녀의 마음이 전해진다.

곧 눈물과 인내심으로 씨를 뿌리면,
봄의 평지를 따라 소중한 씨앗이,
생명으로 부드러운 잎들이 필 때까지
생생한 약속은 여름 곡식을 익게 한다.

곧 우리가 소중한 사람을 위해 울면,
하나씩 하나씩 그들은 강가로 다가오고,
곧 그들의 감미로운 확신을 알게 된다.
우리가 천국에서 각각의 깨진 고리를 찾게 될 것이라는 걸.

곧! 그리고 그렇게 영광스런 새벽,
출렁이는 물결 너머 아름다운 아침에,
우리가 깨어났을 때, 우리의 그리스도가 기뻐하며,
완전히 그리고 순수하게 우리는 만족하게 될 것이다.

장례식의 말씀은 디모데후서 4:7~8을 인용했다. "내가 선한 싸움을 싸우고 나의 달려갈 길을 마치고 믿음을 지켰으니 이제 후로는 나를 위하여 의의 면류관이 예비되었으므로 주 곧 의로우신 재판장이 그 날에 주실 것이니." 엄숙한 가운데 그러나 두 눈을 뜨고 하늘에서 내려다보고 있을 패니를 생각하면서 사람들은 설교를 경청했다.

"저와 마찬가지로 여러분은 패니 크로스비의 훌륭함과 선함에 대해 이야기하는 것은 부적절하다고 느낄 겁니다. 패니가 행했던 믿음과 소망 그리고 사랑에 의해 그녀는, 제가 알았던 어떤 다른 사람보다도 그리스도의 은혜를 누린 좋은 본보기가 되었습니다. 그녀의 확신 있는 믿음은 한 점의 의심도 없이 값지고 충만했습니다. 만약 그녀가 이 땅 위의 삶에서 너무 많은 것을 잃어버렸다면, 그녀가 들어가는 새로운 저 하늘의 삶은 지금과 같지 않을 것임을 확신합니다.

그동안 패니가 이 세상에 들려주었던 수천 편의 찬송가에서 잘못된 곡조는 전혀 들리지 않습니다. 믿음, 소망 그리고 사랑의 세 가지 화음은 항상 우리들을 지배합니다. 그녀는 비관적인 생각을 하지 않았던 사람이었습니다. 그녀의 찬송가에는 항상 소망만 울려 퍼지고 있습니다. 또한 그녀가 찬송가를 통해 하나님께 영광 돌리며 얻고자 했던 것이 있다면, 오직 죄 가운데 죽어가는 영혼들을 하나님께 인도하는 것이었습니다. 그리고 그들을 위로하고 새로운 삶을 꾸릴 수 있다는 확신을 주는 것이었습니다."

인간의 마음속 새벽, 노여움으로 부서진,
묻혀 있던 은혜는 부활할 수 있을 것이라 느끼면서,
사랑스런 손이 닿고, 친절함에 깨어나면,
끊어진 끈은 다시 한번 더 진동할 것이니.

"그녀의 찬송가는 수많은 사람들의 눈물어린 참회를 이끌어냈으며, 말할 수 없을 만큼의 승리를 가져왔습니다. 그녀는 모든 사람이 약해 쓰러진다고 해도 반드시 주님이 주시는 구원에 의해 회복될 것이라는 믿음을 잃지 않았던 사람이었습니다."

설교가 끝난 후 패니에게 바쳐진 많은 송덕문을 두고 브라운 박사는 이렇게 말했다.

"여러분은 한 친구에게 찬사와 왕관을 바치기 위해 왔습니다. 이 '찬송가 여왕' 이 죽음의 굴레를 벗고 하늘의 영광으로 간 것에 우리는 경의를 보내야만 할 것입니다."

브라운 박사는 패니를 추모하는 새로운 '구원 기념관' 을 – 앞으로 '패니 크로스비 기념관' 으로 알려지게 될 – 그들의 제안대로 브리지포트에 세우는 것이 가장 좋겠다고 말했다.

장례식이 끝난 후 돌아가는 사람들에게 모두 보라색이 빛나는 제비꽃이 주어졌다. 관을 지나면서 그들은 그 꽃잎을 다정하게 그녀 옆에 놓았고, 꽃으로 뒤덮인 침대에서 잠든 패니와 영원한 이별을 고했다.

"그녀는 훌륭한 시인이자 수호천사 그리고 소망이었습니다. 많은 사람들은 패니 크로스비가 하나님의 은혜로 소망을 잃어버린 사람들을 도왔던 것을 생각합니다. 그러나 지금은 우리들을 용서의 빛으로 돌아가도록 만듭니다. 패니 크로스비 기념관은 이 도시에 특별한 명예로 남을 것입니다. 그리고 항상 훌륭한 이정표가 될 것입니다."

브라운 박사는 '주 안에 있는 나에게' (찬송가 455장/21세기 찬송가 370장)와 '내 영혼에 햇빛 비치니' (찬송가 488장/21세기 찬송가 428장)의 작사가인 필라델피아의 엘리자 에드먼즈 히윗이 다른 찬송가와 함께 보낸 시를 암송하면서 설교를 끝냈다.

패니가 죽었을 때, 그녀는 어린 아기였을 때부터 지금까지 전혀 보지 못했던 것을 드디어 보게 되었다. 그녀가 첫 번째 본 것은 그녀의 구속자인, 가장 사랑하는 주 예수 그리스도의 얼굴이었다. 그분은 그녀가 이 세상에서 늘 섬겼던 분이다. 그리고 그분은 그녀를 '이 세상에서 가장 행복한 피조물' 로 만든 분이기도 했다.

햇빛과 노래의 나라로,
우리의 노래는 새들을 날게 하고
오래도록 어둠 속에 노래하던 그녀는
이제 아름다운 빛 속에서 노래하네.
끊어진 하프의 현이 곱게 이어지고
거룩한 합창 속에서 울리기 위해
지상에서 진실되게 불렀던 그녀의 찬송가는
영원한 종소리에 곡조를 맞추네!

그녀가 알고 있는 큰 기쁨을 누가 알리
너무도 찬란한 영광에 깨어나서,
빛나는 영광이 끊임없이 빛나는 곳,
밤의 그림자가 오지 않는 곳!
그녀의 '삶의 일은 끝이 났다,' 그리고 물결 너머,

'구속자' 는 그 존재를 세우고,
그녀는 구속자를 알고 있으니, 십자가에 못 박혀 돌아가신,
그분의 손안에 있는 못의 흔적에 의해서이네.
오, 축복받은 확신이여- 그녀의 영혼의 등잔은
지상의 밤을 사라지게 하였으니!
기쁨의 새 노래는 끊임없이 울릴 것이며
그녀는 그 앞에 속죄하였으리라.
죽어가는 자를 구원하기 위해 그녀의 커다란 기쁨은,
축복으로, 고향의 땅에서 만나,
하나님의 구원의 힘을 전하니
다 함께 그의 발아래 경배하리.

잘 가요, 사랑스런 패니, 잠시 안녕
당신은 더 이상 그늘 속을 걷지 않을 것이며,
당신의 주위에는 영광의 태양빛이 미소 지을 것이기에,
어린 양은 그 물가의 빛!
언젠가 우리는 하늘 위 도시에서 만날 것이라네.
함께, 우리는 그분의 얼굴을 맞대어 볼 것이기에,
안전한, 우리가 사랑하는 '예수의 품에서 안전한'
함께 우리는 노래 부를 것이므로 '후일에 생명 그칠 때' 를

패니는 이제 그렇게 아름답게 노래했던 '진정한 기쁨의 땅' 에 묻혔다. 그러나 그녀는 죽지 않았다. 그녀를 알고 있고 그녀를 사랑했던 그리고 그녀가 쏘아준 햇빛의 광선이 사람들의 마음속에 내리쬐던 기억은 결코 사라지지 않을 것이다. 그리고 그녀의 찬양을 부르고 그녀가 쓴 시를 읽는 사람들은 모든 것을 뛰어넘어서라도 그녀의 죽음을 허락지 않을 것이다. 그녀는 우리의 마음에 영원히 살아

〈 한국 성도들이 가장 좋아하는 패니 크로스비의 찬송가 〉

패니 크로스비는 10,000여곡의 시를 썼고 그중 대부분은 찬송 시이다. 우리 찬송가에는 모두 23곡의 그녀의 찬송가가 실려 있다. 패니 크로스비의 찬양 가운데 "한국교회 성도들이 가장 좋은 찬양은 무엇일까?" 설문 조사에 의하면 한국교회 성도들이 가장 좋아하는 찬양은 찬송가 204장/21세기 찬송가 288장 '예수로 나의 구주삼고' 였다. 이어 찬송가 434장/21세기 찬송가 384장 '나의 갈길 다가도록' 과 찬송가 219장/21세기 찬송가 540장 '주의 음성을 내가 들으니' 가 뒤를 이었다.

크로스비의 찬양은 대부분 많은 사람들의 사랑을 많이 받았는데 특히 한국인의 정서에 맞는 곡들이 한국교회 성도들이 좋아하는 곡이 되었다. 찬송가 144장 '예수 나를 위하여' 와 찬송가 337장/21세기 찬송가 279장 '인애하신 구세주여' 그리고 찬송가 446장/21세기 찬송가 391장 '오 놀라운 구세주 예수 내주,' 찬송가 293장/21세기 찬송가 435장 '나의 영원하신 기업' 등은 지금도 한국교회에서 많이 불려지는 찬송가이다.

반면 잘 알려진 대로 패니 크로스비의 찬송가 가운데 세계적으로 잘 알려진 유명한 곡들은 찬송가 275장/21세기 찬송가 498장 '저 죽어가는 자 다 구원하고' 와 찬송가 295장/21세기 찬송가 608장 '후일에 생명 그칠 때' 그리고 찬송가 476/21세기 찬송가 417장 '주 예수 넓은 품에' 등이 있다.

있을 것이기 때문이다.

오늘날에도 패니의 찬송가들은 어느 곳에서든 들리고 있다. 전 세계 교회 찬양대는 여전히 그녀가 기도로 쓴 영적인 메시지를 아름다운 찬양으로 전달한다. 그녀의 찬송가는 도시의 거대하고 오래된 파이프 오르간부터 시골의 작은 피아노에 이르기까지 끊임없이 연주되고 있다. 큰 교회에서는 수백 명의 찬양대가 부르고, 작은 시골 교회에서는 아이들과 함께 예배당을 찾은 가족에 의해 불려진다.

평생 맹인으로 살았지만, 패니는 자신의 세월을 이 땅에서 길 잃은 수백 만의 영혼들이 그리스도를 찾아가도록 돕는 데 사용했다. 그것이 그녀의 사명이었다. 패니 크로스비는 하나님이 그녀에게 주신 위대한 사명을 훌륭하게 감당했다. 그녀는 지금 하늘나라에 있으며, 언젠가 우리들도 그녀를 만날 것이다. 그때까지 우리는 주어진 사명을 이루어가면서 그녀를 느낄 것이다. 그녀가 선물한 수많은 감동의 찬양을 통해서.

"내가 선한 싸움을 싸우고 나의 달려갈 길을 마치고 믿음을 지켰으니 이제 후로는 나를 위하여 의의 면류관이 예비되었으므로 주 곧 의로우신 재판장이 그 날에 내게 주실 것이니 내게만 아니라 주의 나타나심을 사모하는 모든 자에게니라"(디모데후서 4:8)

저자 후기

나는 지난 여름, 미주 캐나다 찬양집회 투어 중 뉴욕에 방문했었다. 그곳에 있는 동안 패니 크로스비의 고향에 왔다는 생각에 설레었다. 뉴욕에서 목회하시는 목사님과 함께 뉴욕 맨해튼에서 두어 시간 북쪽 해안선을 달려 패니 크로스비의 고향인 코네티컷 주 브리지포트에 도착했다.

다행이 패니 크로스비가 잠들어 있는 브리지포트의 묘지는 도로 바로 우측에 위치해 있어 찾기 쉬웠다. 묘비들로 가득한 넓은 묘지는 걸어서 다니기엔 불가능했다. 차를 타고 가면서 패니 크로스비의 묘비를 찾아야만 했다. 약 1시간이 걸린 후 지쳐갈 때쯤 묘지 동산지기의 도움을 구해야했다. 낮잠을 자고 있던 동산지기를 깨워 묘지 8번 지구에 있다는 것을 알았고 성큼 달려갔다.

아, 패니 크로스비, 이곳에 잠들어 있다. 가슴이 뭉클했다. 'Aunt-

Fanny' (패니 아줌마)라고 쓰여 진 아주 평범하고 작은 묘비에 눈물이 핑 돌았다. 평생을 맡겨진 사명에 헌신하며 하나님과 동행하면서 이 세상에 어떤 것도 남기지 않고 간 그녀. 하지만 그녀가 쓴 수많은 찬양은 지금도 우리를 감동시키고 있지 않은가?

조용히 묵상하면서 눈을 감는 동안 그녀의 삶이 주마등같이 흘러 지나갔다. 같이 간 목사님과 함께 기도한 후 나올 때쯤 어느 중년 부부가 뒤에 기다리고 있었다. 패니 크로스비의 묘비 앞에 꽃을 놓고 기도하는 모습 속에서 아직도 그녀를 잊지 않고 있는 수많은 사람들의 모습을 바라보았다.

패니 크로스비의 묘비가 너무 초라하다는 생각에 그녀의 찬양에 감동받은 사람들은 이후 작은 묘비 앞에 새로운 묘비를 만들었다. 하지만 초라한 묘비가 더 값있어 보이는 이유는 무엇일까? 돌아오면서 내내, 그리고 이후로 오랫동안 패니 크로스비의 작은 묘비의 글이 마음속에서 지워지지 않고 흥분된 채로 남아있었다.

"She hath done what she could"

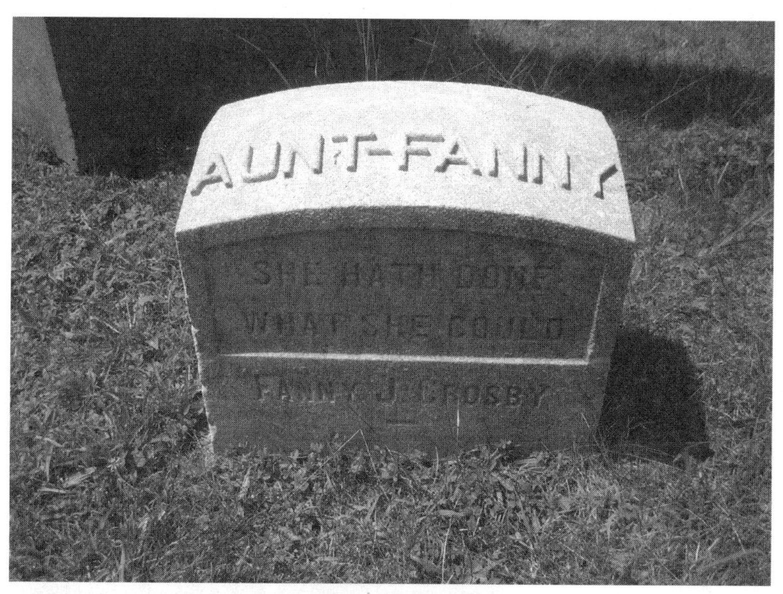

패니 아줌마(Aunt Fanny)라고 쓰여 진 패니 크로스비의 묘비. (위)

패니 크로스비의 찬양에 감동받은 사람들이 새로 만든 묘비

패니 크로스비의 작은 묘비와 함께 한 저자

패니 크로스비를 찾아 온 한 부부

중앙의 서 있는 패니 크로스비의 부모 묘비와 주위 10여개의 형제자매들의 묘비

“찬양하라 복되신 구세주 예수”

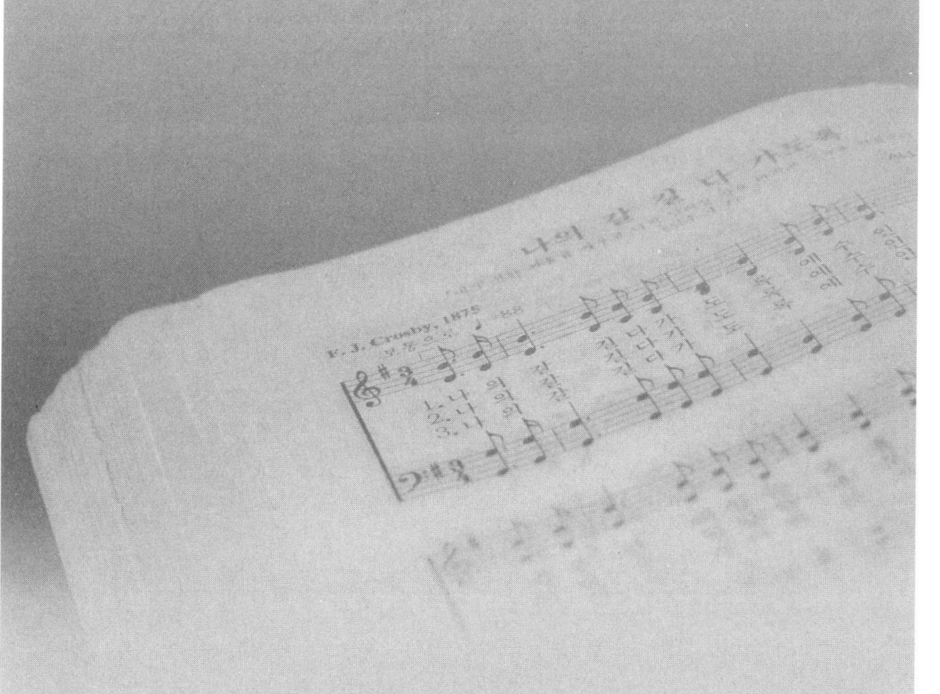

찬양하라 복되신 구세주 예수

(Praise Him Praise Him)

<패니 크로스비의 생애>

1820년 3월 24일	뉴욕 남동부 푸트남 출생/ 태어난 지 6주 후 실명
1825년	모트 박사를 만남
1828년(8세)	최초의 시를 씀
1829년(9세)	코네티컷 주 리지필드로 이사/ 홀리 부인 만남
1831년(11세)	할머니 유니스 크로스비 사망
1835년(15세) 3월 3일	뉴욕 맹인학교 입학
1838년(18세)	엄마 머시 크로스비 재혼
1842년(22세)	학교기금 모금여행/ 맹인학교 교사가 됨
1844년(24세)	첫 시집 〈맹인소녀와 시들〉 발표
	'뉴욕트리분' 에 시가 실림
1849년(29세)	콜레라 전염병 유행
1850년(30세)	캠프 목사의 인도로 회심
1853년(33세)	그루버 클리브랜드 만남
1854년(34세)	동역자 조지루트 만남
1858년(38세) 3월 2일	뉴욕 맹인학교 사임/ 알렉산더 밴 앨스틴과 결혼
1859년(39세)	크로스비의 딸 사망/ 시집 〈콜롬비아의 꽃 화환〉 발표
1864년(44세)	동역자 브래드베리와 만남/
	본격적으로 찬송시를 쓰기 시작함
1868년(48세)	동역자 브래드베리 사망
1868년(48세)	'인애하신 구세주여' (찬송가 337장/21세기 찬송가 279장),
	'주 예수 넓은 품에' (찬송가 476장/21세기 찬송가 417장),
	'십자가로 가까이' (찬송가 496장/21세기 찬송가 439장) 작시
1869년(49세)	'찬양하라 복되신 구세주 예수' (찬송가 46장/21세기 찬송가31장)
	'예수 나를 위하여' (찬송가 144장) 작시

1870년(50세)	'저 죽어가는 자 다 구원하고' (찬송가 275장/21세기 찬송가 498장) 작시
1871년(51세)	'너희 죄 흉악하나' (찬송가 187장/21세기 찬송가 255장) 작시
1873년(53세)	'예수로 나의 구주삼고' (찬송가 204장/21세기 찬송가 288장), '주께로 한 걸음씩' (찬송가 323장/21세기 찬송가 532장) 작시
1875년(55세)	복음전도자 무디, 생키 만남/ '주의 음성을 내가 들으니' (찬송가 219장/21세기 찬송가 540장), '나의 생명 되신 주' (찬송가 424장/21세기 찬송가 380장), '나의 갈길 다가도록' (찬송가 434장/21세기 찬송가 384장) 작시
1876년(56세)	'언제 주님 다시 오실는지' (찬송가 163장) 작시
1883년(63세)	'자비한 주께서 부르시네' (찬송가 321장/21세기 찬송가 531장) 작시
1885년(65세)	'찬송으로 보답할 수 없는' (찬송가 43장/21세기 찬송가 40장) 작시
1890년(90세) 9월 1일	엄마 머시 크로스비 사망
1892년(72세)	'후일에 생명 그칠 때' (찬송가 295장/21세기 찬송가 608장) 작시
1897년(77세)	마지막 시집 '저녁 종소리' 발표
1902년(82세)	남편 알렉산더 밴 앨스틴 사망
1906년(86세)	자서전 발간
1915년(95세) 2월 12일	코네티컷 주 브리지포트에서 사망

<참고 도서>

- Chester Hearn, *Safe in the Arms of Jesus: Biography of Fanny Crosby*(Paganiniana Publications, Fort Washington, PA, 1999)
- Edith L. Blumhofer, *Her Heart Can See: The Life and Hymns of Fanny J. Crosby* (Library of Religious Biography Series)(Wm. B. Eerdmans Publishing Company, 2005).
- Ethel Barrett, *Fanny Crosby by Barrett, Ethel*(Regal Books, 1984)
- Fanny Crosby, *This Is My Story This Is My Song*(Emerald House Group, 1997)
- Fanny Crosby, *Treasures from Fanny Crosby: Blessed Assurance*(Barbour Pub Inc, 1998)
- Fanny J. Crosby, *Fanny J. Crosby: An Autobiography*(Wipf & Stock Publishers, 1999)
- Fanny J. Crosby, *Fanny J. Crosby: Autobiography of Fanny J. Crosby*(Christian Biography Series)(Baker Pub Group, 1986)
- Frances Jane Crosby Van Alstyne, *Fanny Crosby Speaks Again: 120 Hymns*(Hope Pub Co, 1977)
- George W Rice, *Fanny Crosby: A woman of faith*(Beacon Hill Press of Kansas City, 1991)
- Helen F Rothwell, *Fanny Crosby: A great poetess*(The Hall of fame series)(Boone Pub. Co, 1944)
- Inc. Barbour & Company, *Boxed-Heroes of the Faith: Fanny Crosby*(Barbour Publishing, 1995)

- John Loveland, *Blessed assurance: The life and hymns of Fanny J. Crosby*(Broadman Press, 1978)
- John Reginald Casswell, *Fanny Crosby;: The sightless songstress, author of 8000 hymns*(Pickering & Inglis, ltd, 1939)
- Rebecca Davis, *Fanny Crosby: Queen of Gospel Songs*(Journey Forth, 2003)
- Sandy Dengler, *Fanny Crosby: Writer of 8,000 Songs*(Preteen Biography Series)(Moody Pr, 1985)
- S. Trevena Jackson, *Fanny Crosby's Story by Jackson, S. Trevena*(Baker Pub Group, 1981)

〈패니 크로스비의 시〉

●●●

내 영혼을 당신께 매는 줄이 있네.
나는 당신의 부드러운 손을 잡을 수 없을지 모르네.
그러나 서로의 생각들은 서로 만날 수 있을 걸세
이 날을 순수하고 달콤한 대화가운데 보내리.
나는 당신을 한번 만났네.
몇 년 전에 그리고 그 기억은 마치 흐르는 샘 같네.

당신의 목소리를 듣네. 그때 들었던 억양과 같네.
말 한마디 한마디에 따뜻한 정이 배어 있네.
하나님께서 당신을 지키시네. 여전히 당신을 돌아보시네.

그리고 당신의 길에 아주 풍성한 싹과 꽃들을 뿌리시네.
다른 사람들의 마음이 당신을 향해 찬사를 보낼 때
오, 내 찬사도 받아주기를

• • •

사랑하는 예수님, 내가 주께로 갑니다.
주께서 말씀하신대로 내가 하겠나이다.
내 삶이 어떠해야할지 말씀하소서.
내 죄를 사해주소서

사랑하는 예수님, 제가 주께 배웁니다.
거룩한 당신의 말씀 안에
그 안의 모든 약속을 내가 봅니다.
그 약속을 나의 것으로 부르게 하소서

사랑하는 예수님, 제가 주님을 바라나이다.
당신의 평화를 알게 하소서
당신의 순결한 기쁨을 내게 허락하소서.
이 세상이 결코 줄 수 없는
사랑하는 예수님 내가 주께 매달립니다.
내 마음이 슬플 때
주께서 친절히 내게 말씀하소서.
주께서 나를 기쁘게 하실 것입니다.

사랑하는 예수님, 내가 주를 믿나이다.

주의 부드러운 사랑을 믿습니다.

천국의 성도들과 함께

예수님, 제가 주께로 갑니다.

주의 말씀하신대로 내가 행하리이다

내 삶이 어떠해야할지 말씀하소서.

내 죄를 사해주소서

●●●

바다건너 눈먼 자매

그 영국소녀의 마음이 주께 향하네.

우리는 믿음과 노래의 끈으로 이어지고

섬광 같은 연민이 순간적으로 번득이며

동쪽나라에 있는 자와 서쪽나라에 있는 자를 이어주네.

우리 모두가 가장 좋아하는 것은 하나님을 찬양하는 것

우리가 저 위의 본향을 가는 동안 내내

"예수님 찬양"으로 그분의 사랑을 전하네.

파도가 그치지 않는 맹렬한 바다도

우리의 만남을 결코 방해하지 못하리.

우리가 가슴으로 노래할 때, 우리의 눈은 보게 되리!

• • •

하늘의 노래가 들리네.
새벽이 가까워 올 때면
밝고 경쾌한 하늘은 붉은빛이 감돌고,
환상적인 하프소리가
심오한 기쁨의 떨림으로 들려오네.
천국의 기쁨을 갈망할 때
하늘의 노래가 들리네.

하늘의 노래가 들리네.
한 낮의 뜨거운 태양빛이
황금빛으로 빛나며
먼 산 계곡 위를 비출 때
고마운 그늘이 드리우면
슬픔으로 고통스런 머리를 누일 때
영혼에 향기로운
하늘의 노래가 들리네.
하늘의 노래가 들리네.
땅거미 질 무렵 부드러운 바람
저녁 품속으로 사라지네.
서러운 듯 그 아름다움 사라질 때

오, 사랑하는 사람도 가버리네
우리를 반기는 천사들의 소리
하늘의 노래가 들리네.

● ● ●

그들은 희망과 약속의 싹
사랑이란 이름의 하나님의 축복을 받은,
그들을 훈련시키고 양육하라고 우리를 부르셨네.
천국의 보다 나은 삶을 위해
천사들이 돌보는 연약한 묘목들
우리는 아이들이 감고 올라가는 덩굴
우리 가슴 속에서 빛나는 보석
값진 보물, 오 얼마나 아름다운지!
나는 아이들의 노랫소리를 들었다.
내 마음이 외롭고 슬플 때
멀리서 그들이 소리를 듣네.
그리고 그들의 목소리가 즐겁고 나를 황홀케 하네
그들이 사랑하는 예배당에서
그리고 나는 그것들이 가장 달콤할 것이라고 생각하네.
천국의 거룩한 합창에서

● ● ●

바다 건너 아름다운 눈먼 가수
어쩌면 저토록 아름답고 기쁨이 넘치는지
그 기쁨의 노래가
지금까지 귀에 맴도네.
저녁별에서 떨어진 듯
한 번도 본 적이 없는 악보
꽃과 나무를 "본 듯이 노래하네.
산의 자줏빛, 눈의 반짝임

진홍빛, 황금빛의 태양이 이글거리고
사랑스런 얼굴도 빛나네.
세상은 결코 황량하지 않네.
한해가 마무리되듯 두 눈도 감기고
눈물 흘릴 때에나 뜨려나?
어쩌면 저렇게 어둠 속에서 노래할 수 있을까?
그녀의 빛과 기쁨은 어디에서 올까?

오, 그녀는 마음으로 볼 수 있네,
마음의 눈으로 볼 수 있네
마음의 눈은 강하고 날래며 자유롭다

육신의 눈으로는 결코 볼 수 없는
깊고 멀고 높은 것을 응시할 수 있도다

독수리 같은 마음의 눈은
세상을 이긴 믿음의 높고 빛나는 성채에 머물 때
세상을 이기도다.
희망과 기쁨의 깃발이 펄럭이고
하나님의 완전한 평화가 지켜주고
결코 멈추지 않는 기쁨의 노래가 울리고
무한히 밝고 광대한 빛으로 넘치고
하나님의 사랑 그 영광의 빛
오, 그녀는 마음으로 볼 수 있네,
마음의 눈으로 볼 수 있네
어쩌면 저토록 즐거이 부를 수 있을까!

왕께서 친히 그의 온화한 은혜로
그 얼굴의 밝음을 그녀에게 보이셨네.
누가 그의 빛나는 광채를 사모하리오.
태양조차 무색해지는 그 빛을

그녀는 왕의 법을

빛의 활자로 읽을 수 있네
하나님의 손가락이 그녀 가는 길 위에 쓰셨고
하나님의 손이 날마다 쓰고 계시네.
마음의 눈으로 볼 수 있는 것이 "예수님뿐" 일 때
어둠은 드디어 "밝은 구름" 으로 변할 것이네

● ● ●

당신에게 믿음이 있다면
결코 슬퍼하거나 실망하지 마라
은혜, 그것이 하나님 앞에서 행할 의무를 위함이니
하나님께 구하라 그러면 받을 것이다.

절대로 포기하지 말라, 절대로 포기하지 말라
당신의 슬픔에 지지 마라
예수께서 슬픔을 물리칠 것이다.

주를 신뢰하라, 주를 신뢰하라
당신의 시험이 아주 클 때 노래하라
주를 의뢰하고 용기를 얻어라

● ● ●

내 빛이 어떻게 소진되었는지 생각할 때
내 생애의 반이 지나기 전, 어둡고 넓은 이 세상에서
단 하나의 달란트를 숨기기를 반복하네.

내가 거하는 이곳은 무익하고
내 영혼은 창조주만을 섬기길 원하네.
그분 앞에 계산할 때
꾸중을 듣지 않을까 염려하네.

하나님께서 정확히 계산하시는 날
내 눈이 보이지 않은 것에 대해 따질까요?
그러나 참아요. 그런 불평은 곧 사라질거에요
하나님께서 대답하시길
사람의 노력과 사람의 재능을 원하시지 않는다고요
단지 겸손히 멍에를 지고 최선을 다해 그분을 섬기기를 원하실 뿐
하나님의 나라는 위대하고
숱한 주의 천사는 순식간에 온 땅과 바다를 다니며
참고 기다리시는 이들을 섬기리라.

● ● ●

주여 내손을 붙드소서. 저는 너무 약하고 힘이 없어요.
저는 주의 도움이 없이는 단 한 걸음도 걸을 수 없어요.
주여, 제가 걷도록 내 손을 잡으소서. 내 사랑하는 구세주.
아무리 무서운 병도 내 영혼을 두렵게 하지 못하리.

주여, 내손을 잡으소서. 가까이 더 가까이 나를 이끄소서.
내 소망, 내 기쁨, 내 모든 것 되신 주님께
주여 내 손을 잡으소서. 내가 혹시라도 방황하지 않도록
사모하는 주여, 내 떨리는 발이 넘어지지 않도록

주여 내 손을 잡으소서. 내 앞의 길이 어둡습니다.
주의 거룩하신 영광의 빛이 없고
그러나 믿음으로 제가 당신의 그 빛나는 영광 붙들겠나이다.
그 얼마나 큰 기쁨이요, 그 얼마나 기쁨에 들뜬 노래
그 노래가 제 것입니다

주여 호젓한 강기슭에 이를 때 내 손을 붙드서서
주께서 나를 위해 건너소서.
하늘의 빛이 강물을 따라 번쩍이게 하소서
굽이치는 물결마다 수정처럼 밝게 빛나리이다

● ● ●

문에 서 있는 나를 보라
언제나 간청하는 내말을 들으라. 오, 죄인이여
내가 들어가도 되겠느냐? 내가 들어가도 되겠느냐?
문에 서 있는 나를 보라
언제나 간청하는 내말을 들으라.
말하라, 죄로 지치고 눌린 사람들이여
내가 들어가도 되겠느냐? 내가 들어가도 되겠느냐?
너를 위해 괴로운 가시도 참았다.
나는 오랫동안 참으며 기다렸다.
말하라, 죄로 지치고 눌린 사람들이여
내가 들어가도 되겠느냐? 내가 들어가도 되겠느냐?
내 간청이 헛되지 않기를
내 모든 슬픔과 고통을 기억하라!
내가 네 죄를 속하기 위해 죽었다.
내가 들어가도 되겠느냐? 내가 들어가도 되겠느냐?
내가 천국의 기쁨을 네가 가져다주겠다.
내가 용서와 평화와 사랑을 가져다주겠다.
말하라, 죄로 지치고 눌린 사람들이여
내가 들어가도 되겠느냐? 내가 들어가도 되겠느냐?

●●●

순결한 예배를 드리는 날이 복되도다.
사랑의 날개로 하나님을 향해 날아오르라
우리가 저 위의 저 멀리에서 천사들의 먼 노랫소리를 들을 때

종소리가 울려
세상 염려로 지친 영혼들을 부르는 날이 복되도다.
우리 마음이 담대함을 얻어 지성소로 나아간다.

평온하고 쉼이 있는 날이 복되도다.
모두에게 기쁨과 평화를 주는 날
고요한 아름다움 가운데 계속 머물다보니
저녁 땅거미가 지는 도다

복된 날, 날이 저물고
한사람 한사람 빛 가운데 작별을 고하네.
조용하고 달콤한 기억은
여전히 모든 사람의 마음에 머물지어다.

●●●

아이들을 사랑하라고요?
당연한 말이지요.
마음이 차가운 사람만이 아무 느낌 없이
자유가 용솟음치는 그들의 웃음소리에
등을 돌릴 수 있어요
그래요, 내 마음 다해 그들을 사랑해요
아이들 모두를 축복해요!
나는 그들 가운데 아이가 되어
장난치고 즐거워요

아이를 사랑하라고요?
당연한 말이지요.
길에 있는 그 아이들을 결코 그냥 지나칠 수 없어요
내 맥박 하나하나가 깨어나고
내가 만나는 모든 아이들을 향한 사랑으로 전율을 느끼네.
내 마음이 외롭고 슬플 때
나는 아이들의 노랫소리를 듣네.
멀리서 그들이 소리를 듣네.

● ● ●

햇빛과 찬송의 나라로 떠나
우리 노래하는 새는 날아오르고
어둠 속에서 그처럼 오랫동안 울던 자가
지금은 아름다운 빛 가운데 노래하네.
줄이 끊어진 하프가 아름다운 새 줄로 갈고
장대한 음악을 울리리.
이 땅에서 진실하게 불리는 곡조가
영원한 선율을 지속하여 울리리.

그처럼 밝은 영광 가운데 깨어난 것을 알 때
그 기쁨을 어찌 알 수 있을까
빛나고 아름다운 사그라지지 않는 빛
그곳엔 밤의 그늘이 드리우지 못하리.
삶은 끝나도, 저 바다 건너
'구속된 자' 로 그의 앞에 서리
그녀를 위해 못 박히신 구세주를 알아보리.
'손의 못자국을 보아'

"오 '복된 확신' -그 영혼의 등불
그것이 이 세상에서의 칠흑 같은 어둠을 무색하게 했도다.

기쁨의 ‘새 노래’ 가 끊임없이 울려 퍼지고
그녀를 값을 주고 구속하신 그분 앞에서
‘멸망한 자를 구하는’ 것이 그녀의 가장 큰 기쁨이었고
본향에서 만나니 얼마나 기쁠까
하나님의 구원을 전했던 자들과 함께
그 발아래 절하리.

“안녕, 가장 사랑하는 패니, 잠시 동안 안녕.
더 이상 어둠 속을 걷지 않으리.
당신 주위엔 영광의 빛이 미소 지으리
어린양은 곧 그 바닷가의 빛이시니
언젠가 천국의 도성에서 우리 만나게 되리.
함께 우리는 그의 얼굴을 바라보게 되리.
안전하게. ‘우리가 사랑하는 예수님의 팔에 안전하게’
우리 함께 노래 부르리, ‘은혜로 구원받은 것’ 을”

● ● ●

“저 찬양은 쉬지 않고 요동치는 염려를 잠잠케 하는 능력을 지니고 있다.
찬양은 기도 후에 이어지는 축도와 같다”

● ● ●

신뢰하는 마음으로, 신뢰하는 마음으로

내가 주께 가오니

예수여, 나를 축복하소서.

나는 주의 것이 되기 원하오니

내가 기쁘게 주의 것이 되오리다.

진실하게 신실하게

주의 영 안에서 행하네.

구주 예수와 함께

평화롭게, 평화롭게

내가 주께 가오니

주여, 주 앞에 더 가까이

저를 받아주소서

깨어 기도하면서

주의 영 안에서 행하네.

주께 더 가까이

기쁘게

주께 가오니

주는 내 사랑하는 친구요

내게 귀중한 보배라
오, 내게 안식을
평온하고 사랑스럽게

주의 영 안에 거하소서.
구주 예수와 함께

● ● ●

슬퍼하거나 실망하지 마라
당신에게 믿음이 있다면
결코 슬퍼하거나 실망하지 마라
은혜, 그것이 하나님 앞에서 행할 의무를 위함이니
하나님께 구하라 그러면 받을 것이다.

결코 슬퍼하거나 실망하지 마라
당신에게 내일이 있다.
곧 당신은 밝음 가운데 거하게 될 것이다.
그곳에서 주가 당신과 함께 있을 것이다.

● ● ●

아름다운 영혼으로 노래하라
기쁜 성도여 노래하라
너의 위대한 창조주를 찬양하라
순례의 길을 가는 동안
새들이 깨울 때 노래하라
아침 햇살과 함께 노래하라
한낮의 황금빛 햇살 속에서 노래하라.
밤의 숲에서 노래하라
마음이 괴로울 때 노래하라.
시간이 길 때 노래하라
폭풍구름이 몰려올 때 노래하라
노래하는 목소리가 달콤하다
하늘이 아주 어두울 때 노래하라
천둥이 울릴 때 노래하라
안식이 남았을 때 대지를 노래하라
지친 영혼의 안식을 위해
어둠 골짜기에서 노래하라

죽음의 시간에 그리고 눈이 감길 때 노래하라
마지막 숨을 쉴 때 노래하라.

마음의 깊은 갈망이 있을 때까지 노래하라
더 이상 부를 노래가 없을 때에 멈추어라
항상 노래하라

● ● ●

당신은 강가에 이를 것입니다.
언젠가 세상과 작별을 고할 기쁜 그날

당신은 당신의 부서진 사슬을 보게 될 것입니다.
언젠가 세상과 작별을 고할 기쁜 그날
오, 사랑하는 자들을 그곳에서 기다리며
그토록 아름다운 생명나무 옆에서
당신도 와서 기쁨을 나눌 때까지
언젠가 세상과 작별을 고할 기쁜 그날

● ● ●

언젠가 생명의 줄 끊어지고
나는 지금처럼 더 이상 노래하지 않으리.
그러나 왕의 궁전 안에서 깨어날 그 때 얼마나 기쁠까!

• • •

구원받았네. 이 사실을 선포하는 것이 얼마나 좋은지.
어린 양의 피로 구원받았네.
그의 무한한 자비로 구원받았네.
나는 그의 영원한 자녀라네.

구원받았네, 구원받았네.
어린 양의 피로 구원받았네.
구원받았네, 구원받았네.
나는 그의 영원한 자녀라네.
예수 안에서 구원받았으니 너무 행복해
내 기쁨을 그 어떤 말로도 표현할 수 없다네
살아계신 하나님의 빛을 나는 아네.
나와 함께 늘 거하시는

내 복된 구세주를 생각하네.
온종일 그분을 생각하네.
나는 잠잠할 수 없어서 노래하네.
그의 사랑은 내 노래의 주제라네
나는 그 분의 아름다움을 볼 것이라는 것을 아네.
왕 되신 그분의 법을 나는 따르네.

밤에 그분은 내게 노래를 주시네.

면류관이 기다리는 것을 나는 아네.
저기 나를 위한 빛나는 집이 있다네.
곧 온전하게 될 영혼들과 함께
본향에 주님과 함께 거하리라

●●●

예수를 찬양하며, 그의 사랑을 말하네.
저 위 천국길 가는 내내
쉼 없는 파도가 일렁이는 거친 바다라도
결코 막을 수 없네. 결코 갈라놓을 수 없네

●●●

내 시들은 내가 모은 지혜의 낟알들을 모아 둔 창고에서 나오네.
그 귀한 열매, 글 쓰는 일은 너무 즐거워서
내 보잘 것 없는 펜은 다시금 일을 시작할 수밖에 없다네.
그러나 밝은 천국에서는 머무는 것만으로도 축복이라네.
때가 이르러 더 이상 시를 쓸 수 없다면 나는 순종하겠네.

• • •

죄인, 그 마음 얼마나 괴로운가!
하나님께서 아주 가까이 다가오십니다.
그대의 깊은 감정을 숨기지 마세요.
흐르는 눈물을 막지마세요

오, 구원받았네, 그의 값없는 은혜로!
오, 구원받았네, 당신을 위해 죽으셨으니!

예수께서 지금 당신을 굽어보고 계십니다.
예수는 겸손하고, 온유하고, 다정하도다.
당신을 구하기 위해 죽으신 그 친구 예수와
화해하지 않으려는가?

내일까지 기다리려는가?
그리하면 그 빛을 다시는 보지 못할지도
지금 당장 오시오! 그의 자비를 받아들이세요.
그분이 기다리십니다. 오늘밤 오세요!

낮고 뉘우치는 마음으로
주의 발아래 무릎 꿇고

바로 그 순간을 느낄 수 있으리
용서의 순간을 귀하고, 순결하고, 달콤한

천사들에게 소식을 전하게 하세요.
천국 왕실에서 올리는
거룩한 기쁨으로 천사들이여 노래하라
또 다른 영혼이 사함을 얻었도다!

● ● ●

이곳에서 참으며 기다리게 하세요.
밤이 끝날 때까지 기다려
황금빛 해변을 깨우는
아침을 볼 때까지

● ● ●

"그녀가 가진 것은 고상하고 순결한 영혼의 멜로디
하나님의 친구들, 잘 견뎌냈군요
신실한 자는 고통이 와도 견딜 수 있답니다.
성도와 순교자들의 길을 따라 걸으며

●●●

엘림의 샘에서 시원하고
부드럽고 밝은 물
춤추는 야자나무잎 아래
평화로운 빛 가운데 미소 짓다
수많은 천막이 있고
강한 나라가 있고
엘림의 우물곁에서 잠시 휴식을 취하다
노래로 주를 찬양하며

호렙산 바위를
기이한 지팡이로 내려치자
즉시 물이 터져 나오니
하나님의 목소리라
목마름으로 수척해진 그들
전에는 반역했던 그들
이제 기쁨과 놀라움으로 가득 차
마시고 다시 한 번 기쁨을 누리네.

엘림의 샘보다 순수한
아름다운 야자수 아래

호렙의 물보다 달콤한
기진함으로 환호성으로
보라, 자비의 발끝
천국의 샘으로부터 쏟아지는
생명수 되신 예수께서 주시는
구속의 사랑을

● ● ●

오, 새야, 너는 또다시 행복하구나.
네 목소리가 아주 맑게 울려 퍼지는구나.
저건 울새, 저건 굴뚝새, 저것은 지빠귀,
모두 와서 지저귀는구나.

● ● ●

구세주여, 당신은 나보다 귀합니다.
제가 주께로 가까이 더 가까이 의지합니다.
당신의 귀중한 피로
나를 지키시고 영원히 당신 곁에 있게 하소서
매일 매 시간

● ● ●

산 위에서 항상 가장 아름다운
꽃을 발견하는 것은 아니다
그러나 가끔은 얽혀있는 삼나무
가지가 있는 골짜기에서
봉오리들이 벌어진 것을 본다.
그 꽃들은 낮게 휘어있고
마라의 물이 흐르던 곳
신성한 향기가 풍기는 하나님의 숨결

순종의 골짜기
하나님의 아들이 한 때
우리의 귀한 사랑하는 구세주가
홀로 조용히 밟고 갔던 곳
우리 가슴이 부서질 때
그에게로 우리도 가리
그가 아주 가까이 계신 것을 확신하며
마라의 물이 흐르는 곳

순종의 골짜기
그곳에서 그의 품에 기대어

그에게 우리의 모든 슬픔을 말하리.
조용한 안식을 누리며
인자한 그분이 우리를 인도하시고
푸른 풀밭이 자라는 곳
그의 자비가 가장 밝게 비추는 곳
마라의 물이 흐르는 곳

● ● ●

이건 단지 나뭇잎, 시들어버린 나뭇잎
그러나 고통으로 가득 찬 이야기를 담고 있네.
멀리 떠난 사람의 선물이었어.
그리고 다시는 돌아오지 않을 거야.

● ● ●

오, 고통을 통해 찾는 기쁨이여
주를 향한 내 마음을 닫을 수 없네
비속에서 무지개를 그릴 수 있네
그리고 슬픔이 변하여 눈물이 마르게 되리라는
약속이 헛되지 않음을 느끼네.

●●●

우리가 잠시 지체하는 동안
곧 목적지에 이르네.
잠시 더 일하는 동안
어느새 저녁 해가 떨어지네.
그러면 우리는 잠자리에 들걸세
그러나 밤은 곧 끝나리.
영원히 밝고 밝은 가운데
우리는 더 이상 잠자지 않으리.

강 건너 둑 위에
우리는 다신 헤어지지 않고 만나게 되리
영원히 밝고 밝은 가운데
여름, 대지의 노래가 운데

오, 생명의 축복 영원하네!
오, 오랫동안 깨지지 않을 안식
황금 들판에서의 기쁨
축복받은 땅에서
그러나 우리의 사랑하는 구원자를 보고
그의 보좌 앞에 엎드리기 전에

그의 은혜로운 환영을 듣게 되리
그 무엇보다 아주 달콤한

강 건너 둑 위에
우리는 다신 헤어지지 않고 만나게 되리
영원히 밝고 밝은 가운데
여름, 대지의 노래 가운데

● ● ●

"우리의 인생은 좋은 일 궂은 일, 거짓과 진실로 짜여 진 앨범
축복받은 천사가 우리가 살아온 해들의 장을 넘기리.
하나님께서 주신 권한으로 미소 지으며 착한 일을 읽으실 때
얼룩은 눈물로 지우리."

● ● ●

오, 성경책, 내가 존경하고 경외하는
내가 보는 그 책장 속에 기쁨이 얼마나 큰지
내 어린 시절 예배드리던 책
내겐 루비보다 더 귀하다네.

● ● ●

궁지에 몰렸을 때, 오 만세만석
그곳에 나를 숨기소서.
갑자기 사나운 폭풍이 일 때
인간의 팔로는 도저히 끊을 수 없는 그곳
당신을 향한 내 사랑 영원하리.
나를 숨기소서. 오, 주의 만세반석
주 안에서 안전하리.

● ● ●

오, 나는 얼마나 행복한 사람인지!
비록 내가 볼 수는 없어도
나는 이 세상에서 내 삶에 만족할 것이다.

내가 얼마나 많은 축복을 받았는지 내가 그 기쁨을 누리겠네.
다른 사람들은 받지 못한 축복
내가 눈이 멀었다고 울고 한숨 쉬는 일,
나는 할 수 없네, 또 하지도 않으리.

● ● ●

너무나 많은 푸른 초장을 하루 종일 거닐었다
내 여왕 제비꽃을 찾아
너는 어디 숨었니? 너는 왜 움직이지 않니?
제비꽃을 찾아? 제비꽃은 어디에서 자라지?
여름에 제비꽃을 찾을 것이라고 생각하니? 아니, 아니
그런 생각은 아예 머리 속에 들어오지 못하게 해
네가 한 말은 사실이 아니야.

● ● ●

오, 주의 사랑 나를 떠나지 않으리.
내 지친 영혼이 당신 안에서 쉬네.
내가 받은 생명을 주께 돌려드리네
주의 사랑이 깊은 바다처럼 넘치고 흘러 충만하리라
내 머리를 들어 십자가를 보네
나는 감히 요청하지 못하네. 주를 떠나 날기를
나는 눕네 사라진 이 세상의 영광 가운데
십자가에서 붉게 피어난 생명의 꽃은 영원하리다

●●●

눈물과 온유함으로 씨를 뿌리고 잠시 후면
봄의 들판을 따라 고귀한 씨앗을
생명이 움트고 부드러운 잎사귀가 퍼지면
여름에는 무르익은 알곡이 될 것이라는 새로운 약속

우리가 소중히 여기는 사람을 위해 울며 씨를 뿌린 후 잠시 후면
하나 둘 그들은 강가로 다가오리.
잠시 후 그들은 기쁨의 확신을 붙잡고
우리는 천국에서 서로의 부서진 사슬을 볼걸세

잠시 후면! 영광의 동이 트고
밀려오는 파도너머 아름다운 아침의
우리 구세주의 모습으로 우리는 깨어날 것이네
완전하고 순결한 우리는 만족하리라

●●●

하나님은 신비로운 길로 운행하시니
기적을 행하시고
하나님께서 바다 위를 밟으시네.

폭풍 위를 달리시네.

무지한 불신은 죄라네.
하나님의 일을 살피는 것은 헛되도다.
하나님은 자신의 통역자이다
하나님께서 자신을 드러내시리라.

● ● ●

저녁 구름이 사라질 때 그를 신뢰하라
그 날의 조용한 기억들을 남기고
곧 보게 될 그의 영광을 볼 날을 기다리며
비록 구름이 몰려와도 그냥 내버려두어라

● ● ●

강 건너 언덕에서
우리는 만나리.
더 이상의 이별이 없고
밝고 영원토록 밝은 곳에서
여름, 노래의 나라에서

● ● ●

지하 감옥이나 불이나 검이라도
나의 믿음의 선조들이 여전히 살아있는
우리가 그 영광스런 말을 들을 때 기쁨으로
가슴이 얼마나 높이 고동치는가.
우리 조상의 믿음! 거룩한 신앙!
죽을 때까지 주께 진실할 것이다

● ● ●

가장 훌륭한 설교가는 마음
가장 좋은 교사는 시간
가장 좋은 책은 세상
가장 좋은 친구는 하나님

● ● ●

하나님의 계획은 빠르게 진행되니
매시간 드러나리라
싹은 쓴 맛을 지녔을지 모른다.
그러나 꽃은 달콤하리.

●●●

오두막집에 대해 생각하고 있어요.
고요한 시골 오두막집
그 옆에 시내가 흐르고
그것들을 매우 사랑하곤 했었는데
나는 몇 시간 동안 앉아 그 소리를 들었었지요.
내 발을 담그고 있는 동안
이 세상에서 이처럼 달콤한 노래는 생각할 수도 없었지요.

●●●

내 외치는 소리가 해안가를 떠도네.
하나님의 숨결을 타고
배의 키를 잡은 손은 내가 아니라 그분의 것
"폭풍 가운데서도 항해할 길을 알고 계신 분,
나는 배에 타고
질풍노도 위에서
내 주의 목소리를 듣네."

● ● ●

"만일 당신 시간을 공부하는데 거룩하게 투자한다면 인생의 지루함을 피하게 될 것이다.

밤이 다가오는 것을 갈망하지 않게 될 것이다

그 날이 지루하지 않을 것이다

당신 자신에게 짐이 되지도 않을 것이다.

또 다른 사람에게 견딜 수 없게 되지도 않을 것이다."

● ● ●

"만일 아이들이 더 이상 없다면

오, 이 세상은 어떠할까?

우리는 무섭고 황량할 것이네

우리의 앞은 이전 어둠보다 더 심해질 것이네

● ● ●

하나님께서 당신을 돌보실 것이니 두려워하지 마라

하나님께서는 햇빛 속에서나 그늘 속에서 당신을 지키는 분이시다

당신의 자녀들을 부드럽게 바라보고, 지키신다.

하나님께서는 당신이 방황하도록 홀로 두시지 않는다.

● ● ●

사랑하는 친구여,
세상은 넓다네.
세월 속에서
하나님이 인도하시니 서두르지 말게
최선을 다하는 자는 복이 있나니
안식이 기다리니
걱정하지 말게나.

● ● ●

조용한 내 집에 앉아 있을 때
하나님의 책은 여전히 내 친구
주의 말씀을 거듭 대할 때 내 기쁨이여
기록된 하나님의 뜻에 대해 이야기하고
하나님의 계시를 찾도다.
진실한 한 구절 한 구절이 내 것이 될 때까지

● ● ●

영원한 천국의 왕께 무릎 꿇고
성도와 성부와 성자가 기도하네.
승리의 날개 위로 소망이 용솟음치니 기쁘네.
먼 앞날에 그들 모두가 만나게 되리
하나님의 빛을 언제나 흠뻑 쐬며

● ● ●

마음이 가라안고 분노로 부서질 때
거짓말처럼 은혜로 회복되리.
사랑하는 손으로 어루만지면
주의 친절함으로 깨어나리.
악기의 줄은 끊어져도 다시 한 번 울리게 되리

〈패니 크로스비의 찬송가〉

● 생명보다 귀하신 주 ●

생명보다 귀하신 주여, 주를 가까이 의지하고 의지합니다.
주의 보혈을 내게 바르사
언제나 늘 주의 곁에 가까이 있게 하소서
미일 매시간 정결케 하는 주의 능력을 느끼게 하소서

저의 온유한 사랑으로 나를 주께 가까이,
더 가까이 매어주소서

이 변화하는 세상을 지날 때, 나를 다정히 친절히 인도하소서.
주를 신뢰하기에 방황할 수 없나이다. 내가 결코 길을 잃지 않으리이다.

주를 더욱 더 사랑하게 하소서 쏜살같이 지나갈 이 삶이 끝날 때까지, 밝고 밝은 천국에서 내 영혼이 주의 사랑에 잠길 때까지

〈찬송가 380장/통일 424장〉 '나의 생명 되신 주'

● 우리는 결코 질리지 않네 ●

이 아주 오랜 노래가 결코 질리지 않네.
하나님께 영광을, 할렐루야
믿음으로 그 어느 때보다 크게,
더 강하게 찬양할 수 있도다
하나님께 영광을, 할렐루야

오, 하나님의 자녀들 외치고 노래할 권리가 있네.
그 길은 점점 밝아지고 우리는 계속 가고 있네.
머지않아 왕의 궁전에 이를 것이네
하나님께 영광을, 할렐루야

우리는 구세주의 사랑으로 인한
기쁨 한가운데 푹 빠졌네.
하나님께 영광을, 할렐루야
우리는 천상을 향한 날개로 날아오르네.
하나님께 영광을, 할렐루야
우리는 황금으로 지어진 궁전으로 가고 있네.
하나님께 영광을, 할렐루야
빛나는 광채 속의 왕을 우리는 곧 볼 것이네

하나님께 영광을, 할렐루야

그곳에서 주의 자비를 새 노래로 기뻐 외치겠네.
하나님께 영광을, 할렐루야
피로 씻김 받은 성도와 함께 예수를 찬양할 것이네
하나님께 영광을, 할렐루야

〈찬송가 40장/통일 43장〉 '찬송으로 보답할 수 없는'

● 너희 죄가 주홍빛 같을지라도 ●

너희 죄가 주홍빛 같을지라도 눈처럼 희게 될 것이다
너의 죄가 너희 죄가 주홍빛 같을지라도
눈처럼 희게 될 것이다
너희 죄가 핏빛처럼 붉을 지라도, 양털처럼 희게 되리라!
너의 죄가 너희 죄가 주홍빛 같을지라도,
너의 죄가 너희 죄가 주홍빛 같을지라도
눈처럼 희게 될 것이다, 눈처럼 희게 될 것이다

간청하시는 주의 목소리를 들어라
오, 하나님께 돌아오라는 그 소리를

간청하시는 주의 목소리를 들어라
오, 하나님께 돌아오라는 그 소리를
그는 크신 긍휼과 놀라운 사랑의 주시로다
간청하시는 주의 목소리를 들어라,
간청하시는 주의 목소리를 들어라
오, 하나님께 돌아오라!
오, 하나님께 돌아오라!

주는 네 죄를 용서하실 것이며
더 이상 기억하지 않으리라
주는 네 죄를 용서하실 것이며
더 이상 기억하지 않으리라

"내 백성아, 나를 바라보아라." 라고
주 너의 하나님께서 말씀하시네.
주는 네 죄를 용서하시리라
주가 네 죄를 용서하시리라
더 이상 기억하지 않으리라

더 이상 기억하지 않으리라

〈찬송가 255장/통일 187장〉 '너희 죄 흉악하나'

● 예수께 나아가면 ●

예수께 나아가면, 주가 나를 기쁘게 하리
내 마음이 슬플 때 주가 내게 기쁨을 주시리.
예수께 나아가면, 나는 행복하리라

예수께 나아가면, 내 기도를 들으시리.
내 죄를 대신 지셨으니 나를 사랑하시리라

예수께 나아가면, 내 손을 잡으시리.
나를 더 좋은 세상으로 다정히 인도하시리.

〈찬송가 565장/통일 300장〉 '예수께로 가면'

● 주를 찬양하라, 주를 찬양해 ●

그를 찬양하라! 그를 찬양해! 우리의 복된 구원자를!
노래하라. 온 세상이여, 그의 놀라운 사랑을 선포하라!
그를 높이세! 모든 천사를 다스리시는 분
능력과 영광이 거룩하신 그 이름에게!
목자 같은 예수께서 자녀들을 지키시네.
자녀들을 온종일 품에 안아 이끄시네.

주를 찬양하라! 주를 찬양해! 그의 위대함을 전하세
주를 찬양하라! 주를 찬양해! 기쁜 노래로 영원히!

주를 찬양하라! 주를 찬양해!
예수, 복되신 구세주!
그의 고통과 죽음이 우리의 노래가 되었도다.
그는 우리의 바위요, 영원한 구원의 소망이시라
주를 높이세! 주를 높여! 못 박히신 예수를
그를 지극히 높이세!
예수, 우리의 슬픔을 감당하셨네.
그 사랑 무한하고, 기이하고, 깊고도 강하도다.

주를 찬양하라! 주를 찬양해!
예수, 우리의 복되신 구세주!
천국 문에 호산나 찬양이 크게 울려 퍼지네.
예수, 구세주, 영원무궁토록 다스리시네.
그분에게 관을 씌우세! 그분에게 관을 씌우세!
선지자요 제사장이요 왕이신 그분!
세상을 이기신 주가 오시리.
능력과 영광이 그분에게 있도다.

〈찬송가 31장/통일 46장〉 '찬양하라 복되신 구세주 예수'

● 예수여, 십자가 가까이 나를 이끄소서 ●

예수께서 나를 위해 피 흘리셨네.
우리를 구원하시기 위해
십자가에서의 그 고난당하셨네.
또한 버림받으셨네.

주 예수여,
주 예수여, 내 죄로 인해 그들이 주를 죽였도다.
이제 주의 귀한 보혈로 회복되었으니
주여 죄인들을 주께 이끄소서.

무슨 죄로 인해 주가 죽어야했나
왜 그들은 피로 물들였는가.
어리석고 분노한 군중들이
메시야를 죽였도다.
주 예수여,
주 예수여, 내 죄로 인해 그들이 주를 죽였도다.
이제 주의 귀한 보혈로 회복되었으니
주여 죄인들을 주께 이끄소서.
진홍빛 피와 같은 죄를

모르고 사는 사람 하나도 없네.
그러나 십자가가 눈처럼 희게 만드네.
이 모두가 그리스도의 주권 안에서,
주 예수여
주 예수여, 내 죄로 인해 그들이 주를 죽였도다.
이제 주의 귀한 보혈로 회복되었으니
주여 죄인들을 주께 이끄소서.

예수여, 얼마나 아름다운지요!
내 좋은 친구, 내 구세주
이제 주의 은혜만이 나를 구하네.
영원한 지옥으로부터,
주 예수여
주 예수여, 내 죄로 인해 그들이 주를 죽였도다.
이제 주의 귀한 보혈로 회복되었으니
주여 죄인들을 주께 이끄소서.

〈찬송가 144장〉 '예수 나를 위하여'

● 주의 팔에 안기리. 안전하도다 ●

주의 팔 안에서 안전하네.
주의 부드러운 품에서 안전하네.
어둠을 덮는 그분의 사랑으로 내 영혼이 달콤한 안식을 얻으리.
귀를 기울이라! 네게 노래를 들려주는 천사들의 소리

저 영광의 땅 너머
저 푸른 바다 넘어
주의 팔 안에서 안전하네.
주의 부드러운 품에서 안전하네.
어둠을 덮는 그분의 사랑으로
내 영혼이 달콤한 안식을 얻으리.

주의 팔 안에서 안전하네.
나를 좀먹는 근심에서 벗어나리.
세상의 유혹에서 안전하리.
죄가 나를 해할 수 없는 그곳
슬픔의 그림자에서 벗어나리.
의심과 두려움에서 벗어나리.
다이상의 시험 없네.

더 이상의 눈물 없네?

예수, 내 마음의 소중한 피난처,
나를 위해 죽으셨네.
만세반석, 그 위에 내 믿음이 늘 굳건하리라
내가 인내로 기다리게 하소서
이 밤이 끝날 때까지
황금빛 해안에 동이 트는 것을 볼 때까지

〈찬송가 417장/통일 476장〉 '주 예수 넓은 품에'

● 예수께서 상 주러 오시리 ●

예수께서 종들에게 상을 주러 오실 때가
한낮인지 한 밤인지
그에게 신실하면
등잔의 심지를 돋우고 불을 밝히고 기다리는 우리를 찾아내시리.

오, 형제여 준비가 되었노라 말할 수 있는가?
우리 영혼이 밝은 천국에 갈 준비가 되었는가?
전하라, 여전히 깨어 기다리는 너와 나를 찾으실 것이라고
언제주님이 오실까? 기다리고 기다리세
만일 새벽이나 이른 아침에
우리를 한 사람 한 사람 부르신다면
우리에게 맡긴 달란트를 되찾으실 때
"잘했구나. 칭찬하실까?

주께서 남겨주신 것에 신실했나요?
최선을 다하려고 애썼나요?
우리 마음속에 거리낌이 전혀 없다면
영광의 안식을 얻을 거예요.

주님을 뵐 때 깨어 있는 자들은 복이 있도다.
그의 영광 가운데 상을 받겠네.
새벽에 또는 한밤중에 오신다면
여전히 깨어 있는 우리를 찾아내실까?

〈통일 163장〉 '언제 주님 다시 오실는지'

● 예수는 나의 것이라, 확신하는 자는 복이 있도다 ●

예수는 나의 것이라, 확신하는 자는 복이 있도다.
오, 하늘의 영광을 미리 누리는 도다!
구원의 상속자요, 하나님의 자녀로다
성령으로 거듭나고, 주의 피로 씻겼도다.
이것은 나의 간증이요
이것은 나의 노래로세
내 평생 구세주를 찬양하겠네.
이것은 나의 노래로세
내 평생 구세주를 찬양하겠네.

온전한 순종에 완전한 기쁨 있네.
천사들이 위로부터 가지고 내려오는
천국 기쁨의 환상이 지금 내 눈에 보이네.
울려 퍼지는 하나님의 자비, 사랑의 속삭임

온전한 순종에, 완전한 안식 있네.
구주 안에 있는 내가 행복하고 복이 있도다.
깨어 기다리고, 천국을 바라보네.
주의 선하심으로 충만하고

그의 사랑 안에 잠기도다.

〈찬송가 288장/통일 204장〉 '예수를 나의 구주 삼고'

● 십자가로 더 가까이 ●

"십자가로 더 가까이!" 내 마음이 속삭이네.
내가 점점 더 가까이 가고 있다네.
날마다 십자가로 가까이, 내가 점점 더 가까이 가고 있다네.
십자가로 더 가까이 주께서 죽으신 그곳으로
주홍빛 피가 흐르는 그곳으로

내 주가 허리를 찔리신 그곳으로
내가 더 가까이 가네.
내가 더 가까이 가네.

믿는 이의 속죄소로 더 가까이
내가 더 가까이 가네.
내 영혼이 달콤한 만나를 즐기면서
점점 더 가까이 가네.
믿음이 강해질수록 더욱 뚜렷이 볼 수 있네
나를 위해 자기를 내어준 예수님을
주께로 더 가까이 내가 여전히 바라네.
내가 주께 더 가까이 가네.
지금도 더 가까이 가고 있다네.

기도하면 할수록 내 소망이 강해지네.
내가 더 가까이 가기를
사랑이 깊어질수록 내 영혼이 갈망하네.
내가 더 가까이 가기를
수고와 염려가 끝나갈수록
내가 누릴 기쁨이 더 가까워지네.
내가 쓸 면류관이 가까울수록
내가 더 가까이 가네.
내가 더 가까이 가네.

〈통일 501장〉 '주의 십자가 있는데'

● 오, 주여 나는 당신의 것 ●

오, 주여, 나는 당신의 것
나를 사랑한다는
주의 목소리를 듣나이다.
그러나 믿음으로 주의 팔에 안겨 떠올라
주께 더욱 가까이 가기 원하네.

복되신 주여, 저를 주께 가까이 더 가까이 이끄소서.
주께서 죽으신 십자가까지
복되신 주여, 저를 주께 가까이 더 가까이 이끄소서.
주의 귀한 피가 흐르던 그 언덕까지

주여, 이제 저를 정결케 하사 주를 섬기게 하소서,
주의 은혜를 힘입어
내 영혼이 굳건한 소망으로 천국을 보게 하소서
내 의지가 주의 뜻에 잠기에 하소서

오, 진정한 기쁨의 순간은 오직
주의 보좌 앞에서 지낸 시간이로다.
내가 무릎 꿇고 기도할 때,

주는 나의 하나님이 되시고
나는 주의 친구가 되어 이야기하네.

내가 그 좁은 해협을 건너기 전에는
주의 사랑의 깊이를 알 수 없네
내가 주와 함께 평화로운 안식에 이르기 전까지는
헤아릴 수 없는 그 기쁨의 경지

〈찬송가 540장/통일 219장〉 '주의 음성을 내가 들으니'

●내 평생의 수고가 끝날 때●

내 생이 끝나고,
나는 굽이치는 파도를 건널 때
환한 영광의 아침을 보게 되리
파도 저편에 이르면
내 구세주를 보게 되리
그의 미소가 제일 먼저 나를 반기리.
나는 주를 알리라, 나는 주를 알리라
나를 구원하신 그분 곁에 서서
나는 주를 알리라, 나는 주를 알리라.
손에 못 박히신 자국을 보고

빛나는 그분의 인자한 눈빛의 광채와
복되신 주의 얼굴을 볼 때 내 영혼이 기쁨으로 떠네.
내 온 마음으로 그분의 자비와 사랑과 은혜를 찬양하리라
나를 위해 천국에 거처를 마련하시는 그분

오, 영광중에 있는 성도들이 나를 오라 손짓하네.
요단강에서 그들과 이별하던 때가 생각나네.
에덴의 아름다운 골짜기에 이르기까지

본향으로 가는 나를 반겨 노래하리.
그러나 내가 제일먼저 보기 원하는 것은 내 구세주라네

새하얀 옷을 입고 성문을 지날 때
주께서 영원히 눈물 없는 곳으로 나를 인도하리.
영원동안 기쁜 노래 부르며 그들과 즐거이 사귀리다.
그러나 내가 제일먼저 보기 원하는 것은 내 구세주라네

〈찬송가 240장/통일 231장〉 '주가 맡긴 모든 역사'

●주께서 언제나 나를 인도하시리●

주께서 늘 나를 인도하시니 내 곁에 또 누굴 바라리요?
내 평생 나를 인도하시니 주의 자비를 어찌 하심하리요?
하늘의 평화와 주의 위로가 있으니, 내가 믿음으로 그 안에 거하리라
무슨 일이 생기던지 주께서 모두 해결하실 것을 나는 아네.
무슨 일이 생기던지 주께서 모두 해결하실 것을 나는 아네.

주께서 늘 나를 인도하시니, 내가 가는 길이 순탄치 않아도 기뻐하리.
모든 시험을 만날 때 은혜를 베푸시고, 생명의 떡으로 나를 먹이시네.
내 걸음이 지쳐 비틀대더라도, 내 영혼이 갈급할지라도
보라, 내 앞의 반석에서 터져 나오는 기쁨의 샘.
나는 알고 있다네.
보라, 내 앞의 반석에서 터져 나오는 기쁨의 샘.
나는 알고 있다네.

주께서 늘 나를 인도하시니, 오, 그 사랑의 충만함이여!
내 아버지의 집에서 완전한 안식을 얻으리라 약속하셨으니

영생의 날개를 얻은 내 영혼이 궁전으로 날아가리

내가 영혼토록 부를 노래는

예수께서 언제나 나를 인도하셨다는 것

내가 영혼토록 부를 노래는

예수께서 언제나 나를 인도하셨다는 것

〈찬송가 384장/통일 434장〉 '나의 갈 길 다가도록'

●놀라운 구세주 예수 내 주●

놀라운 구세주는 예수 내주,
내게 놀라운 구세주라네
내 영혼을 바위틈에 숨기셨으니,
흐르는 기쁨의 강이 있는 그곳을 내가 보네

주가 내 영혼을 바위틈에 숨기셨으니,
마르고 건조한 땅에 그늘이 되는 그곳
그가 내 생명을 깊은 사랑 가운데 숨기시고
그의 손으로 나를 덮으시네.
그의 손으로 나를 덮으시네.

놀라운 구세주는 내 주 예수시니,
그가 내 짐을 가져가셨도다.
나를 높이 들어 올리시니, 내가 요동치 아니 하리라
내가 사는 동안 그가 내게 힘주시네.

매순간 헤아릴 수 없는 복을 주시고
그의 충만한 거룩으로 채우시네.
내가 기뻐 노래하네, 내 구세주가 되신 하나님께 영광을!

구름 가운데 임하실 때
내가 황홀하여 일어나 맞이하겠네.
그의 완전한 구원, 주의 놀라운 사랑,
내가 드높은 그곳에서 외치리라

〈찬송가 391장/통일 446장〉 '오 놀라운 구세주'

● 기도하는 시간 복되도다 ●

겸손히 무릎 꿇고 기도하는 시간 복되도다.
우리 구세주요 친구 예수 앞에 모였으니
믿음으로 그에게 가면 그의 보호하심을 누리리라
지친 자에게 큰 위로 되시도다!
기도하는 자가 복되도다!
기도시간 복되도다. 기도시간 복되도다.
지친 자에게 큰 위로 도시도다!
오, 기도하는 자 행복하여라!

주께 가까이 나아가 기도하는 시간 복되도다.
인자한 긍휼로 자녀들에게 귀 기울이시니
그 발 알래 모든 염려 내던질 때 그가 말씀하시네.
지친 자에게 큰 위로 되시도다!
오, 기도하는 자 행복하여라!

시험당하고 지칠 때 기도하는 자 복되도다
우리를 사랑하는 구주 앞에 슬픔을 토로하고
긍휼하심으로 모든 염려를 없애시네.
지친 자에게 큰 위로 되시도다!

오, 기도하는 자 행복하여라!

믿는 주를 신뢰하고 기도하는 시간 복되도다.
원하는 것을 정녕 받으리니 그게 바로 축복일세.
충만한 믿음으로 모든 염려를 잊으리라

〈찬송가 361장/통일 480장〉 '기도하는 이 시간'

● 주는 나의 영원한 기업 ●

1.
주는 나의 영원한 기업, 내 친구, 내 생명보다 귀하네.
순례의 길 가는 내내
구주여, 주와 함께 걷게 하소서
주께 가까이, 더 가까이, 더 가까이
순례의 길 가는 내내
구주여, 주와 함께 걷게 하소서

2.
네 기도는 세상의 안락을 위함이 아니요, 즐거움도 아니요, 명성도 아니로다.
내가 기꺼이 수고하고 고생하리니
오직 주와 함께 걷게 하소서
주께 가까이, 더 가까이, 더 가까이
내가 기꺼이 수고하고 고생하리니
오직 주와 함께 걷게 하소서

3.
어두운 골짜기를 다닐 때 나를 인도하소서.

변덕스런 인생의 바다를 이겨내게 하소서
주여, 내가 당신과 함께 영원한 생명 문에 내가 들어가게 하소서
주께 가까이, 더 가까이, 더 가까이
주여, 내가 당신과 함께 영원한 생명 문에 내가 들어가게 하소서

〈찬송가 435장/통일 492장〉 '나의 영원하신 기업'

● 예수여, 십자가 가까이 머물게 하소서 ●

예수여, 내가 십자가 가까이 있게 하소서
귀한 샘이 있는 그곳
갈보리 산에서 흐르는 치유의 보혈
모든 이를 자유롭게 하네.

십자가 안에, 십자가 안에
내 영광 영원하리라
네 기쁜 영혼이 강 건너 안식을 찾을 때까지

떨고 있는 내 영혼아 십자가로 가까이
주의 사랑과 자비가 나를 세우는 도다
주의 광채와 새벽별빛이 나를 감싸도다

십자가 가까이! 오 하나님의 어린 양,
십자가의 고난을 내게 보이소서.
날마다 나를 도우소서. 나를 덮으소서.
십자가의 그늘로 나를 덮으소서.

십자가 가까이, 내가 늘 깨어 기다리이다

소망과 믿음으로

내가 강 건너 황금시내에 이를 때까지

〈찬송가 439장/통일 496장〉 '십자가로 가까이'

● 예수와 같이 되기를 ●

예수를 더 닮기 원하네, 구주여 내 안에 거하소서.

평강과 사랑이 내 영혼에 그득하길, 비둘기 같이 온유하게 하소서

나그네와 같은 이 세상 길 가는 동안 예수 더 닮기 원하네.

내 영이 겸손하리니 내 구주요 내 안에 거하소서.

까마귀의 울음을 듣는다면, 저녁을 해질 무렵을 유심히 바라 본 적이 있다면

참새가 떨어지는 것을 지켜볼 수 있다면

분명히 내 부르짖음도 들으실 것이다.

내가 어떻게 살아야할지 가르쳐주실 것이다.

죄로 그득한 내 모든 생각들을 용서하실 것이다.

내 마음이 순경케 되기를 여전히 바라노라.

구주여 내 안에 거하소서.

내가 기도할 때 예수님을 더 닮아가네

날마다 예수 더 닮아가네

내가 주의 곁에 거하게 하소서,

그곳은 잔잔히 물이 흐르는 곳

은혜로 그분 안에서 새로 태어났도다.

그의 사랑이 나를 복종케 하나니
믿음이 커질수록 주께 더 복종하네.
구주여 내 안에 거하소서.

〈찬송가 454장/통일 508장〉 '주와 같이 되기를'

● 예수께서 천국으로 오라 다정히 부르시네 ●

예수께서 천국으로 오라 다정히 부르시네, 오늘 부르시네, 지금 부르시네.
왜 해처럼 빛나는 사랑을 떠나 아버지로부터 더 멀어지는가?
오늘 부르시네, 지금 부르시네, 예수께서 부르시네.
오늘 다정히 부르시네.

와서 쉬라고 지친 자를 부르시네.
오늘 부르시네, 지금 부르시네.
네 짐을 가지고 나오라, 주께서 축복하리.
너를 떠나보내지 않으시리.

예수께서 기다리네, 오 지금 주께 나오라
오늘 기다리네. 지금 기다리네.
네 죄를 가지고 와 그 발아래 놓으라.
나와 엎드려 절하라, 더 이상 지체하지 말라

예수께서 간구하시네.
오, 그의 목소리에 귀 기울이라
오늘 그의 음성을 들어라, 지금 들어라

주의 이름을 믿는 자들은 즐거워하리.

지금 당장 일어나 오라

〈찬송가 531장/통일 321장〉 '자비한 주께서 부르시네'

● 저 죽어가는 저들을 구하라 ●

멸망하는 저들을 구하라,
죽어가는 그들을 돌아보라
불쌍히 여기는 마음으로 저들을 죄와 무덤에서 구해내라
죄 범한 이들을 위해 울고, 타락한 자들을 끌어올리라
저들에게 예수의 구원의 능력을 전하라
멸망하는 자들을 구하라, 죽어가는 그들을 돌아보라
예수는 자비하시니 그들을 구할 것이라

저들은 예수를 경멸하나, 그는 여전히 기다리시네.
뉘우치는 자녀를 맞이하기 위해 기다리시네.
저들을 위해 열심히 간구하라, 저들을 위해 조용히 기도하라
저들이 믿기만 하면 주께서 용서하시리.

멸망하는 저들을 구하라, 그것이 우리의 행할 바니
주께서 네게 그 일을 행할 힘을 주시리니
인내심으로 좁은 길로 돌아가면 그들을 구하리.
가여운 인생의 방랑자들에게 전하라 주께서 죽으셨다고.

〈찬송가 498장/통일 275장〉 '저 죽어가는 자 다 구원하고'

● 언젠가 내 생이 끝나리 ●

언젠가 이 생명의 줄이 끊어지면,
지금처럼 더 이상 노래할 수 없으리
그러나 왕의 궁 안에서 깨어날 그 때 얼마나 기쁠까!
내가 얼굴을 맞대고 주를 보리, 은혜로 구원받았다고 고하리라
내가 얼굴을 맞대고 주를 보리, 은혜로 구원받았다고 고하리라

언젠가 이 세상 집은 무너지리.
언제 곧 그 날에 이를지 난 말할 수 없다네
다만 내가 아는 단 한 가지,
주께서 천국에 내가 거할 처소를 마련하셨다는 것

언젠가, 서쪽 하늘을 붉게 물들이며 황금빛 태양이 스러질 때
내 복된 주께서 말씀하시리. "잘했구나!" 나는 안식에 들게 되리.

그날이 올 때까지 나는 깨어 기다리리.
내 등잔에 심지를 돋우고 불을 밝히리.
내 구주께서 문을 여실 그 때,
영혼이 그에게 날아오르리.

〈찬송가 608장/통일 295장〉 '후일에 생명 그칠 때'

● 오, 자비로운 주여 저를 버리지 마소서 ●

저를 버리지 마소서, 오 인애하신 주여
제 비천한 외침을 들으소서.
뭇사람을 부르실 때, 저를 놓치지 마소서

구세주여, 구세주여, 내 비천한 외침을 들으소서.
뭇사람을 부르실 때, 저를 놓치지 마소서

자비의 보좌 앞에서 달콤한 안식을 얻게 하소서
그 앞에 무릎 꿇고 통회할 때 내 믿음 없음을 도우소서.

오직 주의 공로를 믿어 주의 얼굴을 찾겠나이다.
내 상처받고, 낙심한 영을 고치소서. 주의 은혜로 나를 구하소서.

주는 내 모든 위로의 원천이시니 제 생명보다 귀합니다.
주와 같은 분이 이 세상 어디에 있을까요?
주와 같은 분이 저 하늘 어디에 있을까요?

〈찬송가 279장/통일 337장〉 '인애하신 구세주여'

● 예수께 단 한걸음만 ●

예수께 단한 걸음만! 왜 지금 그 발을 떼지 않느냐?
오라, 와서 네 죄를 고백하라, 네 구주되신 그분께 절하라
한걸음만, 한 걸음만 나오너라. 주가 너를 기다리신다.
오라, 와서 네 죄를 고백하라. 그가 너를 축복하실 것이다
값없이 베푸시는 자비를 거절하지 말라

예수께 한 걸음만! 그를 믿으라, 그가 너를 살리시리라
그가 지금 사랑으로 너를 기다리신다, 너를 곧 용서하시리라

예수께 한 걸음만! 죄를 떠나 은혜로 향한 그 걸음
네 마음을 정했느냐? 쏜살같이 지나는 이 순간에,

예수께 한 걸음만! 왜 오질 않느냐, 왜 말하지 않느냐
"제가 주께 기꺼이 제 자신을 드릴까요?"

〈찬송가 532장/통일 323장〉 '주께로 한 걸음씩'